Manfred Quiring
Pulverfass Kaukasus

Manfred Quiring

Pulverfass Kaukasus

Nationale Konflikte und islamistische Gefahren am Rande Europas

Ch. Links Verlag, Berlin

Die Deutsche Nationalbibliothek verzeichnet diese
Publikation in der Deutschen Nationalbibliografie;
detaillierte bibliografische Daten sind im Internet
über http://dnb.d-nb.de abrufbar.

2., aktualisierte und erweiterte Auflage, März 2016
© Christoph Links Verlag, 2009
Schönhauser Allee 36, 10435 Berlin, Tel.: (030) 44 02 32-0
Internet: www.christoph-links-verlag.de; mail@christoph-links-verlag.de
Umschlaggestaltung: Eugen Lempp, Ch. Links Verlag, unter Verwendung eines
Fotos von russischen Spezialkräften in Tschetschenien (picture-alliance/dpa)
Karte: Christopher Volle, Freiburg
Satz: Eugen Lempp, Ch. Links Verlag
Druck und Bindung: Druckerei F. Pustet, Regensburg

ISBN 978-3-86153-899-8

Inhalt

UKRAINE

Don
● Rostow

Oblast
Rostow

Asowsches Meer

Gorodowikowsk ◉

Region
Krasnodar

○ Temrjuk

Krasnodar ◉

Noworossijsk ○

**Republik
Adygeja**   Armawir ○

Stawropo ◉

Newinnom ○

Maikop ◉

Tscherkessk ◉

Kislowo ○

**Republik
Karatschai-
Tscherkessien**

Schwarzes Meer   **Sotschi/
Adler** ○

Elbrus
(5642m) ▲

Abchasien

Sochumi ◉

Kutaissi ○

Batumi ◉

■	Landeshauptstadt
◉	Hauptstadt einer Republik / Verwaltungszentrum eines Gebietes (Oblast) bzw. einer Region
○	sonstige Stadt
–·–	Staatsgrenze
··········	Verwaltungsgrenze
Abchasien	georgische autonome Republik, unter russischem Einfluss
Südossetien	völkerrechtlich zu Georgien, unter russischem Einfluss
Berg-Karabach	Republik, völkerrechtlich zu Aserbaidschan, unter armenischem Einfluss
▨	russisch kontrollierte Gebiete

Artvin ○

TÜRKEI

Erzurum ○

8

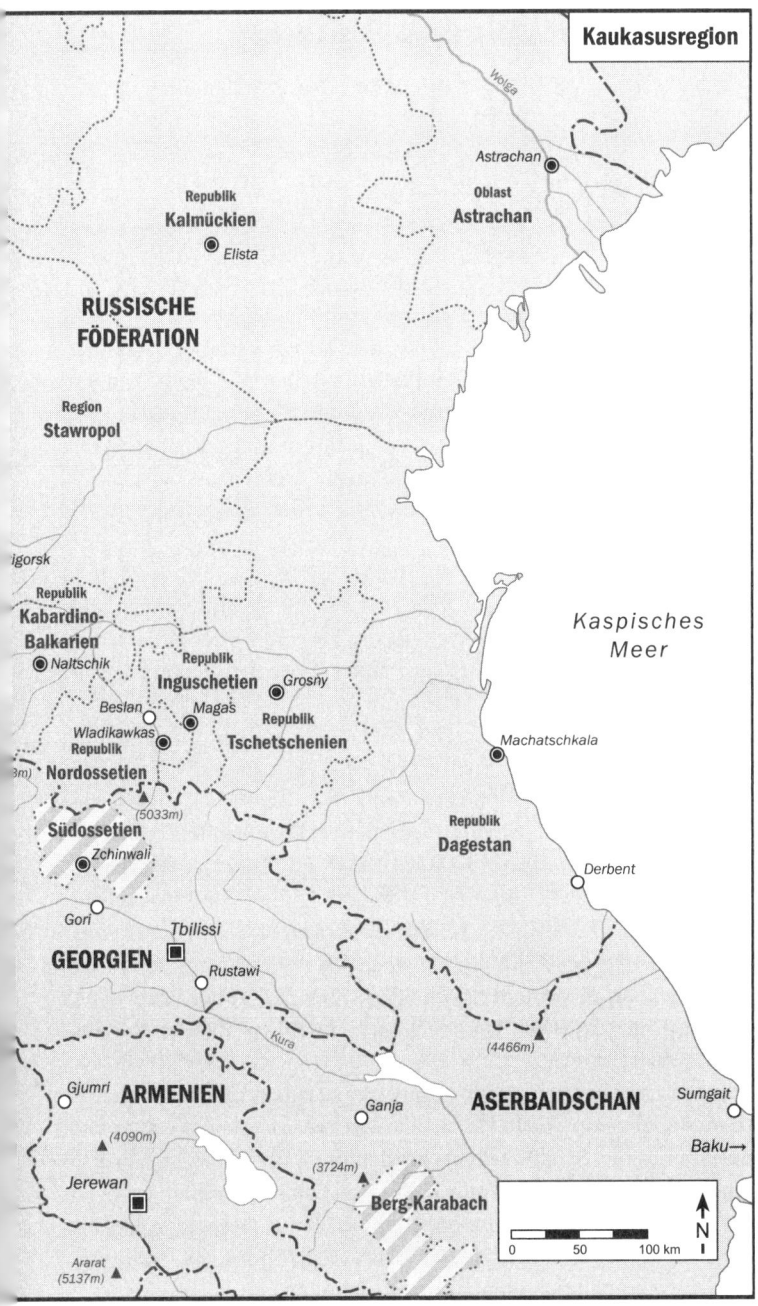

Kaukasusregion

Wolga

Astrachan

Republik
Kalmückien

⊙ Elista

Oblast
Astrachan

**RUSSISCHE
FÖDERATION**

Region
Stawropol

*Kaspisches
Meer*

igorsk

Republik
**Kabardino-
Balkarien**

⊙ Naltschik

Republik
Inguschetien

⊙ Grosny

Beslan ○

Magas

Republik
Tschetschenien

Wladikawkas ⊙
**Republik
Nordossetien**

3m)

▲ (5033m)

Südossetien

⊙ Zchinwali

Machatschkala ⊙

**Republik
Dagestan**

Derbent ○

Gori ○

Tbilissi ▣

GEORGIEN

Rustawi ○

Kura

▲ (4466m)

Gjumri ○

ARMENIEN

Ganja ○

ASERBAIDSCHAN

Sumgait

▲ (4090m)

Baku→ ○

Jerewan
▣

(3724m) ▲

Berg-Karabach

0   50   100 km

N

Ararat
(5137m) ▲

9

Vorwort zur zweiten Auflage

Sechs Jahre nach Erscheinen der ersten Auflage dieses Buches bleibt die traurige Feststellung: Die Lunte glimmt noch immer im Kaukasus. In Berg-Karabach, dem Zankapfel zwischen Aserbaidschan und Armenien, wird regelmäßig und zunehmend heftiger geschossen. Auch schwere Waffen kommen zum Einsatz. Gleichzeitig haben sich zahlreiche, in die Vergangenheit reichende Probleme – Beispiel Dagestan, der islamistische Untergrund im Norden – eher zugespitzt als abgebaut.

Auch im weiteren Umfeld der Kaukasus-Region, insbesondere in der Ukraine und im Nahen Osten, haben sich Veränderungen vollzogen, die die Bedeutung dieses ebenso brisanten wie interessanten Fleckchens Erde für Europa in ganz neuer Weise definieren. So geriet der Kaukasus, bisher Austragungsort eines vorwiegend regionalen, mit terroristischen Mitteln geführten Untergrundkampfes gegen die russische Vorherrschaft, ins Blickfeld der Terrororganisation »Islamischer Staat« (IS). Die bisher unter dem Begriff »Kaukasisches Emirat« agierenden Gruppierungen haben die alten Struktur aufgegeben und die Führungsrolle des IS auch im Kaukasus anerkannt, indem sie dem IS-Anführer Abu Bakr al-Baghdadi die Treue schworen. Ob das mehr ist als ein verbales Manöver, ob der IS dem kaukasischen Untergrund tatsächlich neue Kräfte und Ressourcen zuwachsen lässt, ist vorläufig noch offen. Aber die Option, dass der IS künftig eine neue Basis, ein neues Schlachtfeld vor den Toren Europas eröffnet, ist real.

Inzwischen hat sich der Nordkaukasus zu einem Exporteur islamistischer Kräfte entwickelt. Sie spielen eine bedeutende Rolle innerhalb des Islamischen Staates, teils als gnadenlose Kämpfer, teils als brutale Anführer von IS-Gruppierungen. Mit Abu Omar al Shishani hat es ein aus dem Pankisi-Tal (Georgien) stammender Tschetschene sogar in die Führung des IS geschafft. In Russland geht jetzt die Furcht um, diese im Kampf geschulten Islamisten könnten eines Tages wieder in ihre kaukasische Heimat zurückkehren und dort die Auseinandersetzungen befeuern. Seit Moskaus Luftwaffe nun auch in Syrien Stellungen des IS, aber auch der Assad-Opposition und Dörfer von im 19. Jahrhundert vertriebenen Kaukasiern bombardiert, hat dieses Problem zusätzlich an Brisanz gewonnen.

Dabei waren die russischen Sicherheitsdienste zeitweilig erleichtert über den Abzug der kaukasischen Islamisten in den Nahen Osten, beförderten ihn inoffiziell wohl auch. Hatten sie doch für ungestörte Olympische Spiele in Sotschi im Februar 2014, dem Lieblings-Propagandaprojekt von Präsident Wladimir Putin, zu sorgen. Die Spiele wurden ein Erfolg. Sotschi beeindruckte mit neuen Sportstätten und einer komplett neuen Infrastruktur, obendrein gewann Russland auch noch die Nationenwertung.

Dieser internationale Prestigeerfolg wurde von der Kreml-Mannschaft allerdings umgehend wieder zunichtegemacht. Noch in Sotschi fiel die Entscheidung über die Annexion der Krim, dem ein hybrider Krieg gegen die Ukraine im Osten des Landes folgte. Das Verhältnis zu den westlichen Ländern wurde nachhaltig gestört. Innerhalb Russlands dagegen erlebte der Kremlchef einen bis dahin nie gekannten Popularitätsschub.

Die Annahme, dass das Verhalten des russischen Präsidenten nicht, wie von so genannten Putin-Verstehern behauptet, eine Reaktion auf westliches Fehlverhalten ist, sondern sich vor allem daran orientiert, was der Kreml für sein ureigenes Interesse hält, wurde so ein weiteres Mal erhärtet. Tatsächlich muss Putins Politik in erster Linie aus den inneren Verhältnissen Russlands, aus seinen Zielen im eigenen Lande erklärt werden. Priorität hat dabei der Machterhalt im Umfeld einer künstlich aufgeputschten nationalistischen Stimmung in Russland. Ansehen im Ausland wird zwar gern entgegengenommen, ist aber nicht von entscheidender Bedeutung für Putins Entscheidungen.

Diese Maxime bestimmte auch den Beschluss des Kremls von 2008, die zu Georgien gehörenden Provinzen Abchasien und Südossetien als eigenständige Staaten anzuerkennen. Daran hält Russland trotz internationaler Proteste bis heute fest. Georgien besteht indes weiterhin auf Wiedereingliederung der abtrünnigen Gebiete. Immer wieder kommt es an den Grenzen zu Spannungen, auch wenn die Nachfolger des damaligen Präsidenten Saakaschwili eifrig betonen, sie setzten ausschließlich auf friedliche Mittel in diesem Prozess.

Zunehmende Bedeutung gewinnt der Kaukasus auch für die Energieversorgung der Europäer. Aserbaidschan, ein autoritär verwaltetes Land, bietet sich als Lieferant von Energieträgern an und hat zunächst Südeuropa im Visier. Präsident Alijew versucht, die Lücke zu nutzen, die sich nach dem Scheitern der Pipeline-Projekte Nabucco und South Stream von Russland nach Westeuropa aufgetan hat.

Blickt man auf die zahlreichen, auf sehr unterschiedlichen Ebenen angesiedelten kaukasischen Verwerfungen mit europäischen Augen, drängt sich der Schluss auf: Der explosive Kaukasus rückt näher an Europa heran.

Einleitung

Jeden Tag, den Zeus werden ließ, kam der Adler Ethon. Langsam kreisend senkte er sich auf sein Opfer. Er hatte keine Eile, der Gefangene konnte nicht fliehen und sich nicht dagegen wehren, dass der Raubvogel ein Stück von seiner Leber fraß, jeden Tag. Denn er war angekettet. Und immer wieder wuchs die Leber nach. Der Gefangene war der unsterbliche Titanensohn Prometheus. Zeus, der oberste aller Götter, hatte ihn zu der Jahrhunderte währenden Qual verurteilt, weil er des Göttervaters Gebot missachtet und den Menschen das Feuer gebracht hatte. Erst nach langer Zeit, so will es die griechische Mythologie, wurde Prometheus vom Helden Herakles befreit. Der Ort von Prometheus' Leiden: der Kaukasus.

Schon für die alten Griechen war das Gebirge zwischen dem Kaspischen und dem Schwarzen Meer eine natürliche Grenze zwischen dem asiatischen Osten, wo die Steppenvölker lebten, und dem zivilisierten Westen. Die teilweise über 5000 Meter hohen Berge – der Elbrus ist mit 5642 Metern der höchste – markierten in der Antike das Ende der Welt im Norden. An seiner Südflanke am Schwarzen Meer lag das Land Kolchis, in dem der Sage nach Jason mit seinen Argonauten das Goldene Vlies raubte, unterstützt von der Königstochter Medea.

Das Goldene Vlies existierte tatsächlich. Schon der römische Geschichtsschreiber Appian berichtete im 2. Jahrhundert, dass die Flüsse des Kaukasus noch reichlich Goldstaub führten: »Die einheimischen Bewohner halten dichtwollige Schafsfelle ins Wasser, in denen sich der Goldsand fängt.«[1]

Der Große Kaukasus zieht sich über 1100 Kilometer vom Nordostufer des Schwarzen Meeres bis zur Halbinsel Apscheron am Kaspischen Meer, auf der die aserbaidschanische Hauptstadt Baku liegt. Die Gebirgskette ist durchschnittlich rund 100, an einigen Stellen bis zu 180 Kilometer breit. Wer bei guter Sicht beim Überfliegen der Berge das atemberaubende Panorama genießen kann, erkennt die tiefe

Zerklüftung, die das Passieren der Bergkette auf dem Landwege auch heute noch zu einer Herausforderung macht.

Etwa 46 verschiedene Völker – insgesamt 30 Millionen Menschen – sind in diesem grandiosen, zum Teil sehr unwirtlichen Gebirgsmassiv zu Hause, das eine Fläche von 440 000 Quadratkilometern einnimmt. Zwischen 40 und 50 Sprachen, nicht gerechnet die zahlreichen Dialekte, werden hier gesprochen. »Berg der Sprachen« soll der arabische Geograf Al-Masudi den Kaukasus im 10. Jahrhundert genannt haben, und bei Plinius d. Ä. findet sich, dass die Römer in Dioskurias (heute Suchumi) 130 Dolmetscher benötigten.

Der Kaukasus stellte ein in der Welt in dieser Kompaktheit wohl einmaliges Rückzugsgebiet für Völker dar, die in den Ebenen Eurasiens und den Hochebenen Anatoliens und Irans von anderen Völkerschaften verdrängt worden waren. Hier, in den schwer zugänglichen Tälern und auf den leicht zu verteidigenden Höhen, fühlten die Menschen sich sicher vor ihren Verfolgern. Doch diese Höhenzüge erschwerten gleichzeitig auch den Kontakt zwischen den Stämmen, eine Voraussetzung für die Entwicklung von vielen Dialekten und Subdialekten.

Die Kammlinie des Großen Kaukasus trennt zwei Welten. Im Norden liegen die islamisch geprägten, zur Russischen Föderation gehörenden autonomen Republiken Dagestan, Tschetschenien, Inguschetien, Nordossetien, Kabardino-Balkarien, Karatschai-Tscherkessien und Adygeja.

Im Süden, dem sogenannten Transkaukasus, bilden das muslimische Aserbaidschan und die christlichen Staaten Georgien und Armenien eine Landbrücke zwischen dem Kaspischen und dem Schwarzen Meer. Sie war seit alters auch immer eine Transitverbindung zwischen dem Orient und dem Okzident, ein Zweig der Seidenstraße führte hier entlang. Sie ist es heute in weit stärkerem Maße, denn von den Erdöl- und Erdgasfeldern am und im Kaspischen Meer führen Rohrleitungen über Georgien in die Türkei, von wo aus die flüssigen und gasförmigen Kohlenwasserstoffe weiter nach Europa gelangen. In dem Maße, wie Russland in jüngster Zeit versucht, sich als Rohstoffweltmacht aufzustellen und die Kontrolle über Förderung und Transport der immer begehrter werdenden Brennstoffe zu erlangen, wächst die Konkurrenz mit westlichen Förder- und Transportkonzernen und damit auch das konfrontative Potenzial.

Russland hat daneben mit der Tatsache zu kämpfen, dass große Teile der früher zur Sowjetunion gehörenden Staaten als Puffer gegenüber der vermeintlich feindlichen westlichen Welt verloren zu gehen drohen. Seit die osteuropäischen und baltischen Staaten Mitglieder der Nato wurden, die Ukraine und Georgien sich in dieser Richtung bewegen, schrillen in Moskau die Alarmglocken. Ex-Präsident Dmitri Medwedjew, wie auch der aktuelle Kremlchef Putin haben unmissverständlich deutlich gemacht, dass die einstigen Sowjetrepubliken zu den Gebieten gehören, in denen Moskau »privilegierte Interessen« verfolgt, in die also weder die Europäer, geschweige denn die Amerikaner vordringen dürften. Was die unter die »privilegierte Obhut« Russlands gestellten Staaten selbst dazu sagen, interessiert den nördlichen Nachbarn der Kaukasus-Region weniger. Auch vor diesem Hintergrund erneut aufbrechender Ost-West-Gegensätze ist der jüngste Georgien-Konflikt zu sehen.

1982 reiste ich zum ersten Mal in diese für mich völlig fremde Welt, zunächst nach Dagestan. Ich besuchte die Hauptstadt Machatschkala, hatte ein wunderbares Treffen mit dem inzwischen leider verstorbenen Volksdichter Rassul Gamsatow, stattete der alten Hafenstadt Derbent mit ihrer Festung Naryn-Kala einen Besuch ab und wurde oben in den kaukasischen Bergen von den Silberschmieden von Kubatschi zum Adlertanz gebeten.

Es ist ein faszinierendes Erlebnis, die überwältigende Freundlichkeit und Gastlichkeit im Kaukasus zu erleben, auch wenn ich sie schon mal unter den wachsamen Augen eines 15-jährigen, mit einer Kalaschnikow bewaffneten Tschetschenen genießen und mir anhören musste: »Alter Mann, was willst du hier im Krieg? Du solltest zu Hause mit deinen Enkeln spielen.«

Faszinierend ist die kulturelle Vielfalt, wie ich sie in den vergangenen fast 30 Jahren auf zahlreichen Reisen in den Nord- und Südkaukasus erlebte. Schriftsteller wie der Abchase Fasil Iskander, der Bakuer Essad Bey alias Lew Nussimbaum oder der Georgier Nodar Dumbadse haben es ebenso zur Weltgeltung gebracht wie der Ausnahmedirigent Waleri Gergijew, der Ossete. Wer georgische Volksmusik mag, kommt an Hamlet Gonaschwili, dem »Gott«, wie die Musiker ihn dort nennen, nicht vorbei. Und für Jazzfans gehört die Aserbaidschanerin Aziza Mustafa Zadeh zur allerersten Wahl.

Dennoch bleibt der Kaukasus heute immer auch noch der Ort potenzieller militärischer Konflikte. Die Bürgerkriege in Georgien und Aserbaidschan Anfang der 90er-Jahre, die beiden Tschetschenien-Kriege, die ich alle aus der Nähe verfolgt habe, hinterließen – wie auch das Flüchtlingselend in Inguschetien oder die Geiselnahme von Budjonnowsk und Beslan – tiefe Spuren in der Gesellschaft. Mit dem russisch-georgischen Fünftagekrieg im Sommer 2008 wurde der georgisch-abchasisch-südossetische Konflikt keineswegs gelöst. Andere, wie das Karabach-Problem, drohen wieder aufzubrechen. Im Nordkaukasus sieht sich Russland mit zentrifugalen, von nationalistischen und islamistischen Gruppen beförderten Kräften konfrontiert. Der Kaukasus, auch als Schutz des »weichen Unterbauchs« der Russischen Föderation gedacht, kann dieser Funktion immer weniger gerecht werden. Die Lunte glimmt gleich an mehreren Stellen.

Eine Anmerkung am Rande: Als Bezeichnung für die georgische Hauptstadt habe ich durchgängig Tbilissi gewählt. Das ist nicht etwa der sowjetische, sondern der georgische Name der Stadt. Das üblicherweise benutzte Tiflis, was sich zugegebener Weise einfacher ausspricht, ist die Bezeichnung, die die persischen Eroberer seinerzeit der Stadt gegeben hatten. Bei weiteren Eigennamen kann es zu Differenzen mit anderen Varianten kommen. Ich bin, da ich der kaukasischen Sprachen nicht mächtig bin, von der dort noch immer existierenden Lingua Franca, dem Russischen, ausgegangen und habe auf dieser Grundlage Ortsbezeichnungen und Eigennamen ins Deutsche transkribiert.

Wenn Textstellen als Zitate oder wörtliche Rede gekennzeichnet sind und über keine Quellenangaben verfügen, stammen sie aus Gesprächen, die ich selbst geführt habe.

Die Geschichte der russischen Eroberungen im Kaukasus

Perser, Türken, Russen

Das Gebirgsmassiv des Kaukasus weckte schon sehr früh Begehrlichkeiten unter den Großmächten der Antike. Das betraf vor allem seine strategische Lage. Wie ein Riegel verhinderte die Gebirgskette mit ihren nur schwer zugänglichen Pässen das Vordringen der wilden Steppenvölker nach Süden – nach Persien und ins Oströmische Reich. Selbst heute, im 21. Jahrhundert, führen nur zwei brauchbare Straßen durch die Berge und verbinden Nord- und Südkaukasus. Das ist einmal die von Russland im 19. Jahrhundert gebaute sogenannte Georgische Heerstraße. Sie führt von Wladikawkas (russ. für »Beherrscher des Kaukasus«) in Nordossetien über den Gebirgskamm hinunter in die georgische Hauptstadt Tbilissi und weiter nach Jerewan. Die zweite Straßenverbindung, die einzige, die ganzjährig befahrbar ist, entstand zu sowjetischer Zeit. Sie führt von Wladikawkas durch den 3600 Meter langen Roki-Tunnel nach Zchinwali in Südossetien und spielte beim russisch-georgischen Krieg im August 2008 eine entscheidende Rolle.

Den geografischen Besonderheiten des Kaukasus verdankten die Perser in der Spätantike eine erquickliche Zusatzeinnahme. Sie wurden von Ostrom mit seiner Hauptstadt Byzanz, dem späteren Konstantinopel, dafür bezahlt, dass sie die Gebirgspässe besetzten und weder Hunnen noch andere gefährliche Völkerschaften durchließen.

Der oströmische Einfluss führte zur Christianisierung Armeniens und Georgiens bereits im 4. Jahrhundert, worauf beide Länder bis heute sehr stolz sind. Sie bewahrten sich ihren Glauben auch unter dem Druck der persischen und türkischen Eroberer. Im 16. Jahrhundert eroberten die Osmanen den Kaukasus weitgehend, der Islam wurde – abgesehen von Georgien und Armenien – zur vorherrschenden Religion. Das persische Reich hielt allerdings noch einige Gebiete im Südosten bis zur Niederlage im Krieg mit Russland von 1804 bis 1813.

Doch weder Perser noch Osmanen sollten sich auf Dauer der immer stärker werdenden russischen Militärmacht widersetzen können.

Russlands Kampf um den Kaukasus begann schon sehr früh, früher als die Geschichtsschreibung der Zaren bzw. der Sowjetunion es wahrhaben wollte. Dort beschränkten sich die militärischen Auseinandersetzungen im Kaukasus gewöhnlich auf die Jahre zwischen 1817 und 1864, in denen sich Moskau die Herrschaft in der Region sicherte. Tatsächlich aber geht »der Beginn der Einmischung Russlands in die Angelegenheiten des Kaukasus auf die Mitte des 16. Jahrhunderts zurück. Schon damals unterstützten die Russen hin und wieder die Kabardiner bei ihren Streitigkeiten mit den Krimtataren, während die Kabardiner ihrerseits den Russen an der litauischen und der Krim-Grenze beisprangen.«[1]

Im Jahre 1559 gründete Iwan IV., genannt Iwan der Schreckliche, am Ufer des Kaspischen Meeres unweit der heutigen dagestanischen Hauptstadt Machatschkala die Kosakenfestung Tarki, 1587 wurde dort das erste Kosakenheer stationiert. Der Blick der russischen Zaren richtete sich in dieser Zeit auch schon nach Georgien, wo die christlichen Herrscher des in kleine Königreiche zersplitterten Landes sich heftigem Druck durch das Osmanische Reich, aber auch der muslimischen Nachbarvölker ausgesetzt sahen. Angesichts der Bedrohung durch dagestanische Einfälle sandte Alexander II., König des georgischen Reiches Kachetien, 1586 ein Hilfegesuch an den Moskauer Zaren Fjodor. Der schickte ihm 1594 ein 7000 Mann starkes Militärkontingent. Das wurde von den Dagestanern ebenso zerschlagen wie die zehn Jahre später von Zar Boris Godunow in Marsch gesetzten Armeen.[2]

Initiator weiterer Vorstöße zum Kaukasus und zum Schwarzen Meer war Anfang des 18. Jahrhunderts zunächst Zar Peter I. Gerade hatte er mit der Gründung von St. Petersburg, der Stadt am Finnischen Meerbusen, das Fenster nach Europa aufgestoßen, da zog es ihn in den Süden. Schon damals kam es zu ersten Zusammenstößen mit den Bergvölkern im Kaukasus. 1711 fanden am nordkaukasischen Kuban-Fluss zahlreiche Scharmützel statt, ebenso am Rande des Persien-Feldzuges von 1722/23, auf dem Peter I. Machatschkala und Dagestan an der Küste des Kaspischen Meeres eroberte. Auf einem großen Gemälde, das im Museum von Machatschkala ausgestellt ist, wurde der Moment festgehalten, als Peter in der Hafenstadt am Westufer des Kaspischen Meeres direkt am Leuchtturm an Land ging. Dieser Leuchtturm existiert heute noch. Er steht mehrere Kilometer von der Küste entfernt mitten in der Stadt, so sehr ist der Meeresspiegel des Kaspi in der Zwischenzeit gefallen.

In weiteren Feldzügen gegen Persien (1804–1813 und 1826–1828) eroberte Russland Ostgeorgien, Dagestan und Aserbaidschan. Im Verlaufe der Auseinandersetzungen mit dem Iran schlugen sich die georgischen Königreiche auf die Seite Russlands, das sie für das kleinere Übel hielten und dessen christliche Kultur ihnen näherstand. Nachdem Russland das ostgeorgische Kartli-Kachetien 1801 annektiert hatte, wurden Imeretien, Mingrelien, Abchasien und Gurien zwischen 1803 und 1810 zu russischen Protektoraten. Es dauerte noch mehr als fünfzig Jahre, bis die georgischen Regionen sich nach blutigen Aufständen dem russischen Imperium zuschlagen ließen.

Alexander Solschenizyn, der 2008 verstorbene große russische Schriftsteller mit weitreichenden historischen Interessen, hielt den Vorstoß nach Süden – ebenso wie die Eroberung Mittelasiens – für einen Fehler. »Wir haben im Transkaukasus nichts zu suchen, außer der Evakuierung russischer Flüchtlinge«, sagte er 1994 in einem Interview mit dem amerikanischen Journal *Forbes*.[3]

Die Zaren hatten das anders gesehen. Für sie waren die Größe des Reiches und seine permanente Ausdehnung Werte an sich. Einen wirtschaftlichen Gewinn zogen sie aus der Eroberung des Kaukasus selbst dann nur sehr zögerlich, als ab 1870 in Aserbaidschan und im Nordostkaukasus Erdöl gefunden wurde. Noch 1890, als in Baku schon kräftig Öl aus dem Boden sprudelte, tat sich im Staatshaushalt für diese Region eine Budgetlücke von 24 Millionen (Gold-)Rubel auf. Auch die menschlichen Verluste waren hoch. Im Laufe von kampferfüllten 150 Jahren kamen bis 1864 fast eine Million Soldaten um, die meisten allerdings verloren ihr Leben durch Krankheiten.[4] Die widrigen Lebensumstände machten den Kaukasus zu einem bei den Zaren »beliebten« Verbannungsziel, vor allem für Offiziere, die sich gegen die »Spielregeln« in der Armee vergangen oder am Dekabristenaufstand von 1824/25 teilgenommen hatten. Auch der Dichter Michail Lermontow wurde wegen Unbotmäßigkeit vom Petersburger Hof in die unwegsamen kaukasischen Berge verbannt, was ihn allerdings zu unsterblichen Werken inspirierte.

Den Zaren in Moskau und St. Petersburg war der Preis ihrer Eroberungen egal. Ihnen war es wichtig, die persische Vorherrschaft am Kaspischen und die türkische am Schwarzen Meer zu brechen. Russland suchte gesicherte Zugänge zu den südlichen Meeren. Der Blick freilich war noch weiter gerichtet: die Dardanellen, die Durchfahrt vom Schwarzen ins Mittelmeer in der Hand zu haben, ist ein alter russischer Traum.

Während der Herrschaft von Katharina II. entwickelte ihr Günstling Graf Potjomkin Mitte der 70er Jahre des 18. Jahrhunderts das sogenannte »griechische Projekt«. Das nicht unbescheidene Ziel: die völlige Eroberung und anschließende Teilung des Osmanischen Reiches. In Petersburger Regierungskreisen war man überzeugt, dass man es mit einem zu dem Zeitpunkt sehr schwachen Staat zu tun habe, der zum baldigen Untergang verurteilt sei.

Also wollte man die Hohe Pforte zerschlagen und an ihrer Stelle in Kleinasien und auf dem Balkan das griechisch-orthodoxe Imperium Byzanz wiedererrichten. Für den Thron in Konstantinopel war Katharinas zweiter Enkel ausersehen. Den Namen Konstantin bekam er zu Ehren des ersten christlichen Imperators des Römischen Reichs, Konstantins des Großen.

Aus einem anderen Teil des Osmanischen Reiches, aus Moldawien, der Walachei und Bessarabien, sollte unter dem Namen Dakien ein Pufferstaat zwischen Russland und Österreich geformt und auch dort ein russisch-orthodoxer Herrscher installiert werden. Mit dieser Zerschlagung des Reiches der Osmanen und seiner Neuaufteilung sollte nach dem Willen von Katharina II. der »ewige Friede im Osten« gewährleistet werden.[5]

Dieses Projekt erwies sich als undurchführbar. Russland konnte zwar die Türken von der Krim, dann auch aus dem Kaukasus und von der nördlichen Schwarzmeerküste verdrängen und diese Gebiete erobern, mehr gelang aber auch nicht. Statt eines wiedererstandenen christlichen Byzanz gewann Russland muslimisch geprägte Gebiete in der permanent unruhigen Kaukasus-Region hinzu.

Auch die Vorstellung, im Süden bis zum Persischen Golf vorzudringen, hat Tradition. Der russische Rechtsnationalist Wladimir Schirinowski wollte dieser Idee in den 90er-Jahren des 20. Jahrhunderts mit seinem Buch »Letzter Durchbruch nach Süden« noch einmal Leben einhauchen und hatte eine erstaunliche Resonanz bei vielen seiner imperial denkenden Landsleute. Die Vorstellung, russische Soldaten könnten sich ihre Stiefel im Indischen Ozean waschen, wie Schirinowski es ausdrückte, beflügelte die Phantasie vieler seiner Landsleute. Und heute wie damals verfängt die arrogante Behauptung, man müsse die »kaukasische Barbarei« durch die russisch-orthodoxe Kultur ersetzen. Man müsse sich eindeutig klarmachen, »dass der letzte Durchbruch nach Süden, der künftige Zugang Russlands zu den Ufern des Indischen Ozeans und des Mittelmeeres, tatsächlich die reale Lösung der Aufgabe zur Rettung der russischen Nation bedeutet«, schwadronierte Schirinowski, der Chef der Liberaldemokratischen Partei Russlands. Dieser Name ist irreführend, ist die Partei doch weder liberal noch demokratisch, sondern eine nationalistische, ganz auf die Person Schirinowskis eingeschworene Vereinigung. Erst wenn Russland nur noch durch das Nördliche Eismeer, den Pazifik, das Mittelmeer, die Ostsee und schließlich durch den Indischen Ozean begrenzt sei, wenn es an China und Indien grenze, könne es auf »ruhige Nachbarn« zählen. Schirinowski will mit einem Schlag den gesamten Kaukasus, den Nahen Osten und Zentralasien »befrieden«, erobern also. Und er träumt den tief sowjetisch angehauchten Traum von Sanatorien, Pionierlagern und Erholungsheimen »für den industriellen Norden und Menschen aller Nationalitäten« an den Ufern des Persischen Golfs.[6] Schirinowski, so heißt es in Moskau, spricht aus, was die herrschende Elite in Moskau nicht einmal zu denken wagt.

Russlands Expansion nach Süden war langwierig und opferreich. Nach zahlreichen Kriegen gegen das Osmanische Reich, denen noch weitere folgen sollten, gelang es 1783, die Krim zu erobern. Damit war der Rücken frei. Man konnte sich verstärkt des Südkaukasus annehmen, um den Zugang zum Schwarzen Meer zu sichern und den Dardanellen-Traum zu träumen. Nach einem ersten Zusammenstoß mit den Türken im Süden des Kaukasus schon 1774 brauchte es fünf weitere Kriege (1789 – 1791, 1806 – 1812, 1828 – 1829, 1853 – 1856 und 1877 – 1878), ehe der Widerstand der Türken dort endgültig gebrochen war.

Als weit zäher erwies sich der Widerstand der kaukasischen Bergvölker, der »Gorzy«, die sich erbittert gegen die Annexionsversuche der Russen zur Wehr setzten. Russland, das die Berge beherrschen wollte, um Transkaukasien und die Schwarzmeerküste zu sichern, versuchte mit brutalen »Strafexpeditionen« die Bergbewohner zu disziplinieren. Selbst die bis dahin loyalen Kabardiner wurden, als die Gefahr durch die Krimtataren geringer geworden war, widerspenstig. 1774 erhoben sie sich erstmals gegen das Imperium, Dutzende weiterer Aufstände auch der anderen Völkerschaften folgten.

Zur ersten große Führungspersönlichkeit im Widerstand gegen die russischen Eroberer im 18. Jahrhundert wurde Uschurma. Er war ein einfacher tschetschenischer Schäfer, wurde dann aber in Dagestan zum Geistlichen ausgebildet. Dort trat er der Bruderschaft der Nakschbendi bei, deren Scheich er 1783 wurde. Seine Landsleute und alle anderen »Gorzy« rief Uschurma 1785 zu einem »Ghasavat« auf, was etwa so viel wie »Heiliger Krieg« bedeutet. Eine Strafexpedition unter Juri Pieri, Oberst der russischen Armee, wurde ausgesandt. Sie bestand aus vier Bataillonen und sollte Jagd auf den rebellischen Bergbewohner machen. Der ließ sich in den heimatlichen Bergen nicht fangen. Dafür gerieten die Russen auf dem Rückweg in einen tschetschenischen Hinterhalt. Die Truppe wurde total aufgerieben. Mit dieser Taktik, die den Bergbewohnern mehrfach den Erfolg sicherte, erwarb sich Uschurma den Beinamen Mansur, arabisch »der Siegreiche«.

Der stimmte allerdings nur bedingt, denn »er war ein talentierter Redner, aber ein schlechter Heerführer« und musste mehrere Niederlagen hinnehmen.[7] Nach Verlusten an den Flüssen Urup und Laba war er 1787 gezwungen, in der damals unter osmanischer Herrschaft stehenden Küstenstadt Anapa Zuflucht zu nehmen. Von dort aus rief er seine Landsleute weiterhin zum Widerstand gegen Russland auf. 1791 eroberte der russische General Gudowitsch die Stadt, Mansur geriet in Gefangenschaft. Wie ein wildes Tier wurde er in einen Käfig gesperrt und nach Moskau geschafft, wo ihn Zarin Katharina in den Kerker werfen ließ. Später verbannte sie ihn in ein Kloster auf den Solowezki-Inseln im Weißen Meer, wo er schließlich auch starb.

Scheich Mansur war ein Heiliger, lässt Leo Tolstoi einen seiner Protagonisten in »Hadschi Murat« schwärmen. »Er ritt durch die Auls, und das Volk strömte herbei, um den Saum seiner Tscherkesska zu küssen, es bereute seine Sünden und schwur, nichts Böses mehr zu tun. Die alten Leute haben uns davon erzählt: Damals lebten alle Menschen wie Heilige, sie rauchten nicht, tranken nicht, versäumten kein Gebet und verziehen einander alle Beleidigungen, selbst vergossenes Blut.«[8] Die Heldentaten Scheich Mansurs, die tatsächlichen und die, die ihm zugeschrieben wurden, leben noch heute im Kaukasus in Erzählungen weiter.

Auf Peter I. geht die Idee zurück, die Bergvölker im Kaukasus einzuschließen. Er ließ Kosaken zunächst am Gebirgsfluss Terek ansiedeln, die den Auftrag hatten, in ihren Wehrdörfern diesen Teil der russischen Grenze zu bewachen. Nach seinem Tode ließ der Eifer seiner Nachfolger, den Süden betreffend, deutlich nach, auch wenn 1735 noch die Festung Kisljar am Terek gebaut wurde. Die Truppen jedoch wurden nach dem Norden beordert. Erst mit der Thronbesteigung von Katharina der Großen 1762 rückte der Kaukasus wieder mehr ins Blickfeld. Die sogenannte »Kosakenlinie«, die sich am Nordrand des Kaukasus zwischen dem Kaspischen und Schwarzen Meer entlangzog, wurde ausgebaut. 1763 wurde der Grundstein für die Festung Mosdok gelegt, was letztlich auslösendes Moment für den Aufstand der Kabardiner war. In Mosdok, das heute zu Nordossetien gehört, ist gegenwärtig die 58. Armee stationiert, die für Ruhe im Nordkaukasus sorgen soll. Ihre Panzer entschieden im August 2008 den Fünftagekrieg mit Georgien zugunsten Russlands.

Nachdem Russland sich zu Beginn des 19. Jahrhunderts in Georgien, Armenien und Aserbaidschan seine Positionen im Südkaukasus und an den beiden Meeren gesichert und das Osmanische Reich im Friedensvertrag von Adrianopel 1829 zum Verzicht auf dessen Besitzungen am Ostufer des Schwarzen Meeres gezwungen hatte, wandte es sich endgültig dem Gebirge selbst zu. Den bisher eher sporadischen Feldzügen in die Berge, die von sehr unterschiedlichem Erfolg gekrönt waren, sollte nun die systematische Eroberung folgen. Dieser Krieg, der genau genommen bereits 1763 begonnen hatte, dauerte über weitere 30 Jahre und wurde von einer herausragenden Persönlichkeit aus den Bergen geprägt: dem Imam Schamil.

Imam Schamil, der »Löwe von Dagestan«

1982 war ich das erste Mal in Dagestan. Die Reise war, wie zu sowjetischer Zeit üblich, von den örtlichen Parteiorganisationen wohl organisiert. Natürlich fehlte auch der Besuch im Museum der Hauptstadt Machatschkala nicht. Beim Rundgang fiel mir ein großes Porträt auf. Es zeigte einen verwegen aussehenden, schwer bewaffneten Mann in der Tracht der Bergvölker. Auf einem kleinen Messingschild stand lediglich ein einziges Wort: »Schamil«.

Auf meine Frage, wer das denn sei, wich der offiziell bestallte Museumsführer aus. Es handele sich um eine Figur aus der dagestanischen Geschichte, sagte er, sich sichtlich unwohl fühlend, und wechselte das Thema. Später nahm mich einer meiner Begleiter zur Seite und flüsterte mir ein paar erklärende Worte zu. Das Porträt zeige den berühmten Imam Schamil, einen Volkshelden des Landes, der den russischen Truppen im 19. Jahrhundert jahrzehntelang Widerstand geleistet habe, ehe er gefangen genommen wurde.

Die Geheimnistuerei hatte ihren Grund in der sowjetischen Art der Geschichtsbetrachtung, die sich je nach politischer Wetterlage änderte. Noch ein paar Jahre zuvor war Schamil als »Held im Kampf gegen den russischen Imperialismus« gefeiert worden. Dann drehte sich der Wind. Die Führung in Moskau argwöhnte, dass die allzu heftige Verehrung für Schamil antirussische Tendenzen stärken und den Allmachtsanspruch der Parteiführung in der sowjetischen Metropole gefährden könnte. Er wurde offiziell zur Unperson.

Die besser Gebildeten unter den hauptstädtischen Parteikadern hatten natürlich, wie auch die kaukasischen Anhänger Schamils, den »Hadschi Murat« von Leo Tolstoi gelesen. Der Aufruf Schamils an die Kaukasier, den der große russische Schriftsteller in seiner Novelle zitiert, muss ihnen wie ein Menetekel erschienen sein: »Ich höre, dass die Russen euch schmeichlerisch zur Unterwerfung auffordern. Glaubt ihnen nicht, unterwerft euch nicht, haltet aus ... Es ist besser, in Feindschaft gegen die Russen zu sterben, als in Gemeinschaft mit den Ungläubigen zu leben. Haltet aus, und mit dem Koran und dem Säbel werde ich zu euch kommen und euch gegen die Russen führen.«[9] Unter Stalin, der in den 40er-Jahren des 20. Jahrhunderts zahlreiche Bergvölker hatte deportieren lassen, wurden im Kaukasus Erinnerungen an die eigene ruhmreiche Geschichte wach. Die stets misstrauische kommunistische Partei argwöhnte Widerspruch und verordnete eine Kehrtwende in der Geschichtsinterpretation. Und so wurde auf Anweisung »von oben« aus dem einstigen Volkshelden ein blutrünstiger Separatistenführer und Bandit gemacht, der sich der Zentralgewalt widersetzte und zu Recht in russische Gefangenschaft geriet. Russland, so sagen Zyniker, sei das einzige Land in der Welt, in der nicht nur die Zukunft, sondern auch die Vergangenheit im Dunkeln liege.

Wer war Schamil? Der Sohn eines Landbesitzers, ein Aware, wurde 1797 im dagestanischen Bergdorf Gimry geboren. Die Awaren gehören zu den mehreren Dutzend ethnischer Gruppen, die heute noch das kleine Dagestan bevölkern.

Schamil wurde in die Zeit hineingeboren, in der Russland den Südkaukasus endgültig für sich erobert hatte und der Druck auf die Bergvölker immer brutaler wurde. Zum einigenden geistigen Band wurde in dieser Zeit eine muslimische Reformbewegung unter der Führung der Naqschbandi, deren Name auf einen sunnitischen Geistlichen zurückgeht, der im 14. Jahrhundert in Buchara gepredigt hatte[10]. Die kaukasischen Bergvölker adaptierten diese Lehre, indem ein Meister, der Murschide, seine Schüler, die Müriden, in allen Glaubens- und Lebensfragen unterweist. Als Ziel wurde zunächst in Dagestan, dann in Tschetschenien und Inguschetien der Übergang vom kaukasischen Naturrecht Adat zum islamischen Schariat postuliert. Im Kaukasus kamen angesichts der erbitterten Auseinandersetzungen mit dem russischen Imperium nun auch militärische Aspekte hinzu. Der Imam war dort nicht nur geistlicher, sondern auch militärischer Anführer seiner Müriden. Als Bezeichnung für diese neue religiös-politische Erscheinung bürgerte sich das Wort vom »Müridismus« ein.

Die Naqschbandi vermieden zunächst die direkte Konfrontation mit den russischen Truppen, obwohl General Jermolow ab 1816 mit grausamem Terror in den Bergen wütete. Erst vergleichsweise spät, nämlich 1829, erklärten sie Russland den Heiligen Krieg und wählten Ghazi Muhammad zum Imam. Schamil war sein Stellvertreter. Als Ghazi Muhammad 1832 in einer Schlacht fiel, wurde Hamza Bek sein Nachfolger, und nach dessen Tod wählten die Naqschbandi 1834 Schamil zum dritten Imam.

Eine der besten Schilderungen seiner Person verdanken wir keinem Geringeren als dem Schöpfer der »Drei Musketiere«. Alexandre Dumas reiste im Winter des Jahres 1858/59, gut bewacht von Kosaken, durch den Kaukasus. Dort traf er eine ehemalige Geisel Schamils, einen russischen Offizier, der gerade freigekauft worden war. Dessen Bericht zeichnete der Schriftsteller getreulich auf. Der Offizier war, obwohl ein Feind der Bergvölker, dennoch tief beeindruckt von der Persönlichkeit ihres Anführers. »Schamyl mag etwa achtundfünfzig Jahre alt sein (er war zu dem Zeitpunkt 61 Jahre alt – d. A.), sieht aber wie ein Vierziger aus. Er ist groß, hat ein sanftes, ruhiges, Ehrfurcht gebietendes Gesicht, dessen Hauptzug Schwermut ist. Man sieht es ihm jedoch an, dass seine Gesichtszüge auch den Ausdruck großer Energie und Entschlossenheit annehmen können. Seine blasse Gesichtsfarbe lässt die schön geschwungenen dunklen Brauen stark hervortreten. Seine Augen sind dunkelgrau, fast schwarz … Seine Hand ist klein und weiß, sein Gang langsam und würdevoll. Man erkennt den Mann von hohen Geistesgaben, den zum Befehlen geborenen Führer.«[11]

Besonders beeindruckt zeigte sich der Offizier, dessen Militärkameraden im Kaukasus-Krieg sehr oft in eheähnlichen Verhältnissen mit Kosakinnen oder Angehörigen der Bergvölker lebten, vom hohen moralischen Anspruch des Imam, dem dieser auch selbst folgte. So habe Schamil eine verwitwete Tatarin, die mit einem Lesginer unverheiratet zusammenlebte und schwanger wurde, mit ihrem Lebensgefährten zum Tode verurteilt. Schamil habe vier Frauen, berichtete er. Die vierte und jüngste habe er, obwohl er sie sehr geliebt habe, verstoßen, weil sie unfruchtbar war. »Der sittenstrenge Schamyl fürchtete, man werde seine Liebe zu einer unfruchtbaren Frau als Liederlichkeit betrachten, und wie wehe es auch seinem Herzen tat, trennte er sich doch von ihr.«[12] In der russischen Öffentlichkeit hält sich bis heute die Überzeugung, die Bergvölker im Kaukasus, besonders die Tschetschenen, seien zur Staatenbildung nicht fähig, hätten eine niedrige Kultur und seien ein brutales, unzivilisiertes Volk. Was indirekt natürlich als Rechtfertigung dafür diente, den Widerstand im Kaukasus als etwas zu betrachten, das gegen die kulturelle Mission Russlands gerichtet ist und notfalls auch mit Gewalt unterdrückt werden muss.

Schamil war es indes in den Jahren des Kampfes gelungen, die Stämme der Tschetschenen und Dagestaner, die sich oft auch untereinander befehdet hatten, zusammenzuführen. Auch die Tscherkessen, Adygejer, Kabardiner, Balkaren, Inguschen, Nogaier, Awaren, Darginer und selbst die moskaufreundlicheren Osseten schlossen sich an. Er verstand es zudem, ein funktionierendes Staatswesen mit einer Verwaltung und eigenem Steuerwesen aufzubauen. Dabei hatte er keine Skrupel, auch zu brutalen Mitteln des Machterhalts zu greifen. 1844 soll er russischen Quellen zufolge beispielsweise die Einwohner eines ganzen tschetschenischen Auls getötet haben, weil sie den Mord an einem seiner Stellvertreter nicht verhindert hatten. In der Folge kam es des Öfteren vor, dass tschetschenische Einheiten nicht eingriffen, wenn sich Russen und Dagestaner Scharmützel lieferten.

Schamil hatte zum Ende seiner Herrschaft eine Pyramide der Macht geschaffen, an deren Spitze er selbst als Imam stand. Er übte die oberste weltliche und geistliche Macht aus. Ihm zur Seite stand der Diwan, der Geheime Rat. Er bestand aus zwei engen Vertrauten, die den Imam in schwierigen Situationen berieten. »Das Gerippe des gesamten Verwaltungssystems waren die Naiben (Stellvertreter) des Imam.«[13] Ihnen unterstanden ganze Gemeinschaften in den Bergen. Anfangs waren es lediglich vier, 1856 dann schon 33. Die Naiben übten ihre Verwaltungsfunktion und ihre Befehlsgewalt in den Aulen über die ihnen direkt unterstellten Dibiren und Masumen aus. Mit der Vergrößerung des Verwaltungsapparates führte Schamil Ende der 40er-Jahre den Posten eines Mudir ein, der mehrere Naiben kontrollierte.[14]

»Der Imam baute auch eine reguläre Armee nach modernem Muster auf, die über Artillerie und Genietruppen (Ingenieurtechnische Truppen – d. A.) verfügte. Kanonen wurden im eigenen Land gegossen, auch das Schießpulver stammte aus eigener Produktion.«[15]

Der russische General und Historiker Rostislaw Fadejew kam Ende des 19. Jahrhunderts nicht umhin, die Einmaligkeit der militärischen Leistungen Schamils zu würdigen: Die von ihm aufgebaute Gebirgsarmee, »die das russische Militärwesen um viele Aspekte bereicherte, war ein Phänomen von ganz und gar außergewöhnlicher Schlagkraft.

Es handelte sich dabei um die stärkste Volksarmee, mit der sich der Zarismus je konfrontiert sah. Weder die Schweizer Eidgenossen, noch die Algerier, noch die Sikhs in Indien erreichten eine derartige Vollendung in der Militärkunst wie die Tschetschenen und Dagestaner.«[16]

Dank dieser militärischen, politischen und verwaltungstechnischen Leistungen konnte Schamil sich letztlich von 1843 bis 1859 gegen die russischen Angriffe zur Wehr setzen und die Eroberung des Kaukasus zunächst verhindern. In den 40er-Jahren des 19. Jahrhunderts stand eine russische Armee von 40 000 Mann im Kaukasus. Zum Ende der Epoche Schamil waren es fast 80 000. Am Schluss, nachdem sein Versuch fehlgeschlagen war, bis Wladikawkas durchzubrechen und den Aufstand in den Zentralkaukasus zu tragen, jagten ihn die russischen Truppen wie einen Hasen. Nachdem General Jewdokimow die Orte Warandi und Schatoj erobert hatte, kündigten die Tschetschenen bis auf einen Stamm ihrem langjährigen Anführer die Gefolgschaft. Anfang 1859 nahm Jewdokimow den befestigten Ort Tausen ein, im April stürmte er Wedeno in Tschetschenien, das von Schamils Sohn verteidigt wurde. Schamil zog nach Dagestan. Dort musste er sich am 6. September in der Schlacht am Berg Gunip einer großen Übermacht ergeben.

Zar Alexander II. behandelte seinen Gegner, der in Russland über Jahrzehnte als Räuber und Bandit gegolten hatte, überraschend großmütig. Er »verbannte« ihn mit seiner gesamten Familie nach Kaluga, später nach Kiew. Von dort aus durfte Schamil 1871 eine Pilgerreise nach Medina antreten, wo er im selben Jahr 74-jährig starb. Der Widerstand im Nordkaukasus erlosch erst Jahre nach seiner Gefangennahme, flackerte aber später immer wieder auf und ist letztlich bis heute nicht überwunden.

Es ist bezeichnend für die Auffassung von Ruhm und Ehre im Kaukasus, dass Schamil, nachdem er in seine ehrenvolle Gefangenschaft geraten war, als Erstes einem Mann in Moskau seine Aufwartungen machte, der eigentlich sein Todfeind hätte sein sollen: General Alexej Jermolow hatte zwischen 1816 und 1827 versucht, die Bergvölker mit Terror zu unterwerfen. Ihm wird der Satz zugeschrieben: »Ich habe keine Ruhe, solange noch ein einziger Tschetschene am Leben ist!«

General Alexej Jermolow

Alexej Petrowitsch Jermolow wurde am 24. Mai 1777 in Moskau geboren, wo er am 23. April 1861 auch starb. Dazwischen führte er ein an Höhen und Tiefen reiches Leben und hinterließ tiefe Spuren in der russischen Geschichte. Schon mit 15 Jahren trat er in die Armee des Zaren ein und machte schnell eine für seine jungen Jahre steile Karriere. Mit 20 Jahren war er Major, mit 21 Jahren Oberstleutnant.

War es Übermut oder tatsächliches Interesse an freiheitlichem Gedankengut? Wie auch immer, der junge Jermolow begann, sich in politischen Zirkeln zu bewegen, die mit der Französischen Republik sympathisierten, und schrieb satirische Gedichte auf Zar Paul I. Folgerichtig wurde er der Verschwörung beschuldigt und nach einer Haft in den Petersburger Kasematten nach Kostroma verbannt. Pflichtschuldigst dankt er Paul I. später für die »harte Lehre«, die seiner »stürmischen Natur« gutgetan habe.[17]

Als Alexander I. nach Pauls Tod den Thron bestieg, durfte Jermolow 1801 in den Militärdienst zurückkehren. 1808 wurde der entschlossene, intelligente Offizier Generalmajor. Seine große Zeit kam während des Vaterländischen Krieges gegen Napoleon, wo er sich mehrfach auszeichnete, allerdings auch wegen Insubordination strafversetzt wurde. Nachdem der Held von Borodino, General Kutusow, das Zeitliche gesegnet hatte, galt Jermolow als der herausragende russische Heerführer.

Mit seiner Ernennung zum Gouverneur von Georgien und zum Oberkommandierenden der Kaukasus-Truppen belohnte Zar Alexander I. 1816 einen treu ergebenen Offizier und schuf sich einen ambitionierten Aufsteiger vom Halse. Die Gerüchte, Jermolow werde der nächste Verteidigungsminister, verstummten notgedrungen. Nach einer Audienz beim Zaren, bei der von ihm nicht mehr und nicht weniger verlangt wurde, als den Kaukasus zu erobern, notierte er selbstgefällig: »Mit seinen Erklärungen machte mir der Herrscher klar, wie seine Meinung über Georgien war. Das hätte gereicht, um viele andere an meiner Stelle zu erschrecken, aber ich beschloss, an mich und an mein Glück zu glauben.«[18]

Weniger begeistert war Jermolow über die Tatsache, dass er gleichzeitig zum russischen Botschafter am Hofe des persischen Herrschers ernannt werden sollte. Das war ein Aufgabengebiet, auf dem er keinerlei Erfahrungen hatte. Zudem hatte er von der »Gerissenheit und dem intriganten Wesen der Perser« vernommen. Die Möglichkeit, er könnte von ihnen ausgetrickst werden, erfüllte den ehrgeizigen Offizier mit Sorge. »Nichts beleidigt die Eigenliebe so sehr, wie wenn man betrogen wird«, räumt er in seinen Aufzeichnungen ein.[19]

Kaum in Tbilissi angekommen, machte er sich sofort auf den Weg, um in Karabach, an der Grenze zu Persien, nach dem Rechten zu sehen. Russische Truppen hatten das Khanat Karabach erst 1805 erobert und den dort herrschenden Khan getötet, der angeblich sein Land für die Perser öffnen wollte. Jermolow, dem ein Besuch in Teheran bevorstand, überzeugte sich, dass die Grenzen gesichert waren. Anschließend verschaffte er sich einen Überblick über die Lage in Georgien, das zwar von Russland beherrscht wurde und nach und nach die russische Rechtsordnung übernahm, gleichzeitig aber noch in zahlreiche Khanate aufgeteilt war, in denen manchmal nur 20 000 Familien lebten. Diejenigen, die in der Nähe zur Türkei oder dem Iran lagen, neigten dazu, unter bestimmten Umständen schnell auch mal ihre Loyalität zu wechseln, wenn die Lage günstig schien.

Denn auch der Iran bereitete Sorgen. »Persien hörte trotz des mit uns geschlossenen Friedens nicht auf, allen für uns schädlichen Leuten Geld zu schicken«, beklagte sich der General. Das betreffe den in Dagestan ungebunden herrschenden Schah Ali Khan, aber auch den Sohn des georgischen Königs Irakli, Alexander. Dieser, »berühmt für seine Feigheit«, war nach Kachetien und weiter in die Berge zu den Lesginen geflohen, wo er auf eine Möglichkeit hoffte, den georgischen Thron wieder besteigen zu können.[20]

Und schließlich drohte im Nordkaukasus Ungemach. Die Kabardiner, so Jermolow, seien zwar zuletzt 1810 von General Bulgakow »bestraft« worden, eine Abordnung habe sogar St. Petersburg besucht und dort Geld und wertvolle Geschenke erhalten. Doch »Überfälle, Mord und Raub wurden nicht weniger«. Die schlimmsten Nordkaukasier, davon ist Jermolow überzeugt, sind die Tschetschenen, »die übelsten aller Räuber«. Das Volk sei an sich zahlenmäßig klein, habe sich aber in den letzten Jahren kräftig vermehrt. »Tschetschnja kann man mit Fug und Recht das Nest aller Räuber nennen«, schrieb Jermolow.[21]

Fast 200 Jahre später wird diese arrogante Beurteilung von den russischen Streitkräften in den 90er-Jahren des 20. Jahrhunderts wiederholt – zur Rechtfertigung von zwei blutigen Kriegen, die mit ihrer Grausamkeit selbst General Jermolow beeindruckt hätten, der sich seinerseits vor allem in den Kämpfen mit den Tschetschenen durch eine brutale Kriegsführung hervorgetan hatte.

In seiner neuen Funktion als Statthalter des Zaren im Kaukasus legte er Alexander I. einen Plan vor, wie das Problem »Nordkaukasus« gelöst werden sollte. Sein Ziel: die Unterwerfung der Bergvölker und der Aufbau einer russischen Verwaltung. Der Zar stimmte zu, Jermolow machte sich ans Werk.

Wie dieser Krieg im Nordkaukasus geführt wurde, hat Jermolow ebenfalls in seinen Aufzeichnungen hinterlassen. Wohl wissend, dass die Tschetschenen ihre Dörfer besonders zäh verteidigten, wenn sich dort noch ihre Frauen und Kinder aufhielten, ließ er ein Exempel statuieren. Reguläre Truppen und Kosakenabteilungen schlossen das Dorf Dadan-Jurt am Fluss Terek ein. Den Einwohnern wurde freier Abzug zugesagt. Sollten sie jedoch Widerstand leisten, »werden sie mit der Waffe bestraft, Gnade wird nicht gewährt«. Die Tschetschenen reagierten nicht auf diese Anweisung, sie verteidigten sich mit aller Härte. »Jeder Hof war von einem hohen Zaun umgeben und musste gestürmt werden. Als die Soldaten in die Häuser eindrangen, brachten viele Einwohner ihre Frauen vor ihren Augen um, damit sie der Macht nicht in die Hände fielen. Viele der Frauen warfen sich mit Dolchen auf die Soldaten.« 400 Tschetschenen wurden umgebracht, 200 russische Soldaten bezahlten den Sturm mit ihrem Leben. »Bis zu 140 Frauen und Kinder wurden gefangen genommen, weil unsere Soldaten sie aus Bedauern verschonten … aber eine viel größere Zahl wurde aufgeschlitzt oder kam in den Häusern durch die Artillerie oder Feuer um.« Die Soldaten hätten erfreuliche Beute gemacht, berichtet Jermolow weiter und rechtfertigt das damit, dass ohne die Mithilfe der tschetschenischen Dorfbewohner die zahlreichen Überfälle auf die Kosakenlinie nicht möglich gewesen wären. »Das Dorf bestand aus 200 Häusern; am 14. September wurde es dem Erdboden gleichgemacht.« Und schließlich lobte er sich selbst für seine menschenverachtende Idee: »Das Beispiel von Dalan-Jurt verbreitete überall Schrecken, und wir werden wohl nirgendwo mehr Frauen und Familien finden.«[22]

Lew Tolstoi hat eindrucksvolle Worte gefunden, um die Empfindungswelt der Bergbewohner angesichts von Mord, Plünderung, willkürlicher Zerstörung und Schändung der Moscheen zu beschreiben: »Kein Wort des Hasses gegen die Russen wurde laut. Das Gefühl, das alle Tschetschenen, vom jüngsten bis zum ältesten, ihnen gegenüber empfanden, war stärker als Hass. Es war nicht Hass, sondern das Gefühl der Unmöglichkeit, diese russischen Hunde überhaupt als Menschen anzusehen, es war ein solcher Abscheu und Ekel, ein so fassungsloses Erstaunen über die sinnlose Grausamkeit dieser Geschöpfe, dass der Wunsch, sie wie Ratten, Wölfe oder giftige Spinnen auszurotten, ebenso selbstverständlich erschien wie der Trieb der Selbsterhaltung.«[23] Das hinderte die Bergvölker allerdings nicht daran, auch dem russischen Zaren ihre Dienste anzubieten, wenn das aus ihrer Sicht sinnvoll war. Auch Hadschi Murat, einst ein Vertrauter Schamils, wechselte auf die russische Seite, um dann auch mit den Russen wieder zu brechen.

Etwas von dieser Betrachtungsweise hat sich bis heute erhalten. Als Sulim Jamadajew, ein Gegenspieler des tschetschenischen Präsidenten Kadyrow, in Ungnade gefallen war und sein Bataillon verlor, liefen seine Leute ohne zu zögern zu diesem über. Jamadajew zeigte sich sehr verständnisvoll. Nachdem er als Geldgeber ausgefallen war, mussten seine Kämpfer ja schließlich irgendwie ihre Familien ernähren. Und dass sie nun, da er auf der Flucht war, gegen ihn aussagten – ja nun, sollten sie sich etwa umbringen lassen, fragte Jamadajew eher rhetorisch. Überrascht war er nicht.[24]

Georgien, die kaukasische Perle am Schwarzen Meer

Der Schall der Flugzeuge drang ganz plötzlich ans Ohr, da waren die Maschinen auch schon fast über mir. Zweimal kurz hintereinander fielen lustige kleine Leuchtpünktchen herunter, die sich dann aber als gar nicht lustig erwiesen. Es ertönten mehrere gewaltige Explosionen, die die Ohren ertauben ließen. In zwei, drei Kilometern Entfernung stieg schwarzer Qualm auf. Zwei russische Su-25-Jagdbomber hatten unmittelbar in der Nähe des georgischen Dorfes Tirdznisi Raketen auf das abgefeuert, was die russische Besatzung vermutlich als militärisches Objekt angesehen hatte. Tatsächlich war zehn, fünfzehn Minuten vorher aus der Richtung, wo dann die Bomben niedergingen, Geschützfeuer zu vernehmen gewesen. Es war der 11. August 2008, der Krieg war gerade vier Tage alt.

Tirdznisi liegt knapp 20 Kilometer nördlich der Stalin-Heimatstadt Gori und etwa zehn Kilometer südlich der südossetischen Hauptstadt Zchinwali. Die hatten die Georgier vier Tage zuvor mit schweren Waffen beschossen und dann für kurze Zeit eingenommen. Die Begründung: Man habe georgische Landsleute in den Dörfern schützen müssen, die in Südossetien liegen und von südossetischen Milizen massiv unter Beschuss genommen worden seien. Ein hochrangiger georgischer Offizier, der während der Operation lauthals davon sprach, jetzt werde die verfassungsmäßige Ordnung – das heißt die Herrschaft Georgiens über die abtrünnige Provinz – wiederhergestellt, wurde später von der Führung in Tbilissi gemaßregelt. Hatte er die Aktion missverstanden, oder war er, indem er die Wahrheit sagte, übers Ziel hinausgeschossen?

Starke russische Verbände der 58. Armee, die in Nordossetien stationiert ist, waren offenbar gut vorbereitet auf den ebenso dummen wie überflüssigen Versuch des georgischen Präsidenten Michail Saakaschwili, Südossetien im Handstreich wieder dem Mutterland einzuverleiben. Sie waren am frühen Morgen des 7. August 2008 vom Norden her durch den Roki-Tunnel auf Zchinwali vorgestoßen, lange bevor die Georgier überhaupt zum Angriff geblasen hatten. So jedenfalls die von den Georgiern mit abgehörten Telefonaten belegte Version. Präsident Michail Saakaschwili räumte später nach langem Leugnen ein, dass es doch seine Truppen gewesen seien, die den Krieg in Südossetien begonnen hätten.

Warum russisches Militär in einen Konflikt eingriff, der sich auf fremdem Territorium abspielte, begründete Moskau mit zwei Argumenten: Die Georgier hätten die mit einem internationalen Mandat versehenen russischen Friedenstruppen angegriffen, außerdem habe Russland seine eigenen Bürger vor einem »Völkermord« schützen müssen. Damit waren die 80 bis 90 Prozent der Südosseten gemeint, denen man in den Jahren zuvor freigiebig russische Pässe ausgehändigt hatte. Also rollten die Panzer, griffen die Bombenflugzeuge neben militärischen Stellungen in Georgien auch die Stadt Zchinwali an, wo sich die Georgier zunächst verschanzt hatten, ehe sie vor den russischen Truppen flohen.

Wo die russischen Truppen am Morgen des 11. August 2008 standen, wo es möglicherweise so etwas wie einen Frontverlauf gab, war in Tbilissi nicht zu erfahren. Ich wollte es herausfinden. Vor meiner Abfahrt hatte die Gerüchteküche noch verbreitet, die russischen Panzer stünden schon bei Gori. Davon wollte ich mich an diesem Morgen selbst überzeugen. Pawel, der Besitzer eines schon etwas angejahrten Ford, war bereit, mich gegen einen angemessenen Obolus nebst Gefahrenzuschlag nach Gori zu fahren.

Die Stadt liegt etwa 80 Kilometer nordwestlich von Tbilissi entfernt. Bis nach Zchinwali, der umkämpften südossetischen Hauptstadt, sind es dann nur noch weitere 30 Kilometer. Die Fernverkehrsstraße, auf der Pawel seinen Wagen mit Höchstgeschwindigkeit entlangjagte, ist die einzige vernünftige Verbindung zwischen Georgiens Osten und dem Westen mit der Hafenstadt Poti. Sie war nahezu leer an diesem Morgen, vier Tage nach Kriegsbeginn. Nur vereinzelt kamen uns Fahrzeuge entgegen, in unsere Richtung fuhr kaum jemand. Eine sonderbare Leere, denn auch Militär war – bis auf ein paar Einheiten des Innenministeriums, die sich seitwärts in den Büschen versteckt hatten – zunächst nicht auszumachen.

Auf dem Dorfplatz von Tirdznisi hatten sich an diesem Morgen neben der Bushaltestelle Dorfbewohner und Flüchtlinge aus den in Südossetien liegenden georgischen Dörfern Kurta, Kechi und Arascheni versammelt. Sie besprachen gerade, wie sie vielleicht doch wieder zurückgelangen könnten in ihre Dörfer, in denen sie nach Ausbruch der

Gefechte die Alten, die Kranken und ihren gesamten Besitz hatten zurücklassen müssen. Psychisch vom Krieg gezeichnet, stürzten sie beim Anblick der Kampfflugzeuge und bei den nachfolgenden Explosionen in das wacklige Häuschen der Bushaltestelle, als könnte das Sperrholz auch nur den geringsten Schutz bieten. Entsetzen in den Gesichtern, als die Detonationen so nahe ertönten.

Eigentlich hatten sie gehofft, durch einen »Korridor« zwischen den georgischen und russischen Truppen hindurch wieder nach Hause zu kommen, sagt die mütterlich-runde Naira Kachniaschwili. Sie hatte, wie die anderen Mitglieder der kleinen Gruppe auch, vermutet, die Kämpfe wären eingestellt worden, nachdem sich Georgien nach heftigen russischen Angriffen wieder aus dem eigentlich zum georgischen Staatsverband gehörenden Südossetien zurückgezogen hatte. Angesichts der gerade gemachten Erfahrungen mit den Kampfflugzeugen ließen sie den Versuch zur Heimkehr erst einmal fallen.

Auch mir schien die Umkehr nun der bessere Teil der Tapferkeit. Pawel holte bei der Rückfahrt aus seinem Wagen heraus, was Maschine und Straßenzustand zuließen. Wieder kamen wir durch die Stadt Gori, die in den beiden vorangegangenen Tagen bereits mehrfach bombardiert worden war. Das Ziel war offenbar eine Militärbasis gewesen. Doch es gab zahlreiche Opfer unter der Zivilbevölkerung, als Bomben und Raketen in einige der in der Nähe stehenden Wohnhäuser einschlugen und zwei Dutzend Zivilisten töteten.

Die Ruinen am Stadtrand mit ihren ausgebrannten Fenstern, an denen ich auf dem Rückweg vorbeikam, machten einen trostlosen Eindruck. »Auch heute Morgen haben sie Gori wieder bombardiert«, erzählte der 27-jährige Lewan mit bitterem Lächeln, als ich mich in den Trümmern umsah. »Das ist die Handschrift des russischen Präsidenten«, fügte er hinzu. Lewan hat Glück gehabt, bisher jedenfalls. Seine Wohnung blieb verschont, seine Familie lebt. Auch Guran, ein 60-jähriger Rentner, hatte Glück im Unglück. Beinahe schon lächelnd dreht er versonnen ein georgisches Trinkhorn in seinen Händen. »Das ist alles, was von meiner Wohnung übrig geblieben ist. Alles andere ist verbrannt. Ich war glücklicherweise nicht zu Hause, ich bin eben erst von einem Besuch bei Verwandten zurückgekommen.«

Doch mehr als 30 seiner Nachbarn starben, noch mehr wurden verletzt. »Hier, schauen Sie!« Lewan zeigte auf einen verkohlten Haufen Schrott. »Ein junger Mann wollte seine schwangere Frau gerade ins Krankenhaus bringen, als das Auto getroffen wurde. Sie verbrannten beide da drin.«

Im internationalen Sprachgebrauch hat sich bei der Berichterstattung über die Krisenherde dieser Welt für Fälle, in denen das Militär irrtümlich, statt Ziele des Gegners zu treffen, Zivilisten umbringt, das Unwort »Kollateralschaden« eingebürgert. Angesichts der Zerstörungen, der ausgebrannten Häuser und der vielen Opfer klingt eine solche Umschreibung nur noch zynisch. Und die Einwohner von Gori glaubten nicht einmal, dass dies ein Versehen war, sie sind überzeugt, dass die Wohnhäuser absichtlich beschossen wurden.

Einen Tag später kam in Gori ein Kollege ums Leben. Der holländische Kameramann Stan Storimans starb, als mitten im Stadtzentrum eine SS-26-Rakete explodierte, die mit einem Streusprengkopf bestückt war. Diese sogenannten »Kassettensprengköpfe« sind, wie auch die Streubomben, durch eine internationale Konvention verboten, der Russland und Georgien nicht beigetreten sind. Die russischen Truppen setzten sie ein, bestritten das aber vehement.

Im Falle von Stan Storimans konnte aber nachgewiesen werden, dass hier ein Kassettensprengkopf zum Einsatz gekommen war. Eine holländische Untersuchungskommission reiste eigens nach Gori, untersuchte den Fall und kam zu dem Schluss, dass Storimans vom Kassettensprengkopf einer Rakete getötet wurde, »die es nur im russischen Militärarsenal gibt«. Später teilt die nichtstaatliche Menschenrechtsorganisation Human Rights Watch mit, dass nicht nur Russland, sondern auch Georgien Kassettenmunition eingesetzt habe, die von den meisten Staaten geächtet wurde.[1]

Die georgische Regierung, die sich lange vor Kriegsausbruch der Dienste eines in Belgien beheimateten PR-Unternehmens versichert hatte, ließ täglich Berichte über russische Bombardements georgischer Städte und Dörfer verbreiten. Neben Gori gingen russische Bomben auch am Stadtrand von Tbilissi und in Sugdidi nieder, zahlreiche Dörfer, Straßen und Brücken wurden ins Visier genommen, der Hafen von Poti stark zerstört. Beim Angriff auf den oberen Teil der Kodori-Schlucht, einem Teil Abchasiens, das unter georgischer Verwaltung stand, sei immerhin ein russisches Flugzeug abgeschossen worden, teilte man in Tbilissi erfreut mit. Das war allerdings eine der wenigen Ausnahmen. In der Regel bewegten sich die russischen Jets – das war in Tirdznisi deutlich zu sehen –, als befänden sie sich in heimatlichen Gefilden. Weder waren dort das Feuer einer Flugabwehr zu hören, noch georgische Flugzeuge am Himmel zu sehen gewesen. Russland hatte die totale Lufthoheit und nutzte sie nach eigenem Gutdünken. Russlands Premier Wladimir Putin nannte es »das Zu-Ende-Bringen einer Frieden stiftenden Mission«.

Eigentlich hatte ich schon viel früher am Ort des Geschehens sein wollen. Aber mit Ausbruch der Feindseligkeiten zwischen Georgien und Südossetien waren in Moskau sofort alle direkten Flugverbindungen nach Tbilissi unterbrochen worden. Umwege waren angesagt. Zur Auswahl standen Riga, Kiew, Istanbul, Jerewan. Ich wählte Baku in Aserbaidschan. Sollte es dort auf dem Luftwege nicht weiter nach Tbilissi gehen, blieb immer noch der Landweg. So kam es denn auch. Nachdem ich in der Nacht in der aserbaidschanischen Hauptstadt angekommen war, teilte der georgische Konsul in Baku am Morgen mit, der Flughafen in Tbilissi sei geschlossen. Nichts ging mehr.

Ich fand einen Aserbaidschaner, der bereit war, mich die knapp 600 Kilometer bis zur georgischen Grenze zu fahren. Für 200 Euro schaukelte er seinen gebrauchten Mercedes mit maximal 90 km/h durchs Land. Die Angst vor der allgegenwärtigen gierigen Miliz, später die immer schlechter werdenden Straßen drückten die Geschwindigkeit ganz erheblich. Erst nach neun Stunden kam der Grenzübergang nach Georgien, die »Rote Brücke«, in Sicht.

Dort spielten sich Flüchtlingstumulte ab. Hunderte wollten raus aus Georgien, rein in ein Land, in dem kein Krieg tobte. Aserbaidschanische Grenzsoldaten, die Kalaschnikow vor der Brust, drängten in einem engen, von Drahtzäunen abgesperrten Durchlass den Ansturm zurück. Ein hoffnungsvolles Geraune setzte immer dann ein, wenn der Grenzoffizier mit einem Bündel Pässe in der Hand auftauchte und weitere Namen vorlas. Die Glücklichen, die aufgerufen wurden, eilten flink hinein ins Gelobte Land, das für sie Aserbaidschan hieß. Wer freilich wie ich die andere Richtung nahm, hatte keine Probleme. Keine Schlange Wartender drängte sich dort, nur ganz wenige wollten in das Land, über dem der Luftkrieg tobte. Und das dennoch auf den ersten Blick so normal und unbetroffen aussah.

Am Abend, nach stundenlanger Fahrt durch ganz Aserbaidschan in Tbilissi angekommen, erstaunten mich der Glanz, die hellen Lichter der Stadt. Alle redeten von den Bombern, niemand von Verdunkelung. Auf der zentralen Straße, der Rustaweli-Avenue, drängten sich Anhänger von Präsident Saakaschwili, die gegen die russischen Luftangriffe protestierten. Das Auto kam nur im Schritttempo voran.

Dieser Protest wurde auch von Saakaschwilis politischen Gegnern geteilt. Sie hielten es angesichts der Angriffe russischer Flugzeuge auf ihre Heimat nicht für opportun, in diesem Moment gegen den Präsidenten vorzugehen. Aber Russland hatte seine letzten Sympathien in Georgien verspielt. Georgi, der mich mit seinem Auto geschickt und unter Umgehung aller Regeln durch die Menge brachte, hatte derlei Skrupel nicht. Er blieb wütend auf seinen Präsidenten. »Das hätte Mischa nicht machen dürfen. Er wusste doch, dass er nicht gegen Südosseten kämpfen wird, sondern dass er es mit den Russen zu tun bekommt. Und überhaupt – was will er da? Haben wir etwa zu wenig Land?«

Am Abend darauf, nach meiner Rückkehr aus Gori, brach in der Stadt dennoch kurzzeitig Panik aus. »Die Russen kommen!«, hieß es, in den Restaurants erloschen die Lichter. Die sonst bis weit in die Nacht hinein so geselligen Georgier eilten nach Hause. Auf die Frage, ob man nicht doch noch etwas Essbares bekommen könnte, reagierte der Wirt nur mit einem resoluten »Nein, wir haben Krieg!«.

Zwei Tage und ein paar Panikattacken später war er zu Ende. Da standen die russischen Truppen aber schon weit im georgischen Kernland. Das Militär hielt georgische Städte und Dörfer besetzt, es baute Checkpoints, um strategisch wichtige Straßen zu kontrollieren. Es war das erste Mal seit Gründung der Russischen Föderation 1991, dass Moskau Krieg gegen ein Mitgliedsland der UNO führte und es teilweise okkupierte. Diese Besetzung sollte sechs Wochen dauern.

Die Europäische Union, in der zu dem Zeitpunkt Frankreich die Präsidentschaft innehatte, setzte sich in Moskau für eine schnelle Beendigung der Kämpfe ein. Der französische Staatspräsident Nicolas Sarkozy und Russlands Präsident Dmitri Medwedjew einigten sich auf einen Sechs-Punkte-Plan als Grundlage für einen Waffenstillstand und den Rückzug der russischen Truppen aus Georgien.

Als der Abzug am 10. Oktober vollzogen war, traf ich die ehemalige georgische Parlamentspräsidentin Nino Burdschanadse in Tbilissi, wo sie in einem kleinen, feinen Bürogebäude ihre Stiftung für Demokratie und Entwicklung leitet, aus der sie inzwischen eine eigene Partei geformt hat. »Der Krieg war eine Katastrophe für unser Land«, da gebe es keinen Zweifel. »Wir verloren zeitweilig nicht nur die von den Separatisten beherrschten Gebiete, sondern auch die Kodori-Schlucht und Alchagori, die vorher nicht unter der Kontrolle der Separatisten gewesen waren. Wir haben eine große Flüchtlingswelle, wir haben viele Tote und Vermisste, wir erlitten große Zerstörungen in der militärischen, aber auch in der zivilen Infrastruktur. Und schließlich wurden die Separatistenregionen Südossetien und Abchasien von Russland als unabhängige Staaten anerkannt.«

Noch im Frühjahr 2008 hatte Russland im Sicherheitsrat zusammen mit den anderen Mitgliedern für die territoriale Integrität Georgiens gestimmt. Monate später war das vergessen, auch westliche Diplomaten in Tbilissi glauben nicht, dass sich an der neuen Lage in absehbarer Zeit etwas ändern wird. Man stellt sich auf eine lange Phase ein, in der beide Seiten auf ihren Standpunkten beharren werden, ohne in der Sache Veränderungen herbeiführen zu können. Realisten, die nicht an diplomatische Rücksichten gebunden sind, gehen aber davon aus, dass diese Gebiete für Georgien verloren sind, dank Saakaschwili.

Für Burdschanadse, in der viele Georgier zu dem Zeitpunkt schon eine Alternative zu Präsident Saakaschwili zu sehen glaubten, war das allerdings kein Grund, auf die einst zu Georgien gehörenden Gebiete zu verzichten. Die internationale Gemeinschaft müsse wissen, »dass Georgien sich nie mit dem Verlust von Abchasien und Südossetien abfinden wird. Ich bin überzeugt, dass man durch eine vernünftige Politik des Dialogs einen Ausweg aus der jetzigen Lage finden kann.« Aber das werde Jahre dauern. Dazu müsse man den kaukasischen Völkern erklären, dass Russland nicht aus Altruismus kleine Völkerschaften verteidige, sondern doch nur seine geopolitischen Interessen verfolge.

Moskau, so listete Burdschanadse auf, gehe es in erster Linie um die Wiederherstellung der russischen Einflusssphären im postsowjetischen Raum. Zudem wolle es den Nato-Beitritt Georgiens verhindern »und die großen Energie-Projekte stören, die unter Einbeziehung Georgiens in diesem Raum verwirklicht werden sollen«. Noch in seiner Funktion als russischer Präsident hatte Wladimir Putin, der seit der Wahl seines Schützlings Dmitri Medwedjew ins Präsidentenamt im März 2008 der russischen Regierung als Premierminister vorsteht, versprochen, er werde »alles« tun, damit Georgien nicht Mitglied der Nato werde. Schließt das auch einen kleinen, erfolgreichen Krieg ein? Tatsache ist, dass Russland sich – unabhängig davon, ob das wahr ist oder nicht – vom Westen bedroht und eingekreist fühlt.

Die Nato, die – das jedenfalls behauptet Moskau ohne Unterlass – ursprünglich nicht einmal über die Oder vorrücken wollte, steht inzwischen im Baltikum direkt an der russischen Grenze. Ehemalige Warschauer-Pakt-Mitglieder wie Polen, Tschechien, Bulgarien und Rumänien haben mit fliegenden Fahnen die Seiten gewechselt. Das war zwar ihr eigener, dringender Wunsch, doch in Moskau glaubt man, wie auch im Falle des Baltikums, an eine Verschwörung Washingtons.

Der Gedanke, die Ukraine oder Georgien könnten sich irgendwann

in naher Zukunft ebenfalls dem nordatlantischen Bündnis anschließen, raubt der Führung in Moskau die Ruhe. Damit, so haben Kremlchef Dmitri Medwedjew und sein Premier Wladimir Putin – sie hatten
für vier Jahre die Ämter getauscht – deutlich gemacht, würde eine rote
Linie überschritten. Und das werde Russland nicht hinnehmen. Mit
dem georgisch-russischen Krieg hat Moskau gezeigt, wozu es fähig ist.
Das Signal an den Westen: Wir hier in Moskau sind bereit, unsere Interessen unmittelbar an unseren Grenzen auch mit militärischen Mitteln durchzusetzen. Die beiläufige Selbstverständlichkeit, mit der das
vorgetragen wird, erinnert an das Vorgehen der Zaren, die schon damals den Kaukasus als ganz natürlichen Besitzstand Russlands betrachteten: Türken und Perser wurden verjagt, die dort seit Jahrhunderten siedelnden Völker unterjocht.

Jetzt hat Russland seine Positionen im Transkaukasus wieder erheblich gestärkt, de facto zumindest mit Südossetien neue Gebiete hinzu-
gewonnen. Mit den Stützpunkten dort und in Abchasien, wo jeweils
3800 Mann stationiert wurden, hat Russland sich eine starke militärische Präsenz geschaffen und Georgien in die Zange genommen. Vor
allem die junge Generation in Russland feierte nach dem Krieg das
wieder erstandene Imperium, das es »den Amerikanern« endlich mal
so richtig gezeigt habe. Eine Minderheit, vor allem aus der Generation,
die die Sowjetunion noch bewusst erlebt hat, ist indes entsetzt: »Jetzt
sind wir wieder so weit, die Welt hat wieder Angst vor uns«, sagte mir
der Journalist Igor Andrejew, der sich einst vom neuen Russland auch
ein freundliches Miteinander mit den Nachbarn erhofft hatte.

Die Geschichte eines Konfliktes

Georgien, in der Landessprache Sakartwelo, russisch Grusinien, gilt
als die kaukasische Perle am Schwarzen Meer. Auf 69 700 Quadratkilometern, was etwa der Größe Bayerns entspricht, leben rund 4,63
Millionen Menschen, die sich in 26 Volksgruppen unterteilen. Über 80
Prozent der Einwohner sind als Georgier registriert, betrachten sich
selbst aber teils als Mingrelier, Lasen, Swanen, Emeretier und andere.
6,5 Prozent sind Aserbaidschaner, 5,7 Prozent Armenier, 1,5 Prozent
Russen. Während die Georgier, Armenier und Russen Christen sind,
hängen die über 300 000 Adscharier, die an der Grenze zur Türkei leben, dem Islam an. Auch die Abchasen im Westen, die Südosseten im
Norden sowie die Kisten im Pankisi-Tal sind überwiegend muslimischen Glaubens.[2]

Georgien ist neben Armenien das Land, in dem das Christentum erstmals Staatsreligion wurde (4. Jahrhundert). Gegen Ende des 10. Jahrhunderts wurden die kleineren georgischen Königreiche im sogenannten Goldenen Zeitalter vereint und erlangten ihre Unabhängigkeit vom byzantinischen Reich. Dank seines Königs David dem Erbauer und der legendären Königin Tamara war Georgien zwischen dem 11. und 13. Jahrhundert die stärkste Macht im Transkaukasus.

Dieser Blüte folgte der Zerfall. Die Königreiche Imeretien, Kachetien und Kartlien entstanden. Außerdem bildeten sich fünf Fürstentümer heraus, die unter osmanischem beziehungsweise persischem Einfluss standen. Um dem stärker werdenden Druck der Perser zu begegnen, schloss Ostgeorgien (Kartlien-Kachetien) 1783 einen Schutzvertrag mit Russland ab. Doch Zar Alexander I. beschränkte sich nicht auf die Rolle einer Schutzmacht und annektierte es 1801, das Königshaus wurde entthront. Auch die angrenzenden Regionen und Fürstentümer wurden zunächst russische Protektorate, um dann nach und nach annektiert zu werden. Fast ein halbes Jahrhundert brauchte das nördliche Imperium jedoch, um sie sich zu unterwerfen: Imeretien war ab 1810 bereits Teil des Russischen Reiches, die Region Gurien wurde 1828 abgeschafft, Mingrelien 1857. Swanetien wurde zwischen 1857 und 1859 annektiert, das Fürstentum Abchasien sogar erst nach einem Massenaufstand 1864.

Nach der Oktoberrevolution erklärte sich Georgien am 26. Mai 1918 für unabhängig. Doch die Demokratische Republik Georgien existierte nur knapp drei Jahre, dann wurde sie von der Roten Armee besetzt und in die Sowjetunion eingegliedert.

Während der späten 1980er-Jahre entwickelte sich eine starke georgische Unabhängigkeitsbewegung. Sie gipfelte 1989 in einer Massendemonstration in der georgischen Hauptstadt, die der damalige Oberbefehlshaber des kaukasischen Wehrbezirks, Igor Rodionow, brutal auseinanderjagen ließ.

Rodionow wurde später unter Präsident Boris Jelzin Verteidigungsminister und danach Duma-Abgeordneter der Kommunistischen Partei. In dieser Funktion traf ich ihn, und er brüstete sich noch Jahre nach der Bluttat von Tbilissi, dass er schließlich – im Gegensatz zu Gorbatschow in Vilnius – den Einsatz von Waffen untersagt habe. Tatsächlich hatte er seinen Soldaten keinen Schießbefehl gegeben. Sie griffen dafür zum Spaten und erschlugen ein Dutzend Georgier.

Das hat sich tief eingegraben ins Bewusstsein der Südländer, deren Grusinische Sozialistische Sowjetrepublik Bestandteil der UdSSR war.

Bei der ersten Gelegenheit, am 9. April 1991, noch vor dem August-Putsch in Moskau, erklärte sich Georgien für unabhängig. Das Land, das von den Russen stets als beliebtes Urlaubsziel mit sonnigen Stränden, gutem Wein und stets fröhlichen Menschen betrachtet worden war, wollte nicht mehr mitmachen in der sich langsam auflösenden Sowjetunion.

Die Georgier hatten in ihrem Unabhängigkeitswillen 1991 allerdings nicht bedacht, dass auch sie in einem Vielvölkerstaat lebten, der voller Probleme steckte. Neben den Abchasen und Adscharien kündigten auch die Südosseten nach dem Ende der Sowjetunion ihr Zusammenleben mit dem georgischen Mutterland auf. Mehr noch, Abchasen und Südosseten argumentieren seitdem, sie seien dem neuen georgischen Staat gar nicht beigetreten, sondern hätten sofort die eigenständige Unabhängigkeit erlangt. Mithin seien sie seitdem kein Bestandteil des georgischen Staates gewesen. Ein Standpunkt, der allerdings nie internationale Akzeptanz fand.

Die Führung in Tbilissi griff Anfang der 90er-Jahre zur Gewalt. In zwei Kriegen versuchte sie, die Kontrolle über Abchasien und Südossetien wiederzuerlangen. Beide Versuche schlugen fehl. Aus Südossetien mussten sich die georgischen Freischärler nach den anderthalb Jahre währenden blutigen Kämpfen wieder zurückziehen. 2000 Menschen starben damals. Zehntausende Georgier flüchteten aus Südossetien.

Ähnliches geschah in Abchasien, wo die Georgier nicht nur auf die Abchasen, sondern auch auf Kampfgruppen der gerade gegründeten Konföderation der Kaukasusvölker stießen, einen losen Interessenverbund, der nach dem Zerfall der Sowjetunion entstanden war. Auch russische Einheiten stärkten damals den Abchasen den Rücken. Dieser Waffengang kostete Tausende Tote auf beiden Seiten, über 300 000 Georgier mussten aus Abchasien fliehen und warten seitdem auf die Rückkehr in ihre alte Heimat. Die nun, nach dem Krieg von 2008, in sehr weite Ferne gerückt ist.

Georgiens glücklose Präsidenten

Ob die Sonne scheint oder ob es regnet – die Unentwegten stehen tagein, tagaus in der Krtsanisi-Straße in Tbilissi vor der ehemaligen Residenz des Expräsidenten Eduard Schewardnadse und protestieren. Seit fast zwanzig Jahren. Sie protestieren gegen den Staatsstreich, der 1992 der Herrschaft des damaligen Präsidenten Georgiens, Swiad Gamsachurdia, ein Ende bereitet hatte. Und sie verlangen die Bestrafung der

Schuldigen, darunter auch Schewardnadses selbst, der sich an die Macht geputscht habe. Die Demonstranten sind etwas in die Jahre gekommen, sie haben Thermosflaschen und Esspakete dabei und warten. Aufgeregtheit ist ihnen nach so vielen Jahren vergeblichen Aufbegehrens fremd.

Erfreut entfalteten sie ein vom vielen Gebrauch verschlissenes Transparent, als ich mich ihnen näherte. So viel Interesse hatte ihnen schon lange niemand mehr gewidmet. Auf der Stoffbahn verlangen sie die Auflösung der unrechtmäßigen Regierung – nach Schewardnadse mit Michail Saakaschwili inzwischen bereits die zweite. Und sie fordern Gerechtigkeit, die Aburteilung der Putschisten. Dabei ließ ihre gesamte Haltung, ihr geduldiges Ausharren darauf schließen, dass sie hier eher einem Ritus huldigen und nicht etwa an einen Erfolg ihrer Aktion glauben.

Die Angehörigen der EU-Beobachtermission, der UN-Menschenrechtsorganisation und anderer internationaler Gremien, die hier auf dem Hügel am Stadtrand von Tbilissi ihr Domizil aufgeschlagen haben, fahren täglich daran vorbei. Notiz nehmen sie nicht von den letzten verbliebenen »Swiadisten«, wie sich die Anhänger Gamsachurdias nennen.

Swiad Gamsachurdia, ein Dichter und Nationalist, war unmittelbar nachdem Georgien sich im April 1991 für unabhängig erklärt hatte, zum ersten Präsidenten des Landes gewählt worden. Am 26. Mai gaben ihm 86 Prozent seiner Landsleute ihre Stimme. Doch die Menschen hatten sich seine Amtsführung anders vorgestellt. Vom Parlament mit diktatorischen Vollmachten ausgestattet, regierte der Dichter zunehmend autoritär und unberechenbar. Er ließ Oppositionsführer verhaften und fuhr außenpolitisch einen Konfrontationskurs gegenüber Russland zu einer Zeit, da sich der nördliche Nachbar anschickte, demokratischer zu werden und hoffte, seinen ökonomischen Niedergang zu überleben.

Der Anfang vom Ende der Präsidentschaft Gamsachurdias war sein Versuch, sich des georgischen Paten Dschaba Josseliani und dessen bewaffneter Bande »Georgische Ritter« zu entledigen. Er ließ Josseliani einsperren, die »Sakartwelos Mchedrioni«, so ihre georgische Bezeichnung, wurden verboten. Doch die Mchedrioni, berüchtigt wegen ihrer kriminellen Machenschaften von Plünderungen bis hin zu Vergewaltigungen und Entführungen, waren zu dem Zeitpunkt mit 9000 Mitgliedern bereits die stärkste der zahlreichen paramilitärischen Banden, stärker sogar als die Nationalgarde.

Gegen Ende 1991 verbündete sich Josseliani mit den Gamsachurdia-Gegnern, zu denen auch der größere Teil der Nationalgarde unter Tengis Kitowani gehörte. Politischer Kopf dieser Bewegung war Tengis Sigua, vormals Premierminister unter Gamsachurdia. Diesen Posten hatte er im August 1991 mit der Begründung aufgegeben, Georgiens Präsident sei ein »Diktator und Demagoge«.

Tagelang war die Innenstadt von Tbilissi in jenem Dezember von Barrikaden durchzogen. Während Gamsachurdia im Parlamentsgebäude auf dem Rustaweli-Prospekt residierte und seine Anhänger, meist Leute aus seiner Heimatstadt Sugdidi in Westgeorgien, durch regelmäßige Reden aufputschte, saßen die Umstürzler weiter unten im Gebäude des georgischen Fernsehens. Dort gaben Sigua und Kitowani ihre Pressekonferenzen. Sigua, der ältere, war wegen seiner leisen Stimme kaum zu hören, ebenso der vierschrötige Kitowani, in dessen wuchtigem Körper eine seltsame Fistelstimme wohnt. Die beiden Lager waren durch Barrikaden voneinander getrennt, zwischen denen die Einwohner tagsüber flanierten. Mit Einbruch der Dunkelheit leerten sich die Straßen, es kam immer wieder zu Schießereien.

Ich hatte im Dezember Quartier auf der anderen Seite der Kura (Georg.: Mtkwari) im Metechi Palace Hotel bezogen und verfolgte die Situation, die lange Zeit einem Patt glich. Waren die Schießereien nachts etwas heftiger, griff ich mir, meist zusammen mit Kollegen, ein Taxi und fuhr ins Stadtzentrum, um nachzuschauen. Anschließend kehrten wir wieder in die – im Gegensatz zu den anderen Hotels – geheizten Räume des Metechi zurück, wo die Bardame ganz stolz erzählte, sie sei Mengrelin. Mithin von der gleichen Ethnie wie Gamsachurdia. Der konnte sich jedoch nur noch bis zum 6. Januar halten. In der Nacht verschwand er mit etwa 200 seiner Anhänger zunächst nach Armenien, dann nach Grosny in Tschetschenien. 1993 starb er bei einer mysteriösen Schießerei.

Die Sieger in Tbilissi griffen interessanterweise nicht selbst zur Macht. Sie riefen ihren Landsmann, den in Moskau sitzenden Eduard Schewardnadse nach Georgien zurück. Schewardnadse wurde der zweite Präsident nach der Unabhängigkeitserklärung. In den Jahren zuvor hatte er eine steile Karriere in der KPdSU und in Regierungsämtern gemacht. Er war Innenminister (1965–1972) und wurde dann Parteichef Georgiens. 1985 rief ihn der neue Staats- und Parteichef Michail Gorbatschow nach Moskau und machte ihn völlig überraschend zum sowjetischen Außenminister. In dieser Funktion unterstützte er Gorbatschows Politik der Öffnung und begleitete den Prozess der deutschen Wiedervereinigung.

Das machte ihn in Deutschland populär, in Georgien half es ihm nur bedingt. Mit seiner Autorität konnte Schewardnadse zwar sein Land international gut ins Spiel bringen, zu Hause jedoch liefen die Dinge in veralteten Bahnen. Zunächst musste er sich dem Einfluss von Josseliani und dessen Mchedrioni beugen. Erst als Josseliani im Knast saß, konnte die Gangstertruppe zerschlagen werden. Eins der insgesamt drei auf ihn verübten Attentate dürfte auf das Konto der Mchedrioni gehen.

Innenpolitisch ließ der »Weiße Fuchs«, wie Schewardnadse wegen seines taktischen Geschicks genannt wurde, den Medien weitgehend freie Hand. Sein Clan jedoch beherrschte die wichtigsten Felder der Wirtschaft, auch wenn es nicht gelang, eine florierende Ökonomie auf die Beine zu stellen. Georgien blieb arm, seine Führungsschicht korrupt, und die Staatsdiener huldigten der Willkür. Die georgische Verkehrspolizei beispielsweise galt als die schlimmste des gesamten Kaukasus.

Junge, im Ausland ausgebildete Nachwuchspolitiker wie Michail Saakaschwili oder Nino Burdschanadse, die zunächst zu seiner Mannschaft gehörten, wandten sich im Verlaufe seiner zweiten Amtszeit, die im Jahr 2000 begann, von Schewardnadse ab. Als es bei den Parlamentswahlen im November 2003 zu dreisten Wahlmanipulationen kam, stürzten ihn seine jungen Anhänger im Verlaufe der sogenannten Rosenrevolution. Daran hatte allerdings auch der damalige US-Botschafter in Tbilissi, Richard Miles, einen nicht geringen Anteil. Washington setzte völlig auf den jungen Saakaschwili, der seine Bildung unter anderem in den Vereinigten Staaten erworben hatte. Miles, der soeben am erfolgreichen Sturz von Slobodan Milošević in Belgrad mitgewirkt hatte, brachte sein Know-how mit nach Tbilissi, wo er Jugendorganisationen und NGOs nach Belgrader Vorbild aktivieren ließ. Allerdings konnte das nur funktionieren, weil das georgische Wahlvolk inzwischen der Schewardnadse-Herrschaft überdrüssig war und selbst einen Machtwechsel wollte, der mit den Wahlfälschungen verhindert worden war. Ohne militärische Gewalt auszuüben, übernahm der damals 36-jährige Saakaschwili nach der Besetzung des Parlaments am 22. November 2003 die Macht. Am 23. November dankte Schewardnadse ab.

Die Hoffnungen, die sich mit dem jungen, gebildeten Staatchef verbanden, der neben Georgisch fließend Russisch, Englisch und

Französisch spricht, waren hoch. Demokratisch, wirtschaftlich erfolgreich und international angesehen sollte Georgien werden, und Saakaschwili sollte es richten. Die wenigen kritischen Stimmen wie die von Naira Gelaschwili, die in Tbilissi das Kulturzentrum »Kaukasisches Haus« leitet, blieben unbeachtet. Gelaschwili warnte schon damals vor den nationalistischen Attitüden des Jung-Präsidenten, die das Verhältnis zu den abtrünnigen Provinzen Abchasien, Adscharien und Südossetien nur verschärfen würden. Sie sollte Recht behalten.

Zunächst jedoch ging es aufwärts mit Georgien. Die Wirtschaft kam in Bewegung, finanzielle Mittel aus dem Ausland flossen. Die USA unterstützten das Land mit dem neuen Präsidenten und bauten die Armee auf. US-Präsident George Bush reiste nach Tbilissi. Auf einer Großkundgebung auf dem Freiheitsplatz vor dem Hotel Marriott Courtyard lobte er seinen Gastgeber als einen »Leuchtturm der Demokratie«. Saakaschwili bedankte sich, indem er die Straße zwischen Airport und City in George-Bush-Avenue umbenannte.

Jetzt war Geld genug da, um zumindest die verhasste Polizei völlig umzukrempeln. Dass man heute auf Georgiens Straßen weitgehend unbehelligt von behördlicher Willkür unterwegs sein kann, ist einer der Erfolge, mit denen Saakaschwili sich schmücken kann. Das allgemeine Lebensniveau für die breite Masse der Bevölkerung verbesserte sich nicht spürbar. Seine Kritiker unterstellen ihm, Saakaschwili habe außer Grünanlagen, ein paar Straßen im Zentrum und gut ausgeleuchteten architektonischen Schönheiten nicht viel zuwege gebracht. Aus der ursprünglichen Euphorie wurde tiefe Enttäuschung.

Einen Anteil daran haben natürlich auch die Störmanöver Russlands, die zunahmen, als sich Saakaschwili dezidiert für eine Nato-Mitgliedschaft aussprach. Zwar gelang es seiner damaligen, aus Frankreich stammenden Außenministerin Salome Surabischwili noch, fixe Termine für den Abzug der russischen Truppen aus Georgien zu vereinbaren. Doch ihr Präsident hatte sich da schon in eine ins Persönliche reichende Fehde mit Russlands damaligem Präsidenten Wladimir Putin verstrickt. Durch ständige Nadelstiche reizte er den russischen Bären. So ließ Saakaschwili vier russische Offiziere, vermeintliche Spione des russischen Generalstabs, verhaften und öffentlich abführen. Und um das russische Selbstwertgefühl, insbesondere das des damaligen Kremlchefs und ehemaligen KGB-Offiziers Putin, besonders zu reizen, wurden die Offiziere von georgischen Polizistinnen eskortiert. Was nicht sehr klug war, denn die von Moskau verhängte Wirtschafts- und Transportblockade traf das Land hart. Moskau strich zudem alle

Direktflüge nach Georgien, Wein und Mineralwasser, wichtige georgische Exportgüter, dürfen seit 2005 nicht nach Russland verkauft werden. Als Saakaschwili Putin dann auch noch herablassend als »Liliputin« bezeichnete, war das Tischtuch endgültig zerschnitten.

Die Europäische Union und internationale Geldgeber hielten indes zu Georgien und seinem angeschlagenen Präsidenten. Auf einer Geberkonferenz von 67 Staaten im Oktober 2008 kamen 3,45 Milliarden Euro (4,55 Milliarden US-Dollar) für den Wiederaufbau und als Anschub für die angeschlagene Wirtschaft zusammen.[3]

Die EU-Kommissarin für Außenbeziehungen Benita Ferrero-Waldner stellte indes klar, dass die Mittel nur für den Wiederaufbau und die Bereitstellung von humanitärer Hilfe genutzt werden dürften und nicht, um die Regierung von Präsident Michail Saakaschwili zu stärken. Denn der hatte sich diskreditiert, indem er den russischen Militäreinsatz im August provoziert hatte, obwohl ihm europäische, aber auch amerikanische Diplomaten in Tbilissi immer wieder ins Gewissen geredet hatten: »Mischa, wir unterstützen deine Bemühungen zur Reintegration von Abchasien und Südossetien, solange das mit friedlichen Mitteln geschieht. Gehst du militärisch vor, wirst du ganz alleine sein, dann hilft dir niemand.«

Es ist allerdings nicht ausgeschlossen, dass einige Leute aus der Umgebung des damaligen Präsidentschaftskandidaten John McCain hinter verschlossenen Türen ganz anders geredet haben. Tatsache ist, dass sie in den Wochen und Monaten vor dem Krieg bei Saakaschwili aus und ein gingen. Haben sie bei ihm die Illusion geweckt, die USA würden ihm im Ernstfall gegen Russland beispringen? In der Hoffnung, Saakaschwili werde den »kleinen Konflikt« anzetteln, der den Amerikanern deutlich mache, wie wichtig in Krisenzeiten ein erfahrener und entschlossener Mann wie McCain im Präsidentenamt sei? Oder ist Saakaschwili der Illusion erlegen, dass, wenn er die militärische Initiative ergreift, seinen Verbündeten gar nichts anderes übrig bleiben würde, als ihm zu helfen?

In dem 13 Monate später veröffentlichten Bericht der vom Europäischen Rat eingesetzten »Unabhängigen Untersuchungskommission zum Konflikt in Georgien« (IIFFMCG – CEIIG) wird festgestellt, dass der »Einsatz von Gewalt durch Georgien in Südossetien, beginnend mit dem Beschuss Zchinwalis in der Nacht vom 7. auf den 8. August« unter den Maßgaben des internationalen Rechts nicht gerechtfertigt gewesen sei.

Auch wurde der Behauptung Saakaschwilis widersprochen, dass

dem georgischen Angriff auf Südossetien eine »groß angelegte russische Invasion« in Südossetien vorangegangen sei. Die Leiterin der Kommission, die Schweizer Diplomatin Heidi Tagliavini, stellte fest: »Es gab keinen laufenden militärischen Angriff Russlands vor dem Beginn der georgischen Operation.« Zugleich wird in dem Dokument, das der damalige russische EU-Botschafter Wladimir Tschischow als »im Großen und Ganzen objektiv« eigeschätzt hatte, auch Russland kritisiert. Zwar habe das russische Militär in der ersten Phase des Konflikts grundsätzlich legal gehandelt. Doch dann seien die russischen Aktionen weit über die vernünftigen Grenzen der Selbstverteidigung hinausgegangen. Der Vorstoß auf georgisches Kerngebiet schließlich sei illegal gewesen. »Es muss gesagt werden, dass die russische Militäraktion außerhalb Südossetiens im Wesentlichen ein Verstoß gegen internationales Recht war«, heißt es in dem Bericht.[4]

Das änderte nichts daran, dass Saakaschwili zahlreiche Fehler begangen hat, von denen der schwerste, verbrecherisch zu nennende, der Beschuss von Zchinwali mit schweren Waffen war. Russlands Führung, die die Großstadt Grosny in zwei Tschetschenien-Kriegen bombardieren und mit Artillerie und Raketen weit schlimmer zerstören ließ als es in der südossetischen Stadt der Fall war, und die Zehntausende Menschenleben auf dem Gewissen hat, war damals vom Ausland zu Recht scharf kritisiert worden. Dieser Maßstab muss auch an den georgischen Präsidenten angelegt werden, egal ob in Zchinwali 1600 Menschen den Tod fanden, wie Südosseten und Russen behaupten, oder ob es – wie Menschenrechtsorganisationen herausfanden – deutlich weniger Opfer waren.

Im Ergebnis seines abenteuerlichen Vorgehens konnte Saakaschwili auch seine georgischen Landsleute, die in Südossetien vor allem nördlich von Zchinwali in Enklaven lebten, nicht beschützen. Sie verloren zudem ihr Heim. Der südossetische Anführer Eduard Kokoity kündigte gleich nach Kriegsende an, dorthin werde kein einziger Georgier mehr zurück gelassen. »Wir haben dort alles dem Erdboden gleichgemacht«, prahlte er.[5] Knapp zwei Wochen später konnte ich mich auf der Fahrt nach Zchinwali von der Richtigkeit seiner Worte überzeugen. Jedes einzelne Haus in den Georgier-Dörfern war zerstört. Auch das ist eine Folge von Saakaschwilis Politik.

Er hatte allerdings nicht nur sein Ziel verfehlt, die abtrünnigen Regionen wieder in den georgischen Staatsverband zurückzuführen, schlimmer noch, er hat jede Aussicht darauf für sehr lange Zeit, wahrscheinlich auf immer verspielt. Zudem hat er der Demokratie im Südkaukasus, der Energiesicherheit Europas und dem Verhältnis des Westens zu Russland immensen Schaden zugefügt.

In jedem demokratischen Land müsste der Präsident nach einem solchen Debakel zurücktreten. Doch der redegewandte Georgier bewies in den Tagen der Krise noch einmal sein demagogisches Talent. Aus dem verlorenen Krieg machte er einen Sieg. Er unterstellte Russland, es habe ihn selbst und die Demokratie in Georgien mit Waffengewalt beseitigen wollen. Dieses Ziel habe Moskau nicht erreicht, also – Punkt und Sieg für Georgien.

Die Europäer, siehe Bericht der Untersuchungskommission, überzeugte derlei Akrobatik nicht. Auch deshalb vereinbarte die Europäische Union gleich nach dem Krieg mit Georgien, Russland, Abchasien und Südossetien die Einsetzung einer EU-Beobachtermission in Georgien (EUMM in Georgia – European Union Monitoring Mission). Sie soll die Einhaltung der Vereinbarung über den Waffenstillstand (»Sechs-Punkte-Plan«) überwachen. Bis heute kann sie diese Aufgabe nicht in vollem Umfang erfüllen, da Russland, ebenso wie die Abchasen und Südosseten selbst, die beiden abtrünnigen Regionen nicht mehr als Teil Georgiens betrachtet. Die EU-Beobachter dürfen die Demarkationslinie nicht überschreiten.

Demokratischer Wechsel, neue Verwerfungen

Vier Jahre lang konnte sich Saakaschwili nach dem Krieg noch im Amt halten, begleitet von einer wachsenden Zahl von Protesten. Die anfangs zügig vorangetriebenen Reformen in der Wirtschaft und im Staatsapparat begannen zu stocken. Die aus der Schewardnadse-Zeit sattsam bekannte Vetternwirtschaft griff nun auch unter Saakaschwili wieder um sich. Und da der einfache Georgier materiell wenig davon hatte, dass seinem Land trotz aller Kritik bemerkenswerte Fortschritte im Bereich der Wirtschaftsreformen und auf dem Felde der Demokratie bescheinigt wurden, wuchs die allgemeine Verärgerung.

Bei den Parlamentswahlen im Herbst 2012 erlitt das von Saakaschwili geführte Parteienbündnis Vereinte Nationale Bewegung eine Niederlage. Wahlsieger wurde »Georgiens Traum«, ein erst wenige Monate vor der Wahl von dem Milliardär Bidsina Iwanischwili aus dem Boden gestampftes Parteienbündnis. Iwanischwili war jahrelang ein heimlicher Finanzier von Saakaschwilis aufwändigen Infrastruktur- und Kulturprojekten gewesen.

Der kleine, stille Mann mit einer Nase für Geschäfte übernahm nach dem Wahlsieg zunächst das Amt des Regierungschefs. Nach einer Verfassungsänderung von 2012 wird der Premier in Georgien nicht mehr vom Präsidenten bestimmt, sondern von der stärksten Partei im Parlament. Ein Jahr später trat Iwanischwili den Posten einem seiner Gefolgsleute ab, dem 1982 geborenen, unter anderem in Frankreich ausgebildeten Irakli Gharibaschwili.

Bei der Präsidentschaftswahl 2013, bei der Saakaschwili nach zwei Amtszeiten laut Verfassung nicht mehr antreten durfte, wurde Giorgi Margwelaschwili, ebenfalls ein Mann der grauen Eminenz Iwanischwili, ins höchste Amt gewählt. Saakaschwili, der bis zu dem Zeitpunkt noch Präsident war, verließ den Präsidentenpalast ohne Widerworte. Es wird das große Verdienst des inzwischen in Georgien steckbrieflich gesuchten Saakaschwili bleiben, dass er seine Niederlage bei der Parlamentswahl klaglos anerkannte und im Jahr darauf ganz aus der Politik ausschied. Damit ermöglichte er einen friedlichen Machtwechsel nach demokratischen Spielregeln, wie es ihn bis dahin im post-sowjetischen Raum noch nicht gegeben hatte.

In der Nach-Saakaschwili-Ära entspannte sich das Verhältnis zwischen Georgien und Russland auch dank der neuen Führungsmannschaft in Tbilissi etwas. Seit 2013 ist das russische Wirtschaftsembargo aufgehoben, und Georgien darf wieder seinen Wein und sein Mineralwasser – wichtige Exportpositionen für das kleine Land – nach Russland liefern. Umgehend behauptete die nun in der Opposition agierende Vereinigte Nationale Bewegung (UNM) Saakaschwilis, die neue Regierungsmannschaft habe sich vom Westen abgewendet und sich in die Arme Moskaus begeben. Wofür es bisher keine ernst zu nehmenden Anzeichen gibt.

Inzwischen sind nahezu unbemerkt die Chinesen in Georgien gelandet. China ist zu einem der größten Handelspartner geworden. Mit 823 Millionen Dollar Handelsumsatz hatte das Reich im Osten im Jahr 2014 einen Anteil von 7,2 Prozent am Gesamt-Außenhandelsumsatz (11,4 Milliarden) Georgiens und lag damit auf Platz vier der Rangliste. Bei den Direktinvestitionen liegt China nach den Niederlanden und Aserbaidschan auf Rang drei. Wichtigstes und optisch eindrucksvollstes Projekt ist ein riesiger Wohn-, Geschäfts- und Erholungskomplex am Stausee oberhalb der georgischen Hauptstadt. Auf 200 Hektar verbaut die private Hualing-Company in einer ersten Phase 181 Millionen Dollar. Das Unternehmen ist auch an der Entwicklung einer 400 Hektar großen freien Industriezone (FIZ) in Kutaissi beteiligt. Kutaissi wurde 2012, noch unter Präsident Saakaschwili, zum Sitz des georgischen Parlaments. Die Chinesen hoffen, auf diese Weise von dem Freihandelsabkommen zu profitieren, das die EU mit Georgien abgeschlossen hat. Waren, die in der FIZ hergestellt werden, könnten mit dem Label »Georgia« zollfrei in die Europäische Union exportiert werden, hoffen sie.[6]

Um ein Großprojekt bemüht sich der chinesische Staatskonzern Power China. Er will bei dem kleinen Dorf Anaklia am Schwarzen Meer, direkt an der Demarkationslinie zu Abchasien, für fünf Milliarden Dollar einen Tiefwasserhafen bauen. Damit würde Georgien noch attraktiver für den Warentransit von Asien nach Europa.[7] Die Möglichkeiten eines Freihandelsabkommens mit China werden seit dem Herbst 2015 besprochen.

Dennoch hält Georgien an seiner Westorientierung fest. Mit der EU ist das Land seit 2014 durch ein Assoziierungsabkommen verbunden. Auch der Wunsch nach einem Nato-Beitritt lebt weiter. Zunächst schien es, als sollte er nach dem Krieg von 2008 noch lange Jahre auf Eis liegen. Doch Moskaus aggressives Vorgehen in der Ukraine und die daraus erwachsene Besorgnis der Nachbarländer Russlands führte zu einer Modifizierung in der Nato-Haltung gegenüber Georgien.

Ausdruck dessen war der Beschluss auf dem Nato-Gipfel von Wales im September 2014, Georgien mit einem Paket von unterstützenden Maßnahmen (Substantial NATO-Georgia Package — SNGP) unter die Arme zu greifen und es auf eine künftige Mitgliedschaft in der Allianz vorzubereiten, wie es der damalige georgische Verteidigungsminister Tinatin Chidascheli hoffnungsvoll ausdrückte. Doch genau besehen handelte es sich dabei lediglich um ein Trostpflaster. Die Georgier wollten beim Gipfel in Wales eigentlich in den Members Action Plan (MAP) aufgenommen werden, der Nato-Anwärter auf ihre künftige Mitgliedschaft vorbereitet. Das fand – wohl aus Rücksicht auf Russland – nicht statt.[8]

Immerhin entstanden in der Zeit nach Wales mehrere militärische Einrichtungen, die von der Nato und den USA finanziert werden. So wurde im August 2015 in Wasiani in der Nähe von Tbilissi ein gemeinsam von Georgien und der Nato betriebenes Ausbildungszentrum (Joint Training and Evaluation Center – JTEC) eröffnet. Dabei handele es sich nicht um einen Militärstützpunkt, versicherte die Regierung in Tbilissi. Alexander Gruschko, Russlands ständiger Vertreter bei der Nato, gab sich dennoch empört. Diesen Schritt könne man nicht anders als provokativ bezeichnen.

Seit September 2015 verfügt die georgische Küstenwache über eine neue Anlegestelle für ihre Boote. In Batumi (Adscharien) wurde der Pier seiner Bestimmung übergeben, für dessen Bau die USA 14 Millionen Dollar bereitgestellt hatten. Im Jahr zuvor war ein Lenkungszentrum für Küstenoperationen in Supsa sowie 2013 eine Reparaturwerft für die Schiffe des Küstenschutzes in Poti eröffnet worden. Auch dort hatten die USA die Kosten getragen.[9]

Das Interesse der Nato an Georgien ebenso wie Georgiens an der Nato bleibt also groß. Musterschüler Georgien ist zudem das einzige Land, das Truppen für die neu gegründete schnelle Nato-Eingreiftruppe (Nato Response Force) bereitstellt, obwohl es kein Mitglied der nordatlantischen Allianz ist. Dennoch scheut Brüssel davor zurück, leichtfertige Versprechungen zu machen. Anlässlich der Einweihung des Schulungszentrums in Wasiani dämpfte Nato-Generalsekretär Stoltenberg allzu hochfliegende Erwartungen in Tbilissi. Die Allianz sei eine demokratische Struktur, deshalb könne er nicht vorhersagen, ab die 28 Mitgliedsstaaten bereit sind, bei ihrem Gipfeltreffen im Juli 2016 für die MAP-Mitgliedschaft Georgiens zu stimmen.[10]

Im Herbst 2015 reiste Manana Kobakhidze, stellvertretende Vorsitzende des georgischen Parlaments, nach Berlin, um für Georgien und die aktuelle Regierung zu werben. Das Führungsmitglied der Partei »Georgischer Traum« sprach von der Absicht, die Demokratie und ihre Institutionen konsolidieren und stärken zu wollen. Das Land solle näher an die Nato, an Europa rücken, »dessen Werte für uns äußerst wichtig sind«. Die okkupierten 20 Prozent des georgischen Territoriums wolle man »mit friedlichen Mitteln und westlicher Hilfe zurückgewinnen«, sagte sie. Auch lobte sie die Abkehr von der einstigen »aggressiven, ultraliberalen Politik«, die durch eine »gemäßigte Politik sozialdemokratischen Zuschnitts« ersetzt worden sei.

Was sie an dem Morgen in einem Berliner Nobelhotel nicht sagte: Am Abend zuvor war es in Tbilissi zu einer veritablen Koalitionskrise gekommen. Der in Georgien sehr populäre Verteidigungsminister Irakli Alasania war mit der von ihm geführten Partei »Unser Georgien – Freie Demokraten« aus dem regierenden Parteienbündnis »Georgiens Traum« ausgetreten. Das kam nicht überraschend. Premier Garibaschwili hatte ihn nur wenige Tage zuvor aus der Regierung entlassen. Dem war eine Rücktrittswelle prominenter Vertreter eines westlich orientierten Kurses gefolgt. Die nunmehr Ex-Außenministerin Maja Pandschikidse warnte vor einer »Rückkehr zur Diktatur«. Ex-Verteidigungsminister Alasania seinerseits kündigte an, er werde mit seiner Partei bei den Parlamentswahlen 2016 nach der Führung greifen.[11]

Aus der »Insel der Demokratie«, wie US-Präsident George Bush das ihm unbekannte Land übereilt genannt hatte, ist wieder einmal eine »Insel der Hoffnung auf Demokratie« geworden – was immer noch deutlich mehr ist, als von vielen Nachbarn in der Region gesagt werden kann.

Zweifelhaftes Comeback eines Gescheiterten

Von Saakaschwili will in Georgien inzwischen kein Hund mehr ein Stück Brot nehmen. Die Staatsanwaltschaft möchte ihn gern wegen Machtmissbrauchs anklagen. In Moskau galt er sowieso schon lange als »politische Leiche«. Umso schillernder ist das Comeback dieses Gescheiterten. Saakaschwili ist inzwischen in der Ukraine als neu ernannter Gouverneur (Mai 2015) der Region Odessa zum Hoffnungsträger geworden. »Ich werde Odessa zur Hauptstadt des Schwarzen Meeres machen«, verkündete er. Seine Anhänger wollen es gern glauben, seine Gegner belächeln seine Großspurigkeit.

Im Februar 2015 hatte ihn der ukrainische Präsident Poroschenko, dessen Regentschaft an einem eklatanten Mangel an vertrauenswürdigen und sachkundigen Führungskräften leidet, zunächst zu seinem Berater gemacht. Er erhoffte sich von dieser Personalie Unterstützung bei den Reformen. Zudem sollte Saakaschwili mit seinen exzellenten Kontakten ins Ausland um politische und finanzielle Unterstützung für die Ukraine werben. Ein georgisches Auslieferungsersuchen wegen eines anhängigen Haftbefehls lehnte die ukrainische Generalsstaatsanwaltschaft im Frühjahr 2015 ab. Stattdessen bekam Saakaschwili, der einen Teil seiner Studienzeit in Kiew verbracht und seinen Militärdienst zu sowjetischer Zeit in der Ukraine geleistet hatte, einen ukrainischen Pass.

In Odessa, einmal ernannt, ließ er keine Zweifel daran, dass er in der von Oligarchen und Kriminellen beherrschten Region, vor allem in der Hafenstadt selbst, aufzuräumen gedenkt. Und er machte auch klar, wo die Mittel dafür herkommen: »Die USA haben drei Millionen US-Dollar mitgebracht. In Odessa wurde die alte Verkehrspolizei komplett aufgelöst und eine neue eingesetzt. Doch eine neue Polizei ergibt nur dann Sinn, wenn auch die anderen Bereiche, wie Justiz, Staatsanwaltschaft, der Zoll etc. umgebaut werden. Das muss parallel geschehen, sonst funktioniert das nicht.«[12] Diese rigorose Aussage, auf das gesamte Land bezogen, wurde umgehend als Angriff auf Premierminister Jazenjuk gewertet. Saakaschwili, so hieß es, habe weitergehende Ambitionen. Er schiele auf einen Führungsposten in Kiew.

Dabei geriet er auch mit einem der mächtigsten Oligarchen der Ukraine aneinander. Igor Kolomoiski, ein Gegner von Präsident Poroschenko, habe anfangs versucht, »einen Deal mit mir zu machen. Doch ich habe ihm klargemacht, dass ich mich auf sowas nicht einlasse. Danach versuchten sie, mich zu kaufen. Wenn das nicht klappt, diskreditieren sie einen und überlegen sich immer neue Sachen«[13], so Saakaschwili.

In seiner Auseinandersetzung mit den überkommenen Strukturen in Odessa stützt sich der Ex-Präsident auf Vertraute aus Georgien und auf eine Russin. Gleich nach seinem Amtsantritt als Gouverneur berief er Maria (Mascha) Gaidar in sein Team. Die 1982 geborene junge Frau, Tochter des einstigen russischen Reformpremiers Jegor Gaidar, galt trotz ihrer jungen Jahre als große liberale Hoffnung der russischen Politik. Zwischen 2009 und 2011 war sie stellvertretende Gouverneurin der Region Kirow. Ihre Entscheidung, in die Ukraine zu gehen, dessen Führung in russischen Medien als »Nazi-Junta« verunglimpft wird, brachte Mascha Gaidar in Russland den Vorwurf des »Landesverrats« ein. Nun will sie am Schwarzen Meer zeigen, was in ihr steckt.

Abchasiens Träume von der Unabhängigkeit

Die Abchasen waren schon vor der Anerkennung ihrer Unabhängigkeit durch Russland am 26. August 2008 stolz darauf, in einem eigenen Staat zu leben. Und wenn die Umstände auch noch so widrig waren, weil niemand sie – wegen des damit verbundenen unerwünschten Präzedenzfalls – international akzeptieren wollte, so griff doch der unerschütterliche kaukasische Glaube: Kein Volk wird frei geboren, es muss sich seine Freiheit erkämpfen. Das, so meinen die Abchasen, gelte auch für Apsadil, wie Abchasien in der Landessprache genannt wird. Es bedeutet »Erde der Seele«, womit der Ort gemeint ist, an dem die Seele nicht geboren wird, sondern wo sie entsteht.

Spätestens nach dem Krieg mit Georgien bestand für die Abchasen kein Zweifel mehr daran, dass sie nun völlig unabhängig sind und Georgiens Herrschaft nie wiederkehren wird. Im August 1992 waren georgische bewaffnete Verbände in das Land eingefallen, das sich im Zuge des Zerfalls der Sowjetunion von Tbilissi losgesagt hatte. Die in sowjetischer Zeit von Stalin angeordnete »Zwangsehe« mit ihrer »Grusinifizierung« und der Unterdrückung der kulturellen Identität sollte ein Ende haben. Der Krieg endete 1994 mit dem Sieg des kleinen Abchasiens über das große, aber desolate und unorganisierte Georgien. 250 000 Georgier, die große Mehrheit der Bevölkerung Abchasiens, mussten fliehen. Zurück blieben 75 000 Abchasen und ein einst blühendes Land in Trümmern.

Die Eigenständigkeit Abchasiens geht noch auf das 7. Jahrhundert zurück, als es ein unabhängiges Fürstentum des Byzantinischen Reiches war. Als Leon II. sich im 8. Jahrhundert zum König aufschwang und von Byzanz lossagte, kamen schon bald neue Gebiete hinzu. Die Abchasen konnten ihre Herrschaft zeitweilig auch auf die heute zu Georgien gehörenden Fürstentümer Mingrelien und Imeretien ausdehnen. Auch nachdem das abchasische Zarenreich 1578 an das Osmanische Reich gefallen war, konnte Abchasien seinen selbständigen Status weitgehend erhalten. Die einsetzende Islamisierung ging bei den zuvor zum Christentum bekehrten Abchasen nicht sehr tief, Moscheen hat es in Abchasien nie gegeben. Dafür bestanden über die Jahrhunderte hin sehr enge Beziehungen zu Georgien, die sich verstärkten, als das Land 1864 vom russischen Imperium erobert wurde. Gleichzeitig jedoch stehen die Abchasen sprachlich und kulturell den nordkaukasischen Tscherkessen, die sich auch Adygejer nennen, nahe. Was zum Teil auch die Unterstützung nordkaukasischer Völker, vor allem der Tschetschenen, im Krieg gegen Georgien erklärt.

Von den Folgen dieses Krieges hat sich Abchasien trotz wirtschaftlicher Kontakte zu Russland bis heute nicht erholt. »Nur jeder fünfte Industriebetrieb kann arbeiten, viele Häuser und Straßen sind zerstört, nach 19 Uhr gibt es keine Busse. Betrunkene Polizisten, die am Straßenrand ihre alten Lada reparieren, verdienen sich als Taxifahrer gern ein Zubrot.«[14]

Die touristische Infrastruktur, früher die Haupteinnahmequelle, ist noch immer weitgehend zerstört und liegt brach. Einst lockten subtropische Temperaturen und eine wunderschöne Natur Hunderttausende an die schönste Küste des Schwarzen Meeres. Inzwischen kamen vor allem russische Touristen zurück: 200 000 waren es 2008. Was aber weit entfernt ist von den »goldenen Zeiten« der 70er- und 80er-Jahre, als auch der Auslandstourismus boomte. Suchumi, Gagra und Pizunda waren beispielsweise für die eingemauerten DDR-Bürger paradiesische Ferienorte. Für die Eliten in Tbilissi und Moskau gehörte es zum guten Ton, im Sommer nach Abchasien zu reisen. Wer es sich leisten konnte, besaß dort ein Sommerhaus. Schon der Diktator Stalin verbrachte gerne seinen Urlaub auf herrschaftlichen abchasischen Datschen. Die bekannteste liegt gut versteckt über dem Bergsee Riza und ist inzwischen in die Hände des russischen Oligarchen Oleg Deripaska übergegangen.

Das Land hängt schon seit Jahren am Tropf des russischen Budgets. So bekommen abchasische Rentner mit russischem Pass, das sind über 90 Prozent der Pensionäre, ihr Geld aus Moskau überwiesen. Russische Unternehmen kaufen Hotels auf, die Telekommunikation ist fest in russischer Hand. Hunderte Wohnungen und Häuser in Suchumi wurden an zahlungskräftige Russen verkauft.

Dennoch träumten die Abchasen nun, seit es eine offizielle russische Botschaft in Suchumi gibt, vom Aufblühen ihres kleinen Landes. Diese Träume waren vor allem mit den Olympischen Winterspielen von 2014 verbunden, die im nur 100 Kilometer entfernten Sotschi stattfanden. Abchasien sah sich bereits als Zement-, Kies-, Granit- und Gipslieferant für die zahlreichen Olympiabauten. Aber auch als Unterbringungsort für die zu erwartenden 100 000 Bauarbeiter und die zahlreichen Touristen. Abchasische Bauern wollten Sotschi mit Obst, Käse und Gemüse beliefern.

Diese Hoffnung trog. Abchasische Unternehmen wurden nicht gebraucht bei den Milliardenbauten in Sotschi. Weder die Zehntausenden Bauarbeiter noch später die Touristen fanden den Weg in ihr kleines Land. Russland hatte die Grenze aus Sicherheitsgründen weitgehend abgeschottet, der ursprünglich angedachte neue Flughafen von Suchumi blieb ein Hirngespinst.

Diese Enttäuschung mag eine Rolle gespielt haben, als es im Juni 2014 in Suchumi zu Unruhen kam. Demonstranten, im Hintergrund dirigiert von Geschäftsleuten, Clan-Chefs, Politikern und Angehörigen von Sicherheitsorganen, belagerten den Präsidentenpalast. Dort saß seit 2011 Alexander Ankwab. Er hatte die Nachfolge des in dem Jahr verstorbenen Sergej Bagapsch angetreten. Doch schon nach drei Jahren waren die Abchasen seiner überdrüssig, sie jagten ihn im Sommer 2014 ohne Blutvergießen aus dem Amt. Ankwab floh in seine Heimatstadt Gudauta, wo er sich zunächst unter den Schutz der dort stationierten russischen Truppen begab.

Zu seinem Nachfolger wurde Raul Chadjimba gewählt, der zuvor zu den Drahtziehern des Aufstandes gegen Ankwab gehört hatte. Chadjimba, der Ex-Vizepremier und Ex-KGB-Offizier, hatte sich bereits 2004, vom Kreml in Moskau unterstützt, um die Präsidentschaft beworben, war aber gescheitert.

Unter seiner Regentschaft fährt die kleine Region am Schwarzen Meer, in der 240 000 Menschen leben, einen deutlich strikteren Moskau-Kurs. Während sich Ankwab, durchaus kein Gegner Russlands, noch gegen eine engere vertragliche Anbindung an den nördlichen Nachbarn gewehrt hatte, brauchte Nachfolger Chadjimba nur wenige Wochen, um im November in Sotschi ein Abkommen über eine »strategische Partnerschaft« mit dem russischen Präsidenten Wladimir Putin zu unterzeichnen.

Darin verpflichtet sich Russland unter anderem, die abchasische Armee und die Infrastruktur zu modernisieren und die administrative Grenze zu Georgien zu bewachen. Politiker in Moskau jubelten: Die russische Grenze sei an von Georgien kontrollierte Gebiete herangeschoben worden, was einer Annexion Abchasiens gleichkommt. Der Außenminister des nicht anerkannten Staates, Wjatscheslaw Tschirikba, verteidigte das Abkommen gegen Kritiker in Abchasien, die einen weiteren Souveränitätsverlust befürchteten: »Abhängigkeit muss nicht schlecht sein. Sie kann dich in deiner Unabhängigkeit bestärken. Der Vertrag mit Russland gibt uns Sicherheit. Wir können unsere Wirtschaft planen, ohne Angst zu haben, dass es wieder Krieg gibt.«[15]

Eigenständig zu planen gibt es freilich nur wenig, wenn nahezu alle Abchasen im Besitz russischer Pässe sind, womit eine russische Intervention »zum Schutz unserer Bürger« – siehe Südossetien – jederzeit möglich ist. Und wenn von den Budgeteinnahmen für 2015 von 11,8 Milliarden Rubel (172 Millionen Euro) 8,2 Milliarden – also 70 Prozent – aus Moskau stammen.

Den meisten Abchasen ist klar, dass sich die Abhängigkeit vom übermächtigen Nachbarn Russland nur noch verstärken wird. Aber, so sagen sie, wenn wir zwischen der Abhängigkeit von Russland oder von Georgien zu wählen haben, ziehen wir Moskau vor, das außerdem für die Sicherheit garantieren soll.

Dafür ist die abchasische Führung auch bereit, viele russische Stützpunkte im Land zuzulassen. 24 Basen sollen es inzwischen schon sein, mehrere Tausend russische Soldaten wurden in den Südkaukasus verlegt. Stationierungszentren sind die Hafenstädte Gudauta und Otschamtschira. Bereits im Jahr 2011 war die Stationierungsfrist auf 49 Jahre festgelegt worden. Während die Militärbasen für die Abchasen Garantien für ihre eigene Sicherheit gegenüber Georgien sind, hat Moskau weiterreichende Überlegungen. Die verstärkte Militärpräsenz ist offensichtlich Bestandteil der russischen Sicherheitsstrategie, die das Schwarze Meer und den Südkaukasus, der an die Türkei und den Iran grenzt, unter Kontrolle bringen will.[16]

Südossetien spricht mit russischem Akzent

Im Gleichschritt marsch! Mit einer Militärparade auf dem Theater-Platz in Zchinwal feierten die Südosseten am 20. September 2015 unter den Augen ihres Präsidenten Leonid Tibilow den 25. Jahrestag der Republiksgründung. Erstmals, so vermeldeten südossetische Quellen mit Stolz, seien auch weibliche Paradeeinheiten aus dem Innen- und dem Verteidigungsministerium dabei gewesen.

Südossetien, völkerrechtlich zu Georgien gehörend, hatte sich 1990 nach heftigen militärischen Auseinandersetzungen von seinem Mutterland getrennt. Diesen Schritt haben weder Georgien noch die internationale Staatengemeinschaft je akzeptiert.

Umso vollmundiger fielen die Reden in Zchinwali aus. Mit der Unabhängigkeitsdeklaration des südossetischen Parlaments, so erklärte Präsident Tibilow, ein ehemaliger KGB-Offizier, seinen Landsleuten, habe sich die Möglichkeit eröffnet, »der georgischen Aggression zu widerstehen sowie Freiheit und staatliche Souveränität zu erlangen«. Die war indes bisher nur von Russland, Venezuela, Nikaragua und Vanuatu anerkannt worden.

Die Gästeliste zu den Feierlichkeiten las sich wie eine aktuelle Aufstellung der Schmuddelkinder des post-sowjetischen Raumes. Geladen waren alle, die ein ähnliches Schicksal teilten: Abchasien, ebenfalls zu Georgien gehörend und international nur von drei, vier Staaten anerkannt, die Lugansker und die Donezker »Volksrepubliken«, ukrainische Regionen, die im Verlaufe des verdeckten Krieges Russlands gegen die Ukraine als Kunstgebilde am Moskauer Tropf entstanden waren. Und schließlich die »Republik« Berg-Karabach, die von niemandem, nicht einmal von der Schutzmacht Armenien, anerkannt ist.[17]

Wenn schon schwer vorstellbar ist, dass Abchasien oder die anderen Möchtegern-Republiken als selbständiger Staat überleben könnten, so ist diese Vorstellung für Südossetien mit seinen 70 000 Einwohnern, die nahezu alle mit russischen Pässen ausgestattet sind, völlig absurd. Außer dem bescheidenen Anbau von Getreide, Obst und Wein gibt es dort nichts, was von irgendeiner wirtschaftlichen Bedeutung sein könnte.

Denn mit dem Augustkrieg von 2008 liegt der wichtigste Erwerbszweig Südossetiens und seiner Führung mehr oder weniger brach: der Schmuggel, der über den Roki-Tunnel abgewickelt wurde.

Der strategisch wichtige Roki-Tunnel ist die einzige ganzjährig befahrbare Verbindung zwischen Nord- und Südossetien. In knapp

2100 Metern Höhe bohrt sich eine 3800 Meter lange Betonröhre durch den Kaukasus. Von den Wänden sickert das Wasser, die Kraftfahrer müssen die Scheinwerfer einschalten, um in der mehr als trüben Beleuchtung überhaupt etwas sehen zu können. Die Straße ist holprig und ausgefahren und lässt nur Schritttempo zu. Sie macht den Eindruck, als sei sie lediglich provisorisch für Bergbauarbeiten angelegt und werde bald wieder stillgelegt.

Dieser äußere Eindruck, den ich bei meinem Besuch im Sommer 2008 gewann, täuscht natürlich. Seit Fertigstellung des Tunnels in den 80er-Jahren war er Versorgungsschlagader und ab 1992, als Georgien die Kontrolle über den Tunnel verlor, Schmuggelroute zugleich. Der Roki-Tunnel wurde zum unbewachten Einfalltor ins zu Russland gehörende Nordossetien. Waffen und Drogen sollen den Tunnel passiert haben, beklagten die Behörden in Tbilissi immer wieder.

Von Alkoholschmuggel sprachen sie weniger, denn dieses Geschäft teilten sich die sonst so verfeindeten Brüder, Georgier und Osseten, einträchtig. Hunderte Tankwagen pendelten auf der Strecke zwischen dem georgischen Schwarzmeerhafen Poti und Nordossetien, um die dort wie Pilze aus dem Boden schießenden Wodkafabriken mit reinem Sprit zu versorgen. Der kam aus der Türkei und teilweise sogar aus den USA, wo er aus Getreide gebrannt wurde, um dann in Nordossetien in des Russen liebstes Getränk verwandelt zu werden. Das nordossetische Autonomie-Gebiet innerhalb der Russischen Föderation wurde so zum größten Wodkahersteller Russlands.[18]

Ende der 90er-Jahre versuchte Russland, diesem Treiben ein Ende zu bereiten und sperrte den Tunnel für die Sprittransporteure. Hunderte Tanklastwagen stauten sich. Der damalige Chef der russischen Grenztruppen, Armeegeneral Andrej Nikolajew, drohte ihnen sogar den Einsatz der Luftwaffe an, wenn sie die Straße nicht räumen würden. Wenige Wochen später trat Nikolajew als Chef der Grenztruppen zurück und ging als Vorsitzender des Verteidigungsausschusses in die Duma. Der Spritschmuggel ging weiter.

Ein Mann, der damals von dieser Situation profitierte, heißt Eduard Kokoity. Der ehemalige Freistilringer, der zeitweilig als Rausschmeißer vor Moskauer Bars herumstand, wurde 1997 auf wundersame Weise Leiter der Handelsvertretung Südossetiens in Russland. 2001 stieg er ebenso wundersam ins südossetische Präsidentenamt auf, 2006 wurde er im Amt bestätigt. Seine paramilitärischen Banden kontrollierten das lukrative Spritgeschäft, das erst mit dem Augustkrieg von 2008 einen Rückschlag erlitt.

Kokoity (russifiziert Kokojew) und andere Mitglieder seiner Regierung unterhielten enge Geschäftsbeziehungen zur organisierten Kriminalität in Russland. Moskauer Hilfsgelder verschwanden, ohne dass man so recht sagen konnte, wohin. Irgendwann war der autoritäre südossetische Herrscher dann auch für Moskau nicht mehr tragbar. Am 11. Dezember 2011 trat Kokoity von all seinen Ämtern zurück, mischte aber hinter den Kulissen weiter mit. Er verhinderte die Wahl einer Oppositionellen ins Präsidentenamt. Nach innenpolitischen Wirren, die die kleine Region nahe an einen Bürgerkrieg brachten, wurde im Frühjahr 2012 der ehemalige Geheimdienstler Tibilow zum Präsidenten gekürt.

Trotz seiner markigen Sprüche am »Unabhängigkeitstag« weiß natürlich auch Tibilow, dass er 100-prozentig auf die Überlebenshilfe aus Moskau angewiesen ist. Allein im Jahr 2015 wurden 3,6 Milliarden Rubel (rund 49 Millionen Euro) nach Südossetien überwiesen, 9,5 Millionen Euro mehr als im Vorjahr.[19]

Russland zahlt vor allem deshalb, weil es den kleinen Wurmfortsatz an den Südhängen des Kaukasus als strategisch wichtige Region ansieht. Sie ragt hinein in das georgische Kernland und kann jederzeit als Unruheherd wiederbelebt werden. Tausende russische Soldaten sind in Südossetien stationiert. Jenseits des Kaukasus-Kamms, in Nordossetien, liegt die 58. Armee mit ihrem Stab in Wladikawkas, die während des Krieges bis kurz vor Tbilissi vorstieß. Was für die Südosseten eine Schutzgarantie ist, empfindet man in Georgien als Bedrohung.

Im März 2015 hat Moskau noch einmal demonstriert, wie wichtig das kleine Südossetien für die große Macht im Norden ist. Der russische Präsident Wladimir Putin und der südossetische Staatschef Tibilow unterzeichneten im Kreml ein Bündnis- und Integrationsabkommen. Darin wurde die Integration südossetischer Milizen in russische Sicherheitsstrukturen, die Übernahme der Grenzsicherung durch russische Truppen und die Übertragung quasi-staatlicher Kompetenzen an Russland vereinbart. Damit »stellt Russland erneut die territoriale Integrität und Souveränität Georgiens infrage«, kommentierte ein Sprecher der deutschen Bundesregierung in Berlin den Vorgang. Durch die Inhalte des Abkommens »werden georgische Befürchtungen von einer schleichenden Annexion dieser Region durch Russlands befördert«.[20]

Was in der Sprache der Diplomatie so verschämt daherkommt, ist die schlichte Tatsache, dass der Anschluss Südossetiens an die russische Föderation damit de facto vollzogen wurde. Die Insignien eines

Staates – beispielsweise das Parlament, der Präsident – existieren zwar noch, aber die reale Machtausübung findet in Moskau statt. Mag sein, dass Tibilow deshalb ein weiteres Referendum in Aussicht stellte, als Kreml-Emissär Wladislaw Surkow ihn in Zchinwali besuchte. Die Bevölkerung Südossetiens soll – wann, das blieb offen – über den Anschluss an Russland abstimmen. Surkows Reaktion darauf blieb verhalten. Aber sollten die Umstände es erfordern, wird Moskau darauf zurückkommen, mit Sicherheit.

Aserbaidschan, das heilige Land des ewigen Feuers

Irgendwann zwischen 1000 und 600 v. Chr. begründete der altiranische Religionsstifter Zarathustra den Zoroastrismus. Seine Anhänger huldigten den beiden Göttern Ahura Mazda und Ahriman, die sich als Symbol des Guten und des Bösen gegenüberstehen und doch unauflöslich miteinander verbunden sind. Sie beteten in ihren Feuertempeln auch die heilige Flamme an, ein überaus wichtiges Symbol ihres Glaubens. Der Ort für diese Religion war glücklich gewählt, Brennstoff war reichlich vorhanden. Er sickerte, streng riechend, schwarz und ölig, aus Erdrissen und Felsspalten. Auch brennbares Gas entwich der Erde auf der Halbinsel Apscheron. Sie ragt wie ein Geierschnabel in das Kaspische Meer, auf ihrem Rücken liegt heute Baku, die aserbaidschanische Hauptstadt.

In der Antike gehörte das Land zu Persien, wo Zarathustras Feueranbeter, die inzwischen von der Geschichte aufgesogen wurden, zu Hause waren. Ihre Bezeichnung für das Land – Aserbaidschan oder »das heilige Land des ewigen Feuers« – hatte Bestand.[1] Nur ein einziger Tempel ist heute noch erhalten geblieben, er steht in der Nähe von Baku in der Ortschaft Surachany.

Es sollte viele Jahrhunderte dauern, bis der Wert des Öls und des Gases erkannt wurde, das auf Apscheron und in den angrenzenden Meeresarealen so reichlich vorhanden ist. 1848 wurde hier die erste Ölbohrung der Welt niedergebracht, 1871 begann in Baku und Umgebung die industrielle Erdölförderung, die der Stadt einen schnellen, gewaltigen Reichtum bescherte.

Daran partizipierte unter anderen auch die Familie des Schweden Alfred Nobel. Sein älterer Bruder Robert gründete hier Nobel Brothers Petroleum Producing Company, die innerhalb weniger Jahre zum führenden Ölkonzern weltweit wurde. Noch heute zeugen die inzwischen weitgehend rekonstruierten neugotischen und Jugendstilpaläste der einstigen Ölbarone vom Reichtum Bakus, wo sich eine bunte Gesellschaft von Glücksrittern, Abenteurern und Vertretern alteingesessener

Familien zusammengefunden hatte. »Mohammedaner, Armenier, Russen, Polen, Georgier, Schweden bildeten hier eine Kaste, die keinerlei Standesunterschiede kannte, nur ungern außerhalb von ihresgleichen über die Vergangenheit sprach und die neben Schmugglern richtige Großfürsten und königliche Prinzen zu ihren Mitgliedern zählte.« Zart besaitet durfte man nicht sein, wollte man im großen Ölgeschäft mitmischen. »Zwischen den einzelnen Ölfamilien herrschte ein ständiger Kampf, der oft auch andere mit hineinzog. Dann floss Blut auf den Straßen, Leute verschwanden spurlos, und die Banden, die immer zur Verfügung standen, bekamen doppeltes Gehalt.«[2]

Mit der russischen Revolution von 1917, die 1920 mit einiger Verspätung auch Baku erreichte, brach der Ölboom zusammen. Die Unternehmer wurden enteignet, Ausländer wie die Nobels mussten das Land verlassen.

In sowjetischer Zeit wurde in Aserbaidschan zwar wieder Erdöl gefördert, aber die Bedeutung, die Baku Ende des 19. und zu Beginn des 20. Jahrhunderts hatte, sollte die Stadt lange nicht wiedererlangen. Das lag vor allem daran, dass nach dem Zweiten Weltkrieg gewaltige Vorkommen an Öl und Gas in Sibirien entdeckt wurden, die zudem einfacher zu erschließen waren. Das schmälerte zunächst die Rolle Aserbaidschans, zumal die dortigen Reserven oft in den Schelfgebieten des Kaspischen Meeres vermutet wurden und deren Förderung der Sowjetunion mit ihren damaligen technischen Möglichkeiten zu teuer schien. Die Behauptung, man habe die Rohstoffe damals dort nicht angerührt, um die Natur zu schonen, scheint vorgeschoben.

Die Situation änderte sich schlagartig in den 90er-Jahren des 20. Jahrhunderts, als ein beispielloser Run auf die Kohlenwasserstoffvorräte in allen Teilen der Welt einsetzte. Hinzu kam, dass bei intensiven Erkundungen im Kaspischen Meer Vorräte in einem Umfang entdeckt wurden, die zeitweilig sogar den ölreichen Nahen Osten in den Schatten zu stellen schienen. Inzwischen ist etwas mehr Realismus eingezogen, doch diese Tatsache hat Bestand: Das Kaspische Meer und die anliegenden Landstriche gehören zu den aussichtsreichsten Gas- und Ölregionen der Welt.

Der Ölreichtum des Kaspischen Meeres

Das Kaspische Meer ist über 1200 Kilometer lang, fast 500 Kilometer breit und bis zu 1000 Meter tief. Die Förderung von Erdöl und Erdgas ist seit Mitte der 90er-Jahre erheblich gestiegen. Die Inbetriebnahme der Baku–Tbilissi–Ceyhan-Ölpipeline von Aserbaidschan über Georgien in die Türkei hat den ersten Transportweg nach Westen unter Umgehung Russlands eröffnet. Russland und die Vereinigten Staaten sind im Rennen um die Energiequellen der Zukunft die Hauptkonkurrenten in der Region. »Russland setzt, grob vereinfacht, auf die Achse Moskau–Jerewan–Teheran, Amerika auf die Achse Washington–Baku–Tiflis–Ankara.«[3]

Mit seinem sogenannten »Jahrhundert-Vertrag«, den Aserbaidschan 1994 mit westlichen Mineralölkonzernen abschloss, ist diese Konkurrenz offen ausgebrochen. Damals unterzeichnete Baku ein Abkommen mit einem internationalen Ölkonsortium über acht Milliarden Dollar. Es sah die Exploration des wichtigsten aserbaidschanischen Ölfelds Azeri-Chirag-Gunashli mit einem geschätzten Gesamtpotenzial von drei bis fünf Milliarden Barrel Erdöl vor.

Die Ausbeutung und weitere Erkundung des Reichtums unter dem Kaspischen Meer bleibt kompliziert. Die Anrainerstaaten streiten um die lukrativen, strategisch wichtigen Bodenschätze. Russland im Norden, Aserbaidschan im Westen, der Iran im Süden sowie Turkmenien und Kasachstan im Osten erheben Ansprüche. Die Grenzziehung ist bisher nicht geklärt. Die Grundsatzfrage: Ist das Kaspische Meer tatsächlich ein Meer, oder ist es ein Binnengewässer, also der Kaspi-See. In einem Binnengewässer gibt es keine Territorialgewässer, die Ressourcen könnten nur gemeinsam genutzt werden. Bis zum Zusammenbruch der Sowjetunion 1991 war das auch kein Problem. Die UdSSR und der Iran, damals die beiden einzigen Anrainerstaaten, hatten den Kaspi in Verträgen von 1921 und 1940 zur Regelung der Schifffahrt und der Fischerei unter sich aufgeteilt, wobei sie von einem Binnengewässer mit dem Recht auf gemeinsame Nutzung ausgingen. Über Bodenschätze im Küstenschelf stand allerdings nichts in den Verträgen.

Dann erschienen mit Aserbaidschan, Kasachstan und Turkmenistan drei neue Akteure auf der Landkarte. Sie sahen in der alten Regelung einen Nachteil für ihre eigenen staatlichen Interessen und forderten, das Kaspische Meer tatsächlich auch als Meer zu behandeln. Als internationales Gewässer hätte jedes Anrainerland dann laut dem internationalen Seerechtsabkommen von 1994 Anspruch auf eine Territorialzone und das Recht, die dort lagernden Bodenschätze selbst auszubeuten. Dieser Streit schwelt noch immer. Er wäre fast eskaliert, als iranische Kriegsschiffe ein aserbaidschanisches Bohrschiff beschossen, das umstrittene Unterwasser-Gasfelder erschließen wollte.

Ein Versuch, das Problem auf einem Treffen der Staatschefs der beteiligten Länder friedlich zu lösen, scheiterte im April 2002 in der turkmenischen Hauptstadt Aschgabad grandios. Obwohl das Treffen mit großen Vorschusslorbeeren bedacht worden war. Der turkmenische Herrscher Saparmurat Nijasow, der damals noch lebte und sich gerne Turkmenbaschi – Vater aller Turkmenen – nennen ließ, hatte sogar ausländischen Journalisten die Einreise in sein Land gestattet, das sonst für neugierige Augen verschlossen war. Wie groß die Abneigung gegen Ausländer war, wurde mir so recht erst in Aschgabad klar, als ein Diplomat zwar gerne für ein Hintergrundgespräch zur Verfügung stand, dies aber nicht in seinen Amtsräumen führen wollte. Wir trafen uns in einem Park, weil er davon ausging, dass seine Diensträume abgehört wurden.

Ansonsten gaben sich die Teilnehmer des Kaspi-Gipfels alle Mühe, gute Laune zu verbreiten. Nijasow gab sich auf Pressekonferenzen leutselig und umgänglich, der damalige Staatschef des Iran, Ajatollah Khomeini, umarmte den um mehr als einen Kopf kleineren russischen Präsidenten Wladimir Putin väterlich-herablassend. Der kasachische Präsident Nursultan Nasarbajew und sein aserbaidschanischer Amtskollege, der gesundheitlich schon angeschlagene Gaidar Alijew, spielten auch mit. Doch zum Schluss kam es zu keiner Einigung, es wurde nicht einmal eine Abschlusserklärung unterschrieben. Das war der bislang letzte Versuch, das Kaspi-Problem auf dieser Ebene zu lösen. Mittlerweile sind die Positionen extrem verhärtet, und ein Ende des Streits ist nicht in Sicht.

Die wichtigsten Erdöllieferanten aus dem Kaspi-Becken sind gegenwärtig Kasachstan und Aserbaidschan, und das wird auch in den kommenden zehn Jahren so bleiben. Die wichtigsten Ölquellen sind die Felder von Tengiz und Karachaganak in Kasachstan und das aserbaidschanische Ölfeld Azeri-Chirag-Gunashli (ACG). Sie boten die Grundlage für den zweiten Kaspi-Ölboom, der den Run Ende des 19. Jahrhunderts weit in den Schatten stellte. Aserbaidschan konnte 1999 zudem noch die Entdeckung des Erdgaskondensatfeldes Shah Deniz vermelden, dessen Gesamtreserven zunächst auf etwa eine Trillion Kubikmeter Gas geschätzt wurden.[4]

Sangachal heißt der Ort in der Wüste, der für den neuen Aufschwung in Aserbaidschan steht. Karg und unfruchtbar ist der Boden hier an der Küste des Kaspischen Meeres, nur wenige Kilometer südlich der aserbaidschanischen Hauptstadt Baku. Mitten hinein in die graue Sandlandschaft hat der Erdölmulti BP seinen weltweit größten

Terminal geklotzt: ein unüberschaubares Labyrinth aus blinkenden Rohren, Pumpen und Tanks.

Es gelten höchste Sicherheitsstandards. Besucher, denen man das weitläufige Gelände gerne zeigt, dürfen während der Rundfahrt die Busse nicht verlassen. Es herrscht striktes Rauchverbot. Kräftige Gestalten in grauen Kombinationen bewachen die mehrfach gesicherten Metalltore.

Hier fließt zusammen, was auf See aus dem Boden des Kaspischen Meeres gepumpt wird. Das Erdöl, gefördert im riesigen Offshore-Ölfeld Azeri-Chirag-Guneshli, ist der Saft des Lebens, der dem multinationalen Konzern kräftige Gewinne und den Aserbaidschanern eine glänzende Zukunft bringen soll. Es fließt über die 2005 fertiggestellte Leitung Baku-Tbilissi-Ceyhan (BTC-Pipeline) an die Mittelmeerküste der Türkei. Mit diesem Projekt wurde die Energielandschaft der Welt verändert. Erstmals floss Erdöl aus dem kaspischen Raum nach Westen, ohne russisches Territorium zu berühren.

1760 Kilometer lang ist das rund ein Meter starke Rohr der BTC-Pipeline. Sie durchquert Aserbaidschan auf einer Strecke von 442 Kilometern, führt 248 Kilometer durch Georgien und legt den Rest von 1070 Kilometern in der Türkei zurück. Wenn sie ihre volle Kapazität erreicht hat, wird sie täglich eine Million Barrel (160 000 Kubikmeter) Erdöl nach Ceyhan pumpen. Die Befürchtungen, sie nicht auslasten zu können, sind geringer geworden, nachdem Kasachstan im Herbst 2008 angekündigt hatte, es werde ebenfalls Öl in die Leitung einspeisen. Die Baukosten der BTC-Leitung betrugen 2,5 Milliarden Euro. Eigentümer ist ein internationales Konsortium, an dem der britische BP-Konzern mit 30,1 Prozent und die staatliche aserbaidschanische Erdöl-Company SOCAR mit 25 Prozent als größte Anteilseigner beteiligt sind, neben Unternehmen aus den USA, der Türkei, Italien, Japan, Saudi-Arabien und Norwegen.

Zwei weitere Pipelines transportieren den begehrten Rohstoff aus Aserbaidschan in die georgische Hafenstadt Supsa beziehungsweise durch Russland in den russischen Schwarzmeerhafen Noworossijsk.

Das alles rechnet sich für die Regierung in Baku. So betrugen die Währungsreserven des Landes Ende 2014 fast 50 Milliarden US-Dollar. Davon waren zu dem Zeitpunkt 36,7 Milliarden in den bereits 1999 noch vom damaligen Präsidenten Gaidar Alijew gegründeten staatlichen Erdölfonds geflossen. Mit Hilfe des Fonds sollen Ausgaben unter anderem für Erziehung, Armutsbekämpfung und landwirtschaftliche Entwicklung bestritten werden. So die Theorie. In der Praxis scheint das Geld eher in die Glitzermetropole Baku oder in Vorzeigeprojekte für die internationale Bühne wie den European Song Contest und Werbung für das Land in Westeuropa zu fließen.

Der Alijew-Clan: Gaidar, der Vater

Es war ein strahlender Sonntag Ende August, Anfang September 1982. Das sowjetische Staatsfernsehen übertrug eine Veranstaltung aus Baku, auf der der greise Leonid Breschnew, Generalsekretär des ZK der KPdSU und Vorsitzender des Obersten Sowjets der UdSSR, bejubelt und gefeiert werden sollte. Breschnew sah nach mehreren Schlaganfällen trotz der aufopfernden Behandlung durch Leibarzt Prof. Jewgeni Tschasow offensichtlich seinem baldigen Ende entgegen. Nachfolger auf das höchste Partei- und Staatsamt brachten sich in Position. Unausgesprochen galt auch Gaidar Alijew, der Chef der aserbaidschanischen KP und Mitglied im Moskauer Politbüro, als einer der Kronprinzen.

Alijew war es in jenem September gelungen, den Alten aus dem Kreml nach Baku zu locken, wo er ein Feuerwerk untertäniger Huldigungen abbrennen ließ. Chöre sangen auf der mit Blumen und Parteisymbolik geschmückten Bühne den Ruhm Breschnews. Ein Knabe tauchte aus einer sich öffnenden Blume auf und deklamierte ein Gedicht zu seinen Ehren. Dreister wurde der Personenkult nicht einmal zu Stalins Zeiten zelebriert. Doch der Versuch, sich eine gute Ausgangsposition im Rennen um die Herrschaftsnachfolge zu verschaffen, rechtfertigte aus Alijews Sicht offenbar jedes Mittel.

Der eitle Breschnew ließ es sich gefallen. Geschmeichelt betrat er das Rednerpult, begann das Lob des Sozialismus zu singen. Plötzlich verstummte er, murmelte unverständliches Zeug. Die Kamera schwenkte in den Saal, wo disziplinierte Parteisoldaten beiderlei Geschlechts frenetisch Beifall klatschten, um die Peinlichkeit der Situation zu überspielen. Der erste Eindruck – jetzt hat den Alten der Schlag getroffen – wurde schnell korrigiert, als sich Breschnew plötzlich mit seiner nuscheligen, aber durchaus noch kräftigen Stimme zu Wort meldete und die fast schon historisch zu nennenden Worte aussprach: »Ich bin nicht schuld, Genossen!« Was sich freilich nicht auf den Zustand des Landes bezog, sondern auf die Tatsache, dass seine Mitarbeiter die Redemanuskripte verwechselt hatten.

Ob dieser Schatten dann auch auf Alijew gefallen ist, blieb unklar. Aber mit seiner weiteren Karriere war es bald vorbei. Nicht nur, dass ihm andere Kandidaten für den höchsten Job im Lande vorgezogen wurden – erst Juri Andropow, dann Konstantin Tschernenko und schließlich Michail Gorbatschow. Nein, unter Letzterem musste er auch seinen Posten im Politbüro räumen. Ihm wurde Korruption vorgeworfen, woraufhin er sich in seine Heimat Aserbaidschan zurückzog.

Dort schien es zunächst, als würden die Wendewirren ihn vollends beiseite fegen. Moskau ernannte noch 1990 mit Ajas Mutalibow einen neuen Parteichef als Statthalter für Aserbaidschan. Der Plan schien zunächst aufzugehen: Die kommunistische Nomenklatura war aus den Parlamentswahlen vom 30. September 1990 gestärkt hervorgegangen, Mutalibow gewann dann auch noch die Präsidentschaftswahlen vom 8. September 1991.

Die Freude war jedoch nur von kurzer Dauer. Die Volksfront Aserbaidschans, eine nationalistisch-islamische und stramm antirussische Organisation unter Führung von Abulfas Eltschibej, zwang Mutalibow im März 1992 zum Rücktritt. Er kehrte zwar im Mai noch einmal für vier Tage in den Präsidentenpalast zurück, musste sich dann aber endgültig dem Druck der Opposition beugen. Im Juni 1992 gewann Eltschibej die Wahl und wurde der erste demokratisch gewählte Präsident des Landes. Nur hatte er mit Demokratie ebenso wenig im Sinn wie mit Marktwirtschaft. Stattdessen setzte er auf einen autoritären Regierungsstil und nationalistische Kräfte und machte aus dem Konflikt um Berg-Karabach einen regelrechten Krieg mit Armenien.

Alijew saß derweil in seiner unmittelbaren Heimat, in der aserbaidschanischen Exklave Nachitschewan, die von Armenien umgeben ist und nur einen kleinen offenen Zugang zur Türkei und zum Nachbarn Iran besitzt. Dort hatte er sich 1991 zum Vorsitzenden des örtlichen Parlaments wählen lassen, was zu der Zeit nicht viel hieß. Bewaffnete Banden, die sich immer wieder Grenzgefechte mit den Armeniern lieferten, hatten die tatsächliche Macht inne.

Wer hätte zu der Zeit geglaubt, das Alijew je wieder in die große Politik würde eingreifen können? Sehen wollte ich ihn trotzdem, als ich 1992 in Baku war. Die Lage war undurchsichtig, Niederlagen gegen die Armenier, die das vorwiegend von Armeniern bewohnte Berg-Karabach aus dem Staatsgefüge Aserbaidschans herausgebrochen hatten und schon bald eine direkte Verbindung zu der Exklave eroberten, drückten auf die Gemüter. In den Straßen der Hauptstadt marschierten bewaffnete Gruppen, täglich kamen auf der Allee der Helden neue Gräber hinzu – Gefallene im Kampf gegen Armenien.

Ja, ein Flugticket nach Nachitschewan könne ich haben, nur Rück-flugtickets gebe es nicht in Baku. Die könne man nur dort erwerben, sagte man mir auf dem Flughafen. Ich kaufte das One-Way-Ticket und hoffte auf mein Glück. Das brauchte ich schon beim Hinflug. Der ver-zögerte sich zunächst sehr lange, dann kam ein Dutzend verwegener Gestalten in Camouflage und schwer bewaffnet an Bord. Unter dem Bauch der Maschine polterte es. Ein Blick nach draußen machte mir klar, warum: Dunkelgrüne Waffenkisten wurden in großer Zahl in den Laderaum der Zivilmaschine geschoben. Hoffentlich, so dachten die Zivilisten an Bord, haben die Armenier von diesem Transport nichts erfahren, denn die Reise ging ausschließlich über armenisches Ho-heitsgebiet.

Doch alles ging glatt, selbst Alijew hatte dann, nach einer taktischen Wartefrist, Zeit für ein Interview. Er offenbarte auch unter diesen son-derbaren Umständen am Rande der Welt eine starke, überzeugende Persönlichkeit. Er gab sich außerordentlich staatsmännisch, sprach über Gegenwart und Zukunft Aserbaidschans, als könne er darauf noch Einfluss nehmen. Und sogar das damals übliche Vokabular de-mokratischer Entwicklungen hatte er drauf, als sei er nie KGB-Chef Aserbaidschans gewesen und als habe er nie im Politbüro der Kom-munistischen Partei der Sowjetunion gesessen.

»Aserbaidschan umarmte mich wie seinen eigenen Sohn«, be-schrieb er seine Rückkehr aus dem kalt gewordenen Moskau poetisch, die Tatsache übergehend, dass es sich letztlich nur um die unbedeu-tende Exklave Nachitschewan handelte. Aber hier, auf dem 5500 Qua-dratkilometer großen Fleckchen Erde mit seinen damals rund 360 000 Einwohnern ist sein Clan zu Hause, hier hatte er ein gesichertes Hin-terland.

Alijew gab sich verbindlich, ohne Zorn über die Entwicklung. Seine Überzeugungen hätten sich grundlegend gewandelt, behauptete der einstige führende Parteikader. Demokratie, Pluralismus, Marktwirt-schaft seien die Begriffe, von denen er sich nun angeblich leiten ließ.

Für den Rückflug nach Baku ein Ticket zu bekommen, erwies sich als sehr einfach. Noch im alten sowjetischen Stil bekam ich von seiner Vorzimmerdame einen Brief für die Fluggesellschaft, in dem diese an-gewiesen wurde, mir unverzüglich einen Flugschein auszustellen. Was sie auch tat.

1993 zog ein bis dahin unbekannter Clan-Häuptling namens Suret Gusseinow gen Baku, stürzte den nationalistischen Eltschibej und holte Alijew zurück in die Hauptstadt. Als Dank wurde er zum Premierminister ernannt. Das militärische Rückgrat dieses Unternehmens bildeten die Truppen des tschetschenischen Feldkommandeurs Schamil Bassajew. Er war Ende der 80er-Jahre im Schulungszentrum des Geheimdienstes des russischen Generalstabs GRU in Wolgograd ausgebildet worden, in Baku war er offensichtlich im Auftrage Moskaus, das im ehemaligen Politbüromitglied Alijew einen Verbündeten sah.

Alijew, nun wieder Herrscher in Baku, ließ in seiner Heimat Nachitschewan mit Wasif Talybow einen Vertrauten zurück, der mit dem Alijew-Clan verwandt ist und seither dem Regionalparlament, der Ali Medschlis, vorsteht. Talybow beherrscht die kleine Exklave (gegenwärtig ca. 410 000 Einwohner) wie ein orientalischer Khan. Seine Beziehungen nach Baku sind ausgezeichnet, Vertreter seines kleinen Herrschaftsbereiches haben in der aserbaidschanischen Hauptstadt überproportional viele wichtige Führungspositionen inne, worüber sich die Aserbaidschaner indes nur hinter vorgehaltener Hand beschweren.

Nachitschewan ist vom Mutterland nur auf dem Luftwege oder zu Lande über eine Straße durch den Iran zu erreichen. Die Grenze zu Armenien ist wegen des Konflikts um Berg-Karabach von Armenien blockiert. An dieser Grenze herrscht weitgehend Ruhe. Armeniens Führung besteht kaum noch auf ihren einstigen Ansprüchen auf die Region. In den Zeiten, als das anders war, hatte die Türkei sehr deutlich gemacht, dass sie sich aufgrund des Vertrages von Kars aus dem Jahre 1921 als Garantiemacht für Nachitschewan betrachte und diese Rolle auch wahrzunehmen gedenke.

Obwohl es auch eine schmale Landverbindung zur Türkei gibt, ist der Iran entscheidend für die Versorgung. Über den Iran verläuft der Gastransit der aserbaidschanischen Gesellschaft SOCAR, aus dem Iran kommen Industrie- und Gebrauchsgüter sowie Lebensmittel. Hilfreich für die muslimischen Einwohner von Nachitschewan ist die Tatsache, dass im Norden des Iran auch Aserbaidschaner leben, mehr sogar als im Mutterland selbst (ca. 20 Millionen).

Talybow in Nachitschewan strebt, im Gegensatz zu Berg-Karabach, keine Unabhängigkeit, keine internationale Anerkennung an. Er ist es zufrieden, dass Nachitschewan ein stiller Bestandteil Aserbaidschans ist und keinen Zündstoff für einen internationalen Konflikt bietet.[5]

In Baku gab der 1993 zurückgekehrte Gaidar Alijew den verständnisvollen Landesvater, der sich ums Wohl der ihm Anvertrauten kümmerte. Er beendete zunächst die Auseinandersetzungen mit Armenien, wohl wissend, dass Aserbaidschan keine Chance auf die Wiedererlangung seiner verlorenen Gebiete hatte, solange Russland die Armenier unterstützte. Geschickt spielte er nach außen das demokratische Spiel, im Innern manipulierte und unterdrückte er seine Gegner. Die Gefängnisse füllten sich, es herrschte eine Art Friedhofsruhe, die ihm die Mehrheit nicht einmal übel nahm: Der Mann auf der Straße hatte genug von den permanenten Umstürzen und Kriegen, er wollte Ruhe und ein bescheidenes Auskommen.

In dieser Situation kam dem kaukasischen Politikfuchs ein Umstand zugute, der für alle überraschend war. Natürlich war bekannt, dass Aserbaidschan über Öl- und Gasreserven verfügte. Doch jetzt wurden im Schelfgebiet des Kaspischen Meeres Reserven entdeckt, die ihresgleichen suchten in der Welt. Zumindest schien es zunächst so, und Alijew tat alles, um die Berichte über märchenhafte Schätze am Leben zu erhalten. Internationale Konzerne rissen sich um milliardenschwere Kontrakte, obwohl vieles noch der genaueren Erkundung harrte. Doch selbst als dann die Erwartungen etwas nach unten korrigiert werden mussten, blieben die Aussichten golden. Alijew verstand es in dieser Phase, Amerikaner, Briten und andere Europäer ins Land zu holen, ohne Russland – das damals allerdings deutlich schwächer war – dadurch allzu sehr zu verärgern. Regelmäßig ließ er sich in Moskau sehen, wo er die aserbaidschanisch-russische Freundschaft beschwor.

Er verhielt sich deutlich geschickter als der Georgier Eduard Schewardnadse und mehr noch dessen Nachfolger Michail Saakaschwili. Beide glaubten, mit amerikanischen Ölinteressen im Rücken – Georgien war inzwischen zum Öltransitland unter Umgehung russischer Gebiete geworden – den russischen Bären am Bart zupfen zu können, ihn durch Gesten der Unabhängigkeit immer mehr zu reizen. Der alte Alijew ließ sich dazu nicht hinreißen. Dieses Geschick des Lavierens zwischen den Fronten konnte er auch seinem Sohn Ilham vermitteln.

Der Alijew-Clan: Ilham, der Sohn

Die Weichen für die Erbfolge – Erinnerungen an die Weitergabe der Macht von Jelzin an Putin wurden wach – stellte Alijew, nachdem er im April 2003 vor laufenden Kameras einen Zusammenbruch erlitten hatte. Seitdem lösten sich türkische und amerikanische Krankenhäuser in seiner Behandlung ab. Anfang August ernannte der Vater den Sohn Ilham, zu dem Zeitpunkt Vizepräsident der staatlichen Erdölgesellschaft SOCAR, zum Premierminister. Die Familie war nun für den Fall abgesichert, dass der schwer kranke Präsident noch vor der Wahl das Zeitliche segnen sollte. Dann würde laut Verfassung der Regierungschef das höchste Staatsamt übernehmen.[6]

Der 80-jährige Alijew traf diese Entscheidung von einem türkischen Krankenhaus aus, kandidierte aber immer noch für die Wahl. Drei Wochen vor dem Urnengang im Oktober verzichtete er auch darauf, nicht ohne seine potenziellen Wähler aufzurufen, sie mögen ihre Stimmen nunmehr seinem Sohn Ilham, geboren 1961, zukommen lassen. Das gelang, wenngleich es nicht ohne Manipulation der Präsidentschaftswahl und kräftige Polizeieinsätze gegen die Opposition abging.

»Die Opposition?«, meinte ein aserbaidschanischer Regierungsbediensteter verächtlich, als ich ihn im Anschluss an die Wahl 2003 danach fragte, »die hatte 1993 ihre Chance, sie haben sie nicht genutzt. Jetzt sind wir dran«, sagte er so nachdrücklich, als sei die Politik im Lande an einem Endpunkt angelangt.

Das Erbe, das Ilham angetreten hatte, war zwar aus der Sicht der Familie wohlgeordnet, aber nicht ohne Klippen. Stabilisierend wirkten in diesem Falle die ausnahmsweise übereinstimmenden Interessen Washingtons und Moskaus. Die USA, vor allem deren internationale Konzerne, waren bereits eng verbunden mit der Familie Alijew und hatten großes Interesse, dass der Sohn die Geschäfte des Vaters fortsetzte. In Russland, wo sich Präsident Putin nach seiner Wahl im Jahr 2000 sehr darum bemüht hatte, die Beziehungen zu Aserbaidschan freundlich zu gestalten, war man in diesem Fall der gleichen Meinung. Die Machtergreifung durch oppositionelle Kräfte, die dann womöglich eindeutig westorientiert wären, konnte nicht in Moskaus Interesse sein. Dann schon lieber Ilham.

Der stand vor der schwierigen Aufgabe, die großen Familien, die mächtigen Clans, »die Krokodile«, mit ihren widerstreitenden Interessen in einem ausbalancierten Gleichgewicht zu halten. Vater Gaidar hatte das meisterhaft verstanden, seine Macht, sein Einfluss beruhten genau auf dieser Fähigkeit des Ausgleichs. Würde der Sohn – ein Nachtclubliebhaber und Frauenheld – dieses Erbe fortsetzen können? Viele zweifelten und befürchteten nach der Wahl 2003, dass die Führung in Baku schon bald auseinanderfallen werde, dass der Streit um den Reichtum des Landes den wegen des Konflikts mit Armenien immer auch fragilen Zusammenhalt zerreißen würde.

Das geschah nicht. Ilham verstand es, die von seinem Vater ererbten informellen, aber mächtigen Strukturen durch austarierte Teilhabe am Reichtum ruhig zu halten. Für die Bevölkerung – ein geschickter Schachzug in einer patriarchalisch gestrickten Gesellschaft – ließ er seinen Vater durch allgegenwärtige Plakate und Porträts auch Jahre nach dessen Tod in der Öffentlichkeit weiterleben. Wenn Ilham selbst mit auf den bunten Bildern erschien, dann immer in der Pose des Jüngeren, der sich Rat beim erfahrenen Staatsmann Gaidar holt. Seht, ich setze nur fort, was mein Vater begonnen hat, signalisiert er seinem Wahlvolk, das sich dieser Sichtweise weitgehend anschloss.

Vorwürfe aus dem Westen wurden kaum laut. Den Blick starr auf die Ölreserven gerichtet, herrschte stille Freude über die reibungslos abgelaufene Machtübergabe vom Vater auf den Sohn, über die Stabilität in der ansonsten so brisanten Region. Alijew junior, dem die Opposition auch bei seiner Wiederwahl zum Präsidenten im Oktober 2008 und im Oktober 2013 – zu Recht, aber ergebnislos – die landesüblichen Wahlmanipulationen vorwarf, festigte die Beziehungen zu den USA, schickte aserbaidschanische Truppen in den Irak und führte den Dialog mit der Nato. Auf eine Mitgliedschaft hat er indes verzichtet, obwohl zunächst von »einer bewussten und freiwilligen Entscheidung für die nordatlantische Integration« die Rede gewesen war. Doch Alijew will den nördlichen Nachbarn Russland nicht verärgern, der Krieg mit Georgien, das Nato-Mitglied werden will, mag da zu anderen Einsichten verholfen haben. Aserbaidschan strebe im Unterschied zu Georgien und der Ukraine nicht in die Nato und die EU, verlautete aus Baku. Dafür bleibt das Land Mitglied in der GUAM-Staaten-Gruppe (Georgien, Ukraine, Aserbaidschan, Moldawien), die als »antirussisch« gilt. Im März 2007 gab Alijew jun. der Nato sogar die Erlaubnis, zwei seiner Militärbasen und einen Flughafen zu benutzen, um ihre Peace-Keeping-Operation in Afghanistan und die Versorgungsroute nach Afghanistan abzusichern. Der Nato-Sondergesandte Robert Simmons bestand damals darauf, dass die Vereinbarung nichts mit US-Plänen zur Bombardierung Irans aus der Luft zu tun habe. Das aserbaidschanische Verteidigungsministerium erklärte dazu, dass das Territorium Aserbaidschans keinem Land für Kriegshandlungen gegen Nachbarländer zur Verfügung stehe.[7]

Das schwierige Verhältnis zum Iran, mit dem Baku wegen der Öl- und Gasfelder im Kaspischen Meer und der Diskriminierung der rund 25 Millionen starken Aseri-Minderheit im iranischen Nordwesten seit Jahren im Streit liegt, hat sich trotz dieses Schritts etwas entspannt. Gut ist es allerdings immer noch nicht.

Gleichzeitig konnte Alijew Moskau den Eindruck vermitteln, ein durchaus verlässlicher Partner zu sein. Was dort auch angenommen wird, immer nach dem Motto, es hätte schlimmer kommen können. Nationalistische Politiker mit deutlich antirussischer Ausrichtung, wie sie mit Eltschibej zu Beginn der 90er-Jahre an die Macht drängten, bleiben ein warnendes Beispiel für die russische Führung. Da erscheint Alijew aus ihrer Sicht allemal als das kleinere Übel, auch wenn er für ihren Geschmack zu sehr mit den Amerikanern und den Europäern Umgang pflegt. Im Inland legte er ein Reform- und Sozialprogramm auf, das mit inzwischen üppig sprudelnden Erdöldollars finanziert wird. Das Ergebnis: Aserbaidschan, vor allem natürlich die Hauptstadt Baku, ist eine große Baustelle, wie der Reisende bei Fahrten durchs Land erkennt. Die Wirtschaft brummt. Die Öldollars fließen in einem kräftigen Strom in die Staatskasse.

In einer Analyse der aserbaidschanischen Wirtschaftsentwicklung in den Jahren 2014 und 2015 zeichnete »Germany Trade & Invest« ein widersprüchliches Bild. Auf der einen Seite stehen erhebliche Einnahmen aus dem Export von Energieträgern, die sich freilich 2014 und 2015 durch den Ölpreisverfall deutlich verringerten.

Ende 2014 betrugen die strategischen Währungsreserven Aserbaidschans 49,4 Milliarden US-Dollar. Davon sind 36,7 Milliarden Dollar im staatlichen Ölfonds Sofaz gebunkert, 12,7 Milliarden in der Zentralbank. Das Volumen entspricht etwa 70 Prozent des Bruttoinlandproduktes. In den staatlichen Erdölfonds Sofaz fließen 80 Prozent der Aserbaidschan zustehenden Erträge aus der Ölförderung im Rahmen der Verträge über eine Produktionsbeteiligung (Production Sharing Agreements). Zwanzig Prozent gehen an die Ölgesellschaften.[8]

In Aserbaidschan werden derzeit aus 61 Öl- und Gasfeldern Kohlenwasserstoffe gepumpt, davon liegen 18 Fördergebiete in Offshore-Regionen des Kaspischen Meeres. Die aserbaidschanischen Erdölvorkommen werden auf rund zwei Milliarden Tonnen geschätzt. Der Anteil von Erdöl und Ölerzeugnissen am Gesamtexport lag 2014 bei 95 Prozent. Die Ölförderung erreichte 2010 mit rund 50,0 Millionen Tonnen ihren Höhepunkt. Seitdem ist sie rückläufig. 2014 wurden nur noch 42,4 Millionen Tonnen gefördert. Die für 2015 erstellte Förderprognose von 40,6 Millionen Tonnen muss möglicherweise nach unten korrigiert werden. Im Januar 2015 drosselte die staatliche Ölgesellschaft Socar die Produktion um rund 15 Prozent gegenüber dem Vorjahreszeitraum als Reaktion auf den Ölpreisverfall. Dies hat natürlich auch Auswirkungen auf Investitionen aus den Exporterlösen wie die Errichtung von Straßen, Häfen, Eisenbahnanlagen und Flughäfen, den Ausbau der Wärme- und Stromversorgung und den Bereich Wasser/Abwasser sowie die Modernisierung von Krankenhäusern und Schulen.[9]

Die Kehrseite: Die offiziell angegebene Arbeitslosenquote von zwei Prozent ist weit von der Realität entfernt. Denn von den 4,8 Millionen erwerbsfähigen Aserbaidschanern sind lediglich 1,5 Millionen von der Statistik erfasst. Der größere Rest ist entweder in der Schattenwirtschaft tätig oder hat gar keine Arbeit. Weitere 1,5 Millionen Aserbaidschaner verdienen den Unterhalt für ihre Familien in Russland. Während die Regierungsstatistik eine Armutsquote von fünf Prozent vermeldet, schätzt die Weltbank den Anteil der Bevölkerung, der jederzeit durch Arbeitslosigkeit oder Krankheit in Armut abrutschen könnte, auf 40 Prozent. In der Rangliste der korruptesten Staaten nahm Aserbaidschan laut Transparency International 2014 die Position 126 von 175 Ländern ein (2013: 127. Rang).

Oppositionelle Regungen haben dennoch kaum noch eine Chance. Ilham Alijew hat in den Jahren seiner Amtszeit, ganz der Sohn des Vaters, jeden Widerspruch systematisch unterdrücken lassen, eine unabhängige Medienlandschaft existiert nicht. Als die Oppositionsparteien für die im Oktober 2008 abgehaltene Präsidentschaftswahl – Alijew bekam rund 89 Prozent der Stimmen – einen Teilnahmeboykott verkündeten, änderte das nicht viel. Sie waren schon vorher in die Bedeutungslosigkeit gedrängt worden, Alijews Sieg stand auch angesichts der fehlenden Alternativen nie in Zweifel. Ebenso wie 2013, als er 85 Prozent der Stimmen erhielt.

Die Parlamentswahl vom 1. November 2915 bot ein ähnliches Bild. Unter den Augen angeblich abgeschalteter Überwachungskameras machten die meisten Aserbaidschaner ihr Kreuzchen an der richtigen Stelle. Die Alijew-Partei »Neues Aserbaidschan«, geerbt von Vater Gaidar, siegte mit deutlichem Vorsprung. Sie blieb damit – ohne Unterbrechung seit ihrer Gründung 1993 – stärkste Partei im aserbaidschanischen Parlament.

Der südliche Gaskorridor und sein Preis

In den ersten Jahren der Unabhängigkeit hatte sich die aserbaidschanische Außenpolitik auf Organisationen wie die Black Sea Economic Cooperation (BSEC) und die GUAM-Organisation für Frieden und

Demokratie[10] konzentriert, allerdings ohne die Mitgliedschaft in der GUS aufzugeben. Die Ausrichtung dieser neuen Staatenverbände auf die EU und die Nato riefen in Russland zunächst starkes Befremden hervor. Der Verlust von Einfluss auf die Region, der mit der Mitgliedschaft Aserbaidschans in diesen eher locker verbundenen Organisationen verbunden war, wurde als schmerzhaft empfunden. Für Aserbaidschan bedeutete die Mitgliedschaft in diesen Organisationen allerdings, dass seine Außenpolitik »eine klare Schwarzmeer-Dimension« erhielt.[11]

Diese ambitiöse Ausrichtung der aserbaidschanischen Außenpolitik erfuhr einen weiteren, kräftigen Schub, als die in den 1990er-Jahren im Kaspischen Meer gefundenen Erdöl- und Erdgasreserven sukzessive erschlossen wurden und Aserbaidschan zu einem erfolgreichen Exporteur von Kohlenwasserstoffen aufstieg. Zum Symbol für den Aufschwung wurde die Erdöl-Pipeline Baku–Tbilissi–Ceyhan. Sie nahm 2006 ihren Betrieb auf. Inzwischen richtet sich der Blick des aserbaidschanischen Präsidenten, der sich angeblich persönlich an der Planung strategischer Energieprojekte beteiligt, verstärkt auf Europa.

Interessiert an dieser Entwicklung waren neben den Europäern auch die USA, die jede Möglichkeit, Öl und Gas aus der Kaspi-Region und aus Mittelasien unter Umgehung Russlands nach Europa zu bringen, forcierten. In der Folgezeit entwickelte sich eine harte Konkurrenz zwischen verschiedenen Pipeline-Projekten, da auch Russland die südliche Transportroute nicht kampflos aufgeben wollte. Moskaus Rohstoffstrategen verfolgten den Plan, mit dem »südlichen Strom« ein Pendant zu Nord-Stream zu schaffen. Allerdings waren auch europäische Unternehmen an einem Joint Venture für den Offshore-Teil der Fernleitung beteiligt. Der italienische Energieversorger ENI und die BASF-Tochter Wintershall stiegen erst Ende 2014 aus, nachdem Putin das Projekt für beendet erklärt hatte.

Trotzdem favorisierten die Europäer das Projekt der Nabucco-Pipeline, das jahrelang als Gegenstück zu South Stream entwickelt wurde. Es sah eine Landverbindung südlich des Schwarzen Meeres vor und sollte von der Türkei bis nach Österreich führen. Als das Schah Deniz-Konsortium (federführend BP) im Juni 2013 allerdings beschloss, das Erdgas aus der Kaukasus-Region statt über Nabucco über die Trans-Adria-Pipeline (TAP) zu leiten, war das allzu teure Nabucco-Projekt gestorben.

Das russische South Stream-Projekt quer durchs Schwarze Meer erlitt wenig später – Ende 2014 – das gleiche Schicksal. Schuld seien die EU und, natürlich, im Hintergrund die USA, hieß es in Moskau. Sie hätten Druck auf Bulgarien ausgeübt, das sich in der Folge als unflexibler Verhandlungspartner erwiesen habe. Tatsächlicher Hintergrund war eine 2009 verabschiedete EU-Direktive, mit der die Trennung des Netzbetriebes von Erzeugung und Versorgung verfügt wurde. Es sollte keine Monopole mehr in diesem Bereich geben. Eine Ausnahmegenehmigung wollte die EU, auch unter dem Eindruck des russischen Vorgehens in der Ukraine, nicht mehr erteilen, auch nicht für Gazprom.

Moskau, das wegen der fallenden Öl- und Gaspreise ohnehin bereits Finanzierungsprobleme hatte, zog sich schmollend zurück. »Wenn Europa es nicht verwirklicht haben will, wird es nicht verwirklicht«, sagte der russische Präsident Wladimir Putin im Dezember 2014 bei einem Besuch in Ankara über South Stream. Der Chef des staatlichen Gazprom-Konzerns, Alexej Miller, wurde noch deutlicher: »Das Projekt ist geschlossen. Das war's«, sagte er. Als Alternative vereinbarten Russland und die Türkei den Bau einer Offshore-Pipeline.[12]

Auch dieses Projekt ist inzwischen gescheitert, nachdem die Türken im Dezember 2015 ein russisches Kampfflugzeug an der Grenze zu Syrien abgeschossen hatten. Moskau unterbrach daraufhin die Beziehungen zu Ankara.

In dieser Situation treibt Aserbaidschan mit internationalen Geldgebern nun seinen Plan voran, einen »südlichen Gaskorridor« zu schaffen, vergleichbar mit der BTC-Erdöl-Pipeline, der die Südeuropäer künftig mit Erdgas versorgen soll. Wichtigste Anteilseigner am TAP-Projekt sind der britische Energieriese BP, die norwegische Statoil sowie der aserbaidschanische Staatskonzern Socar mit jeweils 20 Prozent.

Mit dem Bau der Trans-Adria-Pipeline – sie führt von Kipoi an der türkisch-griechischen Grenze über Albanien durch die Adria nach San Foca in Italien –, wurde nach Verzögerungen Anfang 2015 begonnen. Im Bau ist seit März 2015 auch die Trans-Anatolische Gaspipeline (TANAP), die die Verbindung zwischen den Erdgasfeldern am Kaspi und der TAP an der türkisch-griechischen Grenze herstellen wird. Ab 2020, so die Pläne, soll durch den »südlichen Gaskorridor« Erdgas nach Südeuropa fließen.

»Diese Entwicklung ist der Beginn eines engeren Engagements zwischen den beiden Regionen (Südeuropa und Südkaukasus) und im Kern eine weitreichende Akzeptanz der Rolle, die Aserbaidschan in der europäischen Energiesicherheit spielen kann«, heißt es in einer

Analyse, deren freudiger Unterton die Nähe zum staatlichen Zentrum für strategische Studien (SAM) in Baku nicht verleugnen kann.[13]

Die Befriedigung über diese in PR-Manier beschriebene Entwicklung ist groß in Baku. Denn schließlich wird Aserbaidschan, wenn alles planmäßig verläuft, über die Trans-Adriatische Pipeline zum Akteur auf dem europäischen Energiemarkt werden. Schon heute sieht sich das Land als »entscheidenden Spieler auf dem Weltmarkt der energetischen Infrastrukturprojekte«.[14]

Die Erdgasreserven Aserbaidschans seien hinreichend, um Europa über Jahrzehnte zu beliefern, versicherte Präsident Alijew denn auch im Juli 2015 anlässlich eines Besuchs des EU-Ratspräsidenten Donald Tusk in Baku. Die nachgewiesenen Reserven, über die sein Land verfüge, lägen bei rund 2,6 Trillionen Kubikmetern. Die Reserven des Erdgasfeldes Shah Deniz, das gegenwärtig die einzige Quelle für den südlichen Gaskorridor ist, gab Alijew mit 1,3 Trillionen Kubikmeter an. Damit bot er sich der EU erneut als strategischer Partner in der Erdgasversorgung an.[15]

Brüssel hat durchaus Interesse an einer engeren Kooperation mit dem südkaukasischen Land. Im Jahr 2010 wurden sogar Verhandlungen über eine Assoziationsvereinbarung begonnen. Zuvor, 1999, hatte sich Aserbaidschan bereits dem Partnerschafts- und Kooperationsprogramm angeschlossen. 2004 war das Land in die European Neighbourhood Policy aufgenommen worden. Deren Aktionsplan von 2006 ist – neben der Energiekooperation und der Konfliktüberwindung – auf die weitere Demokratisierung sowie die Verbesserung der Menschenrechtssituation gerichtet.

Damit geriet die EU in ein Dilemma. Sie muss zwischen dem Wunsch, die energetische Sicherheit Europas auch mit aserbaidschanischer Hilfe zu stabilisieren, sowie ihrer Kritik an den Demokratiedefiziten und der sich verschlechternden Lage der Menschenrechte lavieren.

Seit dem September 2015 hat sich dieses Dilemma deutlich verschärft. In einer Resolution des Europarates waren Alijew und sein Regime ob der »bespiellosen Repression der Zivilgesellschaft« scharf kritisiert worden. Das Regime in Baku wurde aufgefordert, verhaftete Menschenrechtsaktivisten und Journalisten – derzeit sitzen rund 80 politische Häftlinge in den Gefängnissen des Landes, einige von ihnen, ohne dass ihnen der Prozess gemacht wurde – unverzüglich und bedingungslos freizulassen. In der Resolution wird Aserbaidschan aufgefordert, die Zerschlagung der Zivilgesellschaft und der Menschenrechtsgruppen unverzüglich zu beenden. Der Europarat regte an, die

EU-Verhandlungen über ein Partnerschaftsabkommen zu suspendieren, solange Baku keine »konkreten Schritte, unternimmt, den Respekt für die universellen Menschenrechte zu fördern«.[16]

Unter den Inhaftierten befindet sich die mutige Journalistin Khadija Ismayilova, die im September zu sieben Jahren und sechs Monaten Gefängnis verurteilt worden war. Sie hatte unter anderem über die korrupte Alijew-Familie berichtet. Dazu gehören auch die Menschenrechtsaktivisten Leyla Yunus und ihr Gatte Arif Yunus, die beide schwer krank sind. Sie waren im August, kurz nach der großen Europa-Sportshow, zu achteinhalb beziehungsweise sieben Jahren Haft verurteilt worden. Arif wurde im November 2015 überraschend wieder aus der Haft entlassen, im Dezember auch seine Gattin Leyla. Aus Gesundheitsgründen, hieß es offiziell. Damit wurde klar, dass es sich nicht um eine grundsätzliche Änderung der Alijew-Politik handelte, sondern um eine taktische Maßnahme aus Opportunitätsgründen.

Alijew, gestützt auf seine Gas- und Ölreserven, ist sich seiner wachsenden Bedeutung für die Europäer bewusst. Die Kritik des Europarates stieß bei ihm auf Granit. Er nannte die EU-Resolution »grundlos und voreingenommen«. Sie sei »eine politische Provokation, basierend auf Lügen«. Er und sein Land seien Opfer einer »schmutzigen Kampagne«.[17]

An anderer Stelle forderte er die Jugend des Landes auf, sie solle sich fern halten vom »westlichen Einfluss und den sogenannten westlichen Werten, die unsere Menschen nicht teilen«. Denn dort werde nichts als »religiöse und ethnische Feindseligkeit, Diskriminierung, Xenophobie, Islamophobie, Faschismus und Rassismus« geboten. »Wir brauchen diese Art von Werten nicht«, rief er seinen Landsleuten zu, die wegen der total gleichgeschalteten Medien keine Chance haben, sich ein eigenes Bild von den Realitäten zu machen.[18]

Viele EU-Staaten vermeiden deshalb eine allzu enge Bindung an Baku, dem man trotz seiner Glamour-Show des Eurovision Song Contests (2012) und der organisatorisch gelungenen Europäischen Olympischen Spiele (2015) nicht traut. Lediglich Deutschland hält als einziges EU-Land an einer nennenswerten bilateralen wirtschaftlichen Zusammenarbeit mit Aserbaidschan fest.[19]

Emin Milli, der selbst zweimal in Alijews Gefängnis saß, ist über die Haltung Deutschlands und der EU tief verärgert. Die Europäer würden sich angesichts der zu erwartenden Rohstofflieferungen von der Clique in Baku erpressen lassen, die zudem immer mal wieder damit drohe, die Russland-Karte zu spielen. So blieben die eklatanten Menschrechtsverletzungen, die Verletzungen der Europäischen Charta ohne Folgen, beklagte der Chefredakteur von Maydan TV. »Dabei ist das doch gar nicht so schwer. Der Alijew-Clan hat eine kriminelle Denkweise. Appelle fruchten nichts, aber eine gewisse Härte wird akzeptiert, Geldverlust gefürchtet.«

Milli gehört zu den aserbaidschanischen Aktivisten, die ursprünglich einen eigenen TV-Sender außerhalb Aserbaidschans gründen wollten, um der übermächtigen Staatspropaganda ein Gegengewicht zu bieten. Das gelang nicht, weil schon die bescheidenen Anfänge – eine Stunde pro Woche Sendezeit über einen Satelliten – von Regierungseinrichtungen massiv gestört wurden. »Wir waren einfach nicht zu empfangen. Zudem reichte das Geld, das aus Spenden stammte, bei Weitem nicht«, erinnerte sich Emin Milli an die Anfänge von Maydan TV, das in den vergangenen drei Jahren zu einer international beachteten Internet-Plattform entwickelt wurde. Milli ist ihr Chefredakteur, die Redaktion hat sich im Zentrum von Berlin niedergelassen.

»Wir wollen kein Oppositionsmedium sein, wir gehören keiner Partei an. Wir wollen die Wahrheit verbreiten, die tatsächliche Realität in Aserbaidschan abbilden.« Das gelinge nur durch die Mitarbeit vieler Helfer in Aserbaidschan, die sich dort allerdings nicht zu erkennen geben dürfen, und Unterstützern aus anderen Ländern. In seiner Heimat sei es insbesondere in den vergangenen Jahren zu einer beispiellosen Welle von Repressionen gekommen. »2014 wurden die letzten NGOs geschlossen. Den Leitern blieb nur das Gefängnis oder die Flucht.« Zunehmend würden jetzt auch die Familienangehörigen derer verfolgt, die sich um ungeschminkte Informationen über das Leben in Aserbaidschan bemühten.

»Vor allem nach den Europäischen Olympischen Spielen in Baku wächst der Druck auf uns, weil wir über internationale Medien viele realistische Geschichte über die Lage schon im Vorfeld verbreitet haben, die von CNN und anderen großen Medien aufgegriffen wurden. Auch im Inland beginnt man uns zu vertrauen. Über unsere Plattform, über YouTube und Facebook erreichen wir monatlich zwischen zwei und drei Millionen Menschen.«

Die Folge: »Ramirez Melitijew, Chef der Präsidentenadministration und zweitmächtigster Mann Aserbaidschans, beschuldigte uns, wir wollten die verfassungsmäßige Ordnung stürzen. Der Sportminister drohte mit Mord. So etwas tut der Mann aber nur, wenn er sich der Rückendeckung von Alijew sicher sein kann.«

Der Konflikt um Berg-Karabach

Präsident Ilham Alijew blickt von seinem Amtssitz am Berghang auf das Reich, das sein Vater Gaidar Alijew ihm hinterlassen hat. Vom Präsidentenpalast, dem einstigen Sitz des Zentralkomitees der aserbaidschanischen KP, dessen Chef Vater Gaidar einmal gewesen war, schweift der Blick über die aufblühende Stadt hinaus auf das Meer. Im Dunst sind Umrisse von Fördertürmen zu erahnen, auf die der Sohn seine Macht gründet. Die Hauptstadt Baku beginnt zu glänzen und zu glitzern. Die prächtigen Bauten aus der Zeit der persischen Herrschaft, vor allem der Palast der Schirwan-Schahs, wurden restauriert. Der Altstadt wird neues Leben eingehaucht. »Innerhalb der alten Stadtmauern ist Asien, außerhalb ist Europa«, sagte stolz ein Stadtbilderklärer, der im Hauptberuf bei Interpol beschäftigt ist.

Gern präsentiert Alijew seinen Besuchern diese Aussicht, zumal wenn es sich um ausländische Journalisten handelt, die er zur Imagepflege braucht. Es soll ihnen deutlich vor Augen führen, dass sie es mit einer aufstrebenden Öl- und Gasmacht zu tun haben. Auch wenn dann nicht alle Blütenträume reiften, auch wenn die phantastischen Zahlen durch die Realität etwas korrigiert wurden, hat Ilham, der Ölprinz im Schatten seines toten Vaters, begonnen, die ersten Früchte zu ernten. Das gibt ihm die Ruhe, die Überlegenheit, die so an den Vater erinnert, dem er aber äußerlich kaum ähnlich sieht. Er argumentiert mit leiser Stimme, die er auch dann nicht anhebt, wenn er nach seinem wenig demokratischen Umgang mit der Opposition oder dem Verhältnis zu den verfeindeten Armeniern gefragt wird. Das arme kleine Nachbarland, gestützt auf die Gnade Moskaus, ist wie ein Stachel im Fleische Aserbaidschans, auch wenn Alijew das bei einem Treffen 2006 nicht so deutlich zum Ausdruck brachte. Eine Perspektive gab er dem Nachbarn nicht: »Wir werden sehen, welches Land wichtiger ist in der Region, für Europa, für die internationale Gemeinschaft.« Sowohl was die geopolitische Lage als auch die Energieressourcen angehe, könne man Armenien doch überhaupt nicht mit Aserbaidschan vergleichen, fügte er zuversichtlich hinzu.

Baku kann es sich heute (2015) leisten, 3,6 Milliarden US-Dollar für sein Militär auszugeben, rund dreißig Mal mehr als zum Amtsantritt Ilham Alijews. Das entspricht etwa dem gesamten armenischen Staatshaushalt.

Das Verhältnis zwischen Aserbaidschan und Armenien – wenn man die Nichtexistenz von Beziehungen überhaupt so nennen kann – ist total zerrüttet. Und zwar in einem Maße, wie man es sich im europäischen Raum kaum vorstellen kann. Auf beiden Seiten herrscht ein nicht zu überbietendes Misstrauen, das bis in die kleinsten Details dringt.

Da will eine Frau mit einem unverfänglichen russischen Nachnamen in Aserbaidschan einreisen. Die Grenz- und andere Behörden halten sie fest und prüfen stundenlang, was es mit ihrem Vornamen auf sich hat. Die Frau heißt Karina, was in Aserbaidschan als eindeutig armenischer Vorname gilt. Verbirgt sich hinter dem russischen Nachnamen vielleicht eine gebürtige Armenierin? Dann würde sie ohne viel Federlesens abgewiesen.

Auf armenischer Seite erhält ein aserbaidschanischer Kameramann, der für eine westliche TV-Gesellschaft in Moskau arbeitet, zwar die Einreise nach Armenien. Aber nur, weil er von der armenischen Botschaft in Moskau ein gestempeltes und beglaubigtes Papier erhalten hat, das ihm freies Geleit im Lande zusichert.

Beide Seiten unterhalten »schwarze Listen«, auf denen unliebsame Diplomaten, Politiker, Künstler und Journalisten zur Persona non grata erklärt werden, wenn sie sich nach Meinung der Außenministerien in Baku und Jerewan nicht entsprechend den jeweiligen Vorgaben verhalten haben. Wer ohne Erlaubnis die umstrittene, offiziell zu Aserbaidschan gehörende Region Berg-Karabach besucht oder als Journalist anschließend nicht in gewünschter Weise berichtet, verfällt dem Verdikt.

Eine entsprechende Besuchswarnung findet sich auf der Website der aserbaidschanischen Botschaft in Berlin. Wer ohne Zustimmung der Republik Aserbaidschan nach Berg-Karabach und in andere besetzte Gebiete von Aserbaidschan reist, begehe eine Verletzung der »Souveränität und territorialen Integrität der Republik Aserbaidschan«, seiner »nationalen Gesetzgebung sowie der relevanten Normen und Prinzipien des Völkerrechts«. Personen, die sich nicht an diese Vorgaben halten, werde »die Einreise in die Republik Aserbaidschan verweigert«.[20] Der Schrecken über diese martialischen Töne scheint sich in Grenzen zu halten. Auf der 331 Personen umfassenden aserbaidschanischen Liste (Stand 29. September 2015) finden sich bekannte Künstler wie Montserrat Caballé, Dutzende Politiker aus Europa, Übersee und sogar aus Russland wieder. Zu unliebsamen Personen wurden auch Journalisten wie die Russland-Korrespondenten von ORF und FAZ, Markus Müller und Michael Ludwig, Markus Bernath von der österreichischen Zeitung »Der Standard« und der ZDF-Reporter Dietmar Schumann mit seiner gesamten Crew erklärt.

Auf armenischer Seite erhielt unter anderem der Schweizer Journalist André Widmer, der Berg-Karabach mehrfach besuchte und darüber publiziert hat, inzwischen dauerhaftes Einreiseverbot. Widmer war im Frühjahr 2011 auf dem Flughafen von Jerewan bei der Einreise ohne Angabe von Gründen festgehalten und ausgewiesen worden. Später erfuhr er, er sei in Armenien zur Persona non grata erklärt worden. Einen erneuten Visumantrag lehnte das armenische Außenministerium 2012 ab. Gründe wurden nicht genannt.[21]

Bakus schwarze Liste ist nach Meinung des österreichischen Journalisten Markus Bernath »eine Zensurveranstaltung«. Das dürfte allerdings ebenso auf die armenische Praxis zutreffen. Beide Seiten verlangen entweder eine Jubelberichterstattung, oder der Vorhang fällt. »Erlösung von der (aserbaidschanischen) Liste und Reinwaschung des Namens sind theoretisch möglich durch öffentliche Selbstkritik und nachfolgend ›some good reporting‹, wie es ein aserbaidschanischer Botschafter formulierte.«[22]

Die Gräben zwischen beiden Ländern sind tief. Wie angesichts dessen der Konflikt um Berg-Karabach gelöst werden soll, weiß letztlich niemand.

Berg-Karabach, auf Russisch Nagorny Karabach und im Armenischen Arzach genannt, ist mit 4400 Quadratkilometern etwa fünfmal so groß wie Rügen. Seit Jahrzehnten ist das Gebiet, dessen Grenzen wie so viele im Kaukasus von Stalin gezogen wurden, ein Zankapfel zwischen Aserbaidschan und Armenien. Zu sowjetischer Zeit war es ein autonomes Gebiet innerhalb der Aserbaidschanischen Sozialistischen Sowjetrepublik, in dem Aserbaidschaner und Armenier zusammenlebten. Doch schon zu der Zeit kam es, von den Machthabern in Moskau verschwiegen, zu Konflikten.

1988 eskalierte die Situation. Bei einem antiarmenischen Pogrom in Sumgait, nördlich von Baku auf der Halbinsel Apscheron gelegen, wurden Dutzende Armenier ermordet. Das nahmen beide Seiten zum Anlass, die jeweiligen Minderheiten aus ihren Hoheitsgebieten zu vertreiben. Wenn dies auch der Funken gewesen sein mochte, der den Karabach-Krieg auslöste, so war es doch nicht das erste Pogrom. Durch die Geschichte beider Völker zieht sich eine lange Blutspur. Täter wurden zu Opfern, Opfer zu Tätern. Die heute herrschende Unversöhnlichkeit, die gegenseitigen Beschuldigungen und Unschuldsbeteuerungen sind auch vor diesem Hintergrund zu sehen.

So ist denn auch der Konflikt um Berg-Karabach nicht neu. Schon zwischen 1919 und 1921 tobte dort ein Bürgerkrieg. Dann, 1921, konnte die Türkei im Friedensvertrag mit Sowjetrussland durchsetzen, dass das Bergland, dessen Name »schwarzer Garten« bedeutet, als autonomes Gebiet Aserbaidschan zugesprochen wurde. Auch Nachitschewan erhielt Autonomiestatus und blieb unter aserbaidschanischer Verwaltung. Während der Zeit der Sowjetmacht, unter dem Deckel einer weit überlegenen Militärmacht, schwelte der Konflikt weiter, kam aber nicht zum Ausbruch, von kleineren Unruhen abgesehen.

Nach dem Pogrom von Sumgait 1988 brachen dann allerdings alle Dämme. Die Zentralmacht in Moskau hatte schon nicht mehr die Kraft, die angestaute Wut auf beiden Seiten einzudämmen. Im Sommer 1989 erklärten die noch existierende kommunistische Parteiführung von Berg-Karabach und die dortige Verwaltung den Anschluss an Armenien. Moskau unterstellte die Region daraufhin seiner direkten Verwaltung, was vor Ort keine Folgen mehr hatte: Karabach und Armenien verkündeten im Dezember ihre Vereinigung. Daraufhin brachen in Aserbaidschan antiarmenische Pogrome aus. Ein blutiger Krieg um die Gebirgsregion forderte bis zum Waffenstillstand von 1994 auf beiden Seiten bis zu 50 000 Tote. Fast 800 000 Aserbaidschaner und rund 300 000 Armenier wurden zu Flüchtlingen.[23] In dieser militärischen Auseinandersetzung konnten sich die paramilitärischen Einheiten von Berg-Karabach gegenüber der regulären, aber schlecht ausgerüsteten und ausgebildeten aserbaidschanischen Armee auch deshalb durchsetzen, weil sie von den verbliebenen armenischen Bruchstücken der sowjetischen Armee sowie russischen Einheiten unterstützt wurden. Die Armenier eroberten zunächst einen direkten Zugang nach Karabach, den sie später erweiterten. Heute halten sie trotz wiederholter Aufforderungen des UN-Sicherheitsrates zum Rückzug rund 20 Prozent des aserbaidschanischen Territoriums besetzt. Im offiziell zu Aserbaidschan gehörenden Berg-Karabach leben heute etwa 145 000 Einwohner mit eigener Regierung und Verfassung, die meisten sind Armenier. Die ehemals dort siedelnden Aserbaidschaner wurden vertrieben. Die sogenannte Republik Berg-Karabach ist international nicht anerkannt.

»Wir sind bereit zu kämpfen«

Die Regierung in Baku will Karabach nebst den angrenzenden, von Armenien besetzten Regionen wieder zurückhaben. Sie beruft sich dabei auf das völkerrechtliche Prinzip der Unverletzlichkeit der territorialen Integrität und wird von internationalen Gremien unterstützt. Der UN-Sicherheitsrat verabschiedete 1993 vier Resolutionen zur Berg-Karabach-Frage, die den Abzug der armenischen Truppen aus den besetzten aserbaidschanischen Bezirken forderten. Der Europarat hat die »Separation von 15,25 Prozent des aserbaidschanischen Staatsgebietes« (Berg-Karabach und seine Nachbarbezirke) durch die armenischen Militäreinheiten Karabachs zuletzt in einer Resolution vom Januar 2005 als »rechtswidrig« gerügt. Am 14. März 2008 verabschiedete die UN-Vollversammlung mit 39 Stimmen, bei 7 Gegenstimmen und 100 Enthaltungen, noch einmal eine Resolution, in der sie von Armenien einen »sofortigen und vollständigen Abzug der Truppen aus den besetzten aserbaidschanischen Gebieten« forderte.[24]

Baku hat die Anziehungskraft einer prosperierenden Gesellschaft, behauptete Alijew schon 2006 bei unserem Treffen in Baku. Aserbaidschan biete Entwicklung und Wohlstand für alle. Sowohl für die rückkehrwilligen aserbaidschanischen Flüchtlinge in ihre alten Heimatorte als auch für die in Karabach lebenden Armenier, versicherte er staatsmännisch, behände zwischen dem Russischen und Englischen wechselnd. »Wir kennen die positiven Erfahrungen mit einer florierenden Ökonomie in anderen Teilen der Welt«, dozierte er mit einem Anflug von Selbstgefälligkeit. Sollte das allerdings nicht wirken, »dann überdenken wir unsere Strategie, unsere Taktik und unser Verhalten«. In den Flüchtlingslagern, in die Ausländer zur Illustration der Lage gerne gekarrt werden, übersetzten die vertriebenen Aseris das schlicht mit den Worten: »Wir sind bereit zu kämpfen.«

Der russisch-georgische Krieg um Südossetien vom August 2008 hat die Regierungen in Baku und Jerewan aufgeschreckt. Vor allem in Aserbaidschan geht die Furcht um, Ähnliches – ein Krieg mit nachfolgender Anerkennung der Souveränität durch Russland – könnte sich möglicherweise in Berg-Karabach wiederholen. Das wollen die Aserbaidschaner auf keinen Fall, womit die militärische Option zur Rückgewinnung ihrer Gebiete weitgehend unwahrscheinlich geworden ist. Das Risiko, alles zu verlieren, ist nach den Erfahrungen, die die der Georgier gemacht haben, einfach zu groß.

Dennoch brennt an der Demarkationslinie zwischen Aserbaidschan, Berg-Karabach und Armenien immer wieder die Luft, fliegen Geschosse in beiden Richtungen, werden Menschen verletzt und getötet. Beide Seiten beschuldigen sich gegenseitig, den 1994 vereinbarten Waffenstillstand widerrechtlich zu brechen.

Wer die vorgezogenen Stellungen, sei es auf armenischer, sei es auf aserbaidschanischer Seite besucht, tut gut daran, den Kopf hinter den Schutzwällen zu lassen. Die Gefahr, von einem Scharfschützen getroffen zu werden, ist hoch. Auf beiden Seiten der Waffenstillstandslinie stehen sich Zehntausende Soldaten gegenüber. Die zahlenmäßig schwachen internationalen Beobachter sind nicht in der Lage, ein reales Bild von den Vorgängen zu ermitteln.

Im Sommer 2014 hatte sich die Situation derart hochgeschaukelt, dass Baku sogar mit Raketenschlägen auf die armenische Hauptstadt Jerewan drohte. Die Armee, »deren Raketen auf die Republik Armenien gerichtet sind, ist bereit, den Befehl auszuführen, sogar die Hauptstadt des Feindes Jerewan dem Erdboden gleich zu machen«, ließ das aserbaidschanische Verteidigungsministerium verlauten.[25]

Ein Jahr später, im August 2015, nahmen die Schusswechsel ein solches Ausmaß an, dass Beobachter von den heftigsten Auseinandersetzungen seit Inkrafttreten des Waffenstillstands 1994 sprachen. Die OSZE war tief beunruhigt. Der US-amerikanische Co-Vorsitzende der Minsk-Gruppe James Warlick forderte – wieder einmal – eine friedliche Lösung des Problems. »Wir sind sehr besorgt wegen des jüngsten Ausbruchs entlang der Demarkationslinie. Der Waffenstillstand muss respektiert werden«, twitterte er im Gefechtslärm. Moskau rief »alle Beteiligten« zum Gewaltverzicht auf.[26]

Wirkung erzielen dergleichen Appelle nicht, weil sich niemand angesprochen fühlt. Es ist immer der jeweils andere, der mit diesen Vorhaltungen angeblich gemeint ist. So drohte Armeniens Präsident Sersch Sargsjan bei seinem Auftritt in der UN-Vollversammlung Ende September 2015 in New York mit militärischen Schritten. Er beschuldigte Aserbaidschan, Siedlungen in Berg-Karabach und Armenien mit großkalibrigen Waffen beschossen zu haben. Die Führung in Baku habe das »Realitätsgefühl verloren«, beklagte er. »Wenn diese aggressive Politik fortgesetzt wird, bleibt Armenien keine andere Wahl, als entsprechende gesetzliche Schritte zu unternehmen – politisch-militärische Schritte«, fügte Sargsjan hinzu.[27]

Armenien, der älteste christliche Staat der Welt

Der Weg zum Bergkloster Geghard ist steil. Im Schweiße ihres Angesichts zerren Gläubige vielerlei Getier mit sich hinauf zum heiligen Ort. Meist haben sie dem Hammel, dem Schwein einfach einen Strick an ein Bein gebunden, und das arme Tier, nicht wissend, dass dies sein letzter Weg auf Erden ist, humpelt und hoppelt mühsam hinterher. Geflügel wird an zusammengebundenen Beinen hinaufgetragen. Im September, dem Monat der Erntedankfeiern und Opferfeste, ist das Treiben um das Kloster besonders geschäftig.

Für Europäer haben die christlich-armenischen Riten etwas Archaisches. Gleich neben der Klostermauer befindet sich ein Platz für die rituellen Schlachtungen. Den Opfertieren, die hier hinaufgezerrt wurden, wird mit einem scharfen Schnitt die Kehle durchgetrennt, man lässt sie ausbluten. Das Familienoberhaupt malt seinen Angehörigen mit dem frischen Blut ein Kreuz auf die Stirn. Gleich neben dem Schlachtplatz steht ein Wunschbaum, wie ich ihn aber auch in anderen Teilen des einstigen sowjetischen Großreiches sah. Es ist ein alter heidnischer Brauch, der sich in Armenien mit der christlichen Religion verbunden hat beziehungsweise in friedlicher Koexistenz mit ihr existiert. Jeder, der sich etwas wünscht, bindet ein Bändchen an einen Zweig des Baumes und denkt intensiv an das, was in Erfüllung gehen soll.

Der Besuch des Klosters Geghard ist ein Muss für die Armenier der weiteren Umgebung, wenn eine größere Familienfeier ansteht, eine Taufe vielleicht oder eine Hochzeit. Bevor die Feier im Heimatdorf beginnen kann, kommen sie hierher und bringen auch ihre Tiere mit. Ist der Weg weit, lassen sie sie nur segnen. Den zitternden Geschöpfen bleibt noch eine Galgenfrist, bis die Familie wieder ins heimatliche Dorf zurückgekehrt ist. Doch dann werden der Hammel oder das Kalb aus dem Kofferraum gezerrt, das Messer blitzt auf, das Fleisch für die Festtagstafel wird bereitet. Ganz wichtig im Falle einer Taufe: Bevor auch nur ein Familienmitglied etwas von den Speisen zu sich nimmt, müssen erst sieben Fremde beköstigt worden sein.

Aus dem frischen Hammelfleisch – es darf auch Rind sein – wird Chaschlama gekocht, in einem Topf mit ganz wenig Wasser. Soll es als Opfergabe dienen, werden jegliche Zutaten weggelassen. Für den Festtagstisch dürfen Tomaten, Zwiebeln und frischer Koriander hinzugegeben werden, auch ein kräftiger Schuss Wein kann nicht schaden.

Das Fleisch wird fein gehackt. Es muss mindestens eine Stunde mit den Händen in einer Schüssel durchgeknetet werden, bis es eine Pastenform annimmt und daraus Kjufta, Fleischbällchen, geformt werden können, die dann in kochendem Wasser gegart werden. Und natürlich darf auch das Schaschlik nicht fehlen. Gut gewürzte Fleischstücke, es geht Hammel ebenso wie Rind oder Schwein, werden auf Spieße, die Schampury, gesteckt, in den Ofen geschoben oder über Holzkohlenglut gebraten. Die fertigen Stücke kommen in eine Schüssel und werden mit Lawasch, dem armenischen Fladenbrot, dünn wie grober Stoff, abgedeckt. Auf keinen Fall dürfen bei einem typischen armenischen Mahl die zahlreichen Berg- und Waldkräuter fehlen, die roh oder mit Salz und Essig zu den Hauptgängen verspeist werden. Dazu werden Wein und der zumindest in den Ländern der ehemaligen Sowjetunion berühmte Weinbrand »Ararat« gereicht, den die Armenier unverdrossen, ohne sich um EU-Richtlinien zu kümmern, Kognak nennen.

Die Mönche im Kloster von Geghard leben etwas spartanischer. Seit dem 4. Jahrhundert sind sie hier am heiligen Ort ansässig. Vor über 1700 Jahren haben sie sich ihre kargen Zellen in den Felsen gehauen. Die Kirchen und das Kloster stammen aus dem 13. Jahrhundert und sind teils ebenfalls in den Fels getrieben. Die Hauptkirche Kathoghikeh, aus gelbgrauem Stein gefügt, überragt das beeindruckende Ensemble.

Die Armenier sind unbändig stolz darauf, dass sie in dem Land leben, in dem das Christentum erstmals in der Welt, noch vor Rom, zur Staatsreligion erklärt wurde. Sie ist eine autokephale Kirche, eine Kirche also, die von einem eigenen Oberhaupt regiert wird und selbst den Erzbischof wählt. Sie untersteht keinem anderen Patriarchen, Metropoliten oder Erzbischof und keiner Synode eines anderen Landes. Sie bestimmt ihr Oberhaupt selbst, den Katholikos, der seinen Sitz in Etschmiadsin hat.

Dabei ist nicht ganz klar, ob es nun 301 oder 316 n. Chr. war, als König Trdat III. das Christentum zur offiziellen Staatsreligion bestimmte. Schon zuvor sollen die Apostel Judas Thaddäus und Bartholomäus in Armenien gepredigt und die ersten Gemeinden gegründet haben, wofür sie im heidnischen Kaukasus mit ihrem Leben bezahlten. Erst als Gregor der Erleuchtete kam, wurden die Bergbewohner anderen Sinnes, berichtet die Legende. Zunächst wollten sie auch Gregor töten. König Trdat III. warf ihn erst in den Kerker des Klosters Chor Wirap, später dann hungrigen Löwen zum Fraß vor. Als die Tiere auf das Mahl verzichteten, deuteten die Armenier das als ein Zeichen Gottes. Trdat bekehrte sich zum Christentum und ließ sein Volk im Euphrat taufen. Gregor wurde der Schutzpatron Armeniens. Von ihm leitet sich auch der Name »Gregorianische Kirche« her, offiziell heißt sie indes Heilige Armenisch-Apostolische Rechtgläubige Kirche. Sie gehört mit den koptischen, äthiopischen, eritreischen, syrisch-orthodoxen und malankarischen zu den sogenannten altorientalischen Kirchen.

Armenien ist mit rund 30 000 Quadratkilometern die kleinste der südkaukasischen Republiken. Im Norden wird das Land vom Gebirgszug des Kleinen Kaukasus begrenzt. Im Südwesten liegt die Ararat-Senke, im Süden bildet der Fluss Arax die Grenze zum Iran. Hier lag das Land Urartu, das in der Zeit zwischen dem 9. und 7. Jahrhundert v. Chr. seine Blütezeit hatte.

An der Wiege der Armenier, die im 6. Jahrhundert v. Chr. erstmals mit der griechischen Bezeichnung Armenoi erwähnt wurden, standen kleinasiatische, südkaukasische und indoeuropäische Stämme. Doch mit der Staatenbildung ging es nur schwer voran. Die geografische Lage zwischen den großen Imperien, die zwar handelstechnisch günstig war, aber immer wieder Begehrlichkeiten von verschiedensten Seiten weckte, führte zu einem ständigen Wechsel der Herrschenden. Einmal allerdings war Armenien ein Großreich. Vierzig Jahre lang herrschte Tigran der Große vom Kaspischen bis zum Mittelmeer, vom kilikischen Taurusgebirge im Süden der heutigen Türkei bis zum ostmesopotamischen Gebirgsrand im Westen des heutigen Iran. Dann musste sich auch der große Tigran Rom unterwerfen.

In der Folgezeit wechselten sich Byzantiner, Araber und Seldschuken in der Herrschaft ab. Im 13. Jahrhundert verwüsteten die Mongolen das Land, im 14. Jahrhundert zerstörte Timur Lenk, der hinkende Timur, der bei den Usbeken Timur der Große genannt wird, Armenien. Es folgten die Turkmenen und nach den Persern im 16. Jahrhundert die Osmanen.

Das Siedlungsgebiet der Armenier, die früher auch in weiten Teilen der heutigen Türkei – den dortigen Berg Ararat führt das Land bis heute im Staatswappen – und Persiens lebten, wurde viermal geteilt: »387 und 591 zwischen Byzanz und dem Iran, 1555 und 1639 zwischen dem Osmanischen Reich und dem Iran. Im Oktober 1827 gingen die persisch kontrollierten Khanate Nachitschewan und Jerewan an das Russische Reich verloren.«[1]

Mit der Machtübernahme durch Byzanz verzogen sich die armenischen Könige im Mittelalter nach Kappadokien, dem heutigen Zentralanatolien. In Kilikien an der südanatolischen Mittelmeerküste entstand das Königreich von Kleinarmenien, wo dann auch der Katholikos der Armenier residierte. Im sogenannten Großarmenien im Osten entstanden eigene Katholikate in Achtamar und Etschmiadsin. Letzteres gewann schließlich die führende Stellung innerhalb der Armenischen Apostolischen Kirche, rettete sie über die sowjetische Zeit und hat sie bis heute behalten.

Im Friedensvertrag von Sèvres von 1920 war zwischen der Türkei und den Siegermächten des Ersten Weltkrieges zwar ein unabhängiges Großarmenien festgeschrieben worden, doch drei Jahre später konnte die Türkei im Vertrag von Lausanne das dafür vorgesehene Ostanatolien wieder ihrem Staatsgebiet zuschlagen. Moskau hatte zuvor bereits im sowjetisch-türkischen Vertrag vom 16. März 1921 die Regionen Kars, Ardahan und Artwin endgültig der Türkei überlassen.

Auf dem vom russischen Zarenreich beherrschten Gebiet des östlichen Armenien entstand 1918 zunächst ein unabhängiger armenischer Staat, den jedoch zwei Jahre später die Rote Armee besetzte. Am 29. November 1920 wurde die Armenische Sozialistische Sowjetrepublik ausgerufen. Nach einem missglückten Aufstand der Daschnaken (Armenische Revolutionäre Föderation) 1921 wurde das Land 1922 mit Georgien und Aserbaidschan zur Transkaukasischen SFSR zwangsvereinigt und am 30. Dezember desselben Jahres der inzwischen gegründeten UdSSR einverleibt. Seit 1936 eigenständige Unionsrepublik, verkündete Armenien am 23. August 1990 den Beginn einer Übergangsperiode zur Erlangung staatlicher Unabhängigkeit. Die Armenische SSR wurde zuerst in Republik Armenien umbenannt. Nach einem Referendum proklamierte das Parlament dann am 23. September 1991 die Unabhängigkeit Armeniens.

Der Genozid und Deutschlands Anteil

Auf dem Wege zum Kloster Geghard passiert der Reisende den wohl schönsten Ort, um einen Blick auf den heiligen Berg Ararat zu werfen. Von Jerewan aus ist er oft wegen trüben Wetters nicht zu sehen. Hier aber, am Tscharenz-Torbogen, ist das 5165 Meter hohe Nationalsymbol der Armenier besonders gut zu beobachten, neben ihm der Kleine Ararat, der es auf 3925 Meter bringt. Dieser Aussichtspunkt ist nach dem armenischen Dichter Egische Tscharenz, eigentlich Jegische Sogomonjan, benannt. Tscharenz, der während der Stalin-Verfolgungen im berüchtigten Jahr 1937 erschossen wurde, soll sich in stillen Stunden besonders gerne hierher zurückgezogen haben.

Die Berge erheben sich auf der türkischen Seite der Grenze, unweit der Stadt Kars, wo Tscharenz 1897 geboren wurde. Trotzdem ist er im Wappen Armeniens abgebildet, wie früher im Staatswappen der Armenischen SSR. Das rief seinerzeit heftigen Protest in der Türkei hervor, die darauf verwies, dass der Berg auf türkischem Staatsgebiet liege und deshalb nicht von Armenien oder der Sowjetunion für sich beansprucht werden könne. Der sowjetische Außenminister Andrej Gromyko, wegen seiner meist sauertöpfischen Miene auch »Grim Grom« genannt, konterte mit der Bemerkung, dass die Türkei den Halbmond in ihrer Flagge führe, obwohl weder der Mond noch ein Teil davon zum Staatsgebiet der Türkei gehörten.

Der Ararat, auf dem der Bibel zufolge Noahs Arche nach der Sintflut gelandet sein soll, war und ist für die Armenier ein unerreichbares Symbol geblieben. Und zwar nicht nur wegen der hermetisch abgeriegelten Grenze zur Türkei. Das Betreten des Masis, wie er auf Armenisch heißt, wurde von der Kirche verboten. »Den Masis darf niemand besteigen, weil er der Erde Mutter ist«, begründete etwa der flämische Reisende Wilhelm von Ruysbroeck im 14. Jahrhundert das Verbot.[2]

Armenien, so erinnert man sich heute beim Anblick des Masis mit Wehmut, war einmal viel größer, das Volk viel größer. Der Berg mag, wie früher den Dichter Tscharenz, auch heute noch jeden Armenier und so manchen Mönch, der täglich mit Blick in Richtung Ararat betet, an eine besonders tragische Episode in der Geschichte des Volkes erinnern: den Völkermord an Armeniern, verübt von der Türkei in den Jahren 1915 und 1916.

Dieses Ereignis, dem bereits Ende des 19. Jahrhunderts blutige Pogrome in Ostanatolien vorausgegangen waren, spielte sich vor dem Hintergrund des Ersten Weltkrieges ab, in den das Osmanische Reich im November 1914 auf der Seite der Mittelmächte, des Deutschen Reichs, Österreich-Ungarns und Bulgariens eingetreten war. In Istanbul träumte man davon, die in früheren Kriegen im Kaukasus an Russland verlorenen Gebiete zumindest teilweise wieder zurückzuerobern. Aber die Militärführung verschätzte sich, die osmanische Armee war für den Winter in den Bergen nicht gerüstet. Das Osmanische Reich musste um die Jahreswende 1914/1915 bei Sarikamis eine verheerende Niederlage hinnehmen. Bei der nachfolgenden russischen Gegenoffensive erlitten die Osmanen große Gebietsverluste.

Da auf russischer Seite armenische Freiwilligenbataillone gekämpft hatten, wurden die Armenier insgesamt für die Niederlage in Ostanatolien verantwortlich gemacht. Gleichzeitig erhoben sich die in der Stadt Van und Umgebung lebenden Armenier, woraus die türkische Geschichtsschreibung bis heute einen für den Bestand des Staates lebensbedrohenden landesweiten Aufstand macht. »Konspiration mit Russland« warf ihnen Enver Pascha, der Kriegsminister, im Gespräch mit Dr. Johannes Lepsius vor. Lepsius (1858–1926), Theologe und Orientalist, der nach den Massakern an den Armeniern Ende des 19. Jahrhunderts ein weitreichendes und sehr effektives armenisches Hilfswerk gegründet hatte, nahm dieses Treffen mit Enver Pascha in seine Dokumentation des Völkermordes an den Armeniern auf. Sie trägt den Titel »Der Todesgang des armenischen Volkes« und wurde damals von der deutschen Zensur verboten.

Der deutschsprachige Schriftsteller Franz Werfel benutzte die Dokumente nebst Berichten über die türkischen Greuel aus dem französischen Kriegsministerium für sein legendäres Buch »Die vierzig Tage des Musa Dagh«. Darin beschreibt Werfel, wie es 5000 Armeniern aus sieben Dörfern gelang, sich auf dem südanatolischen Berg Musa Dagh zu verschanzen und Widerstand zu leisten, bis die Überlebenden im September 1915 von englischen und französischen Kriegsschiffen in Sicherheit gebracht werden konnten. Mit seinem Roman hat Werfel den von den Türken ermordeten Armeniern, aber auch dem Humanisten Lepsius ein literarisches Denkmal gesetzt.

Lepsius musste sich bei seinem Treffen mit Enver Pascha 1915 dreiste Unterstellungen und Lügen über die Armenier anhören. Das Lob, das den Armeniern in der Petersburger Duma erteilt worden sei, spräche Bände, spreizte sich der berüchtigte Kriegsminister, der persönlich für die militärische Schlappe gegen die Russen bei Sarikamis verantwortlich war und nun Schuldige brauchte. Nicht nur mit Russland sollen sie gekungelt haben, behauptet Enver Pascha bei Werfel: »Ferner Verschwörung mit Frankreich und England. Umtriebe, Spionage, alles was sich nur denken lässt.«[3]

Diese pauschalen Anschuldigungen waren der willkommene Vorwand, die massenhafte Deportation der Armenier anzuweisen. Wobei es natürlich stimmte, dass die Armenier zumindest große Sympathien für die nach Süden drängenden Russen hatten, von denen sie sich die

Befreiung von der türkischen Unterdrückung erhofften. Auch fühlten sich die orthodoxen Christen als Glaubensbrüder der russisch-orthodoxen Kirche. Die Türken indes hatten Sorge, dass ihr gesamtes Staatswesen in Gefahr geraten würde, wenn die Russen ihren Eroberungsfeldzug erfolgreich fortzusetzen in der Lage wären. In Konstantinopel war nicht vergessen, dass die russische Zarin Katharina II. im 18. Jahrhundert den hochfliegenden Plan gehegt hatte, das Osmanische Reich zu zerschlagen und es durch zwei christlich-orthodoxe Staaten zu ersetzen. Türkische Nationalisten wie Enver Bey, der spätere Kriegsminister Enver Pascha, nährten dagegen ganz andere Illusionen. Sie strebten nach der Errichtung eines großtürkischen Reiches Turan, das sich von der Türkei über Aserbaidschan, Turkmenistan, Kasachstan, Usbekistan bis zum Turkvolk der Uiguren in China erstrecken sollte.

Doch das alles spielte damals beim Völkermord an den Armeniern keine so große Rolle, wie behauptet wurde. Ganz andere Gründe standen hinter dem brutalen Vorgehen der Türken. Die Verbannung der Armenier war »nicht allein durch militärische Rücksichten motiviert«, kabelte der deutsche Botschafter Hans von Wangenheim im Juni 1915 aus Konstantinopel an den deutschen Reichskanzler Theobald von Bethmann Hollweg. »Der Minister des Innern Talaat Bey hat sich hierüber kürzlich gegenüber dem zur Zeit bei der Kaiserlichen Botschaft beschäftigten Dr. Mordtmann ohne Rückhalt dahin ausgesprochen, dass die Pforte den Weltkrieg dazu benutzen wollte, um mit ihren inneren Feinden – den einheimischen Christen – gründlich aufzuräumen, ohne dabei durch die diplomatische Intervention des Auslandes gestört zu werden; das sei auch im Interesse der mit der Türkei verbündeten Deutschen, da die Türkei auf diese Weise gestärkt würde.« Mordtmann, Generalkonsul in Konstantinopel, berichtete seinerseits im gleichen Monat, dass es nicht um die einfache Deportation der Armenier aus militärischen Gründen ginge, »es handelt sich vielmehr, wie mir Talaat Bej vor einigen Wochen sagte, darum, die Armenier zu vernichten«.[4]

Deshalb wurden auch die Gebiete in Ostanatolien, aus denen die Armenier in die unwegsamen Wüstengegenden Mesopotamiens abtransportiert wurden, immer mehr ausgeweitet, nachdem einmal mit dem Prozess begonnen worden war. Je mehr Menschen bei den Transporten umkamen, desto besser, lautete der obwaltende Grundsatz. Den Befehl zur Deportation der Armenier unterzeichnete der türkische Innenminister Talaat Pascha am 27. Mai 1915. Mit diesem Gesetz wurden die Sicherheitskräfte angewiesen, die Armenier einzeln oder insgesamt zu deportieren. Der Armee wurde befohlen, Opposition oder bewaffneten Widerstand gegen Befehle der Regierung, gegen die Landesverteidigung oder gegen die öffentliche Ordnung unverzüglich mit militärischer Gewalt in härtester Form »zur Raison zu bringen«. Übertretungen und Widerstand, hieß es, seien von »Grund auf zu vernichten«.[5]

Mit diesem Gesetz begann die eigentliche Katastrophe. »Bei den Deportationen im Juni, Juli und August 1915 wurden die Menschen gnadenlos wie Vieh durch die glühend heißen, baum- und wasserlosen Gebirgstäler Anatoliens getrieben. […] Geschätzt wird, dass von den verschleppten Armeniern nur knapp ein Drittel das Deportationsziel, die Ränder der mesopotamischen Wüste, erreichten.«[6]

Umsiedlung nannten das die offiziellen türkischen Stellen. »Ich behaupte aber, dass dies, gelinde gesagt, ein Wortmissbrauch ist«, erregt sich Lepsius bei seinem Treffen mit Enver Pascha in Franz Werfels Roman. »Kann man ein Volk von Bergbauern, von Handwerkern, Städtern, Kulturmenschen mit einem Federstrich in der mesopotamischen Wüste und Steppe ansiedeln, in einer ozeanweiten Einöde, die sogar von Beduinenstämmen geflohen wird? Und selbst dieses Ziel ist doch nur eine Finte. Denn die Ortsbehörden richten die Deportationen so ein, dass die Elenden schon während der ersten acht Tagesmärsche durch Hunger, Durst, Krankheit umkommen oder wahnsinnig werden, dass man die widerstandsfähigen Knaben und Männer durch Kurden oder Banditen, wenn nicht gar durch Militär, umbringen lässt, dass die jungen Mädchen und Frauen der Schändung und Verschleppung geradezu aufgedrängt werden …«[7]

Bei dieser von Menschenhand angerichteten Katastrophe kamen nach Schätzungen mindestens 300 000, möglicherweise aber sogar 1,5 Millionen Armenier um. Weniger bekannt ist, dass die Behörden zugleich eine brutale Politik der Zwangsislamisierung armenischer Christen betrieben. In ihrer Verzweiflung, um dem Tod oder der Deportation zu entgehen, sind ganze Familien zum Islam übergetreten. »Diese Vorgänge erinnern an die Zwangstaufen der Juden im 15. Jahrhundert in Spanien. Wer dort nicht zum Christentum übertrat, starb auf dem Scheiterhaufen. Ähnlich war die Politik der osmanisch-türkischen Behörden, die in ihrem Wahn, ganz Anatolien islamisieren zu wollen, christliche Kirchen schlossen, Priester und Prediger töteten oder deportierten.«[8]

Die Türkei weigert sich, dieses Massaker, das vom Osmanischen Reich zu verantworten war, als Völkermord anzuerkennen. Sie besteht darauf, dass die Deportation der Armenier eine vom Krieg bedingte und letztlich als legitim anzusehende Maßnahme war. Eine Haltung, die die Aufnahme Ankaras in die EU zusätzlich erschwert.

Wie aus den oben erwähnten Berichten deutscher Diplomaten hervorgeht, die in jener Zeit in der Türkei Dienst taten, waren Einzelheiten über die Grausamkeiten in Deutschland relativ früh bekannt. In den Arm sind die Deutschen ihren damaligen Bundesgenossen nicht gefallen. Eine Mitverantwortung Deutschlands an der Untat ist offenkundig.

Das folgt nicht zuletzt aus der personellen Präsenz hochrangiger deutscher Diplomaten und Offiziere in Konstantinopel. Als starker Mann in der Metropole des osmanischen Reiches galt in den Jahren 1914 und 1915 Freiherr von Wangenheim. Der Botschafter des deutschen Reiches am Bosporus war ein ergebener Exekutor des kaiserlichen Willens. Er war – bis zu seinem frühen Tode im Herbst 1915 – »der einzige Mensch, der das Morden an den Armeniern im Jahr 1915 hätte stoppen können«, schrieb der US-Botschafter in Konstantinopel, Morgenthau. Doch er habe es nicht getan.[9] Womit er, was Wunder, völlig auf der Linie der deutschen Reichregierung lag.

Die hatte weitreichende Pläne in der Region. Als der Nachfolger von Wangenheims, Paul Graf Wolff Metternich zur Gracht, den einzigen ernsthaften deutschen Versuch zur Beendigung des Mordens unternahm, griff Reichskanzler Theobald von Bethmann Hollweg persönlich ein. »Unser Ziel ist es, die Türkei bis zum Ende des Krieges an unserer Seite zu halten, gleichgültig ob darüber Armenier zugrunde gehen oder nicht. Bei länger andauerndem Krieg werden wir die Türken noch sehr brauchen«, wies der Regierungschef das Auswärtige Amt an.[10]

Hunderte deutscher Offiziere haben damals im Dienst der Türkei gestanden und einige von ihnen nahmen sogar an der Planung und Durchführung der Deportationen teil. »Daraus ergibt sich, dass die Reichsregierung in Berlin weit tiefer in die Vorgänge des Genozids verstrickt gewesen ist, als sie seinerzeit zuzugeben bereit war. Auch das Armenien-Bild der deutschen Politiker und Militärs jener Jahre war vorurteilsgeladen. Bezeichnend war eine Bemerkung des Generals Fritz Bronsart von Schellendorf, damals Chef des osmanischen Feldheeres in Istanbul. ›Der Armenier ist wie der Jude‹, bemerkte er Anfang 1919, ›außerhalb seiner Heimat ein Parasit, der die Gesundheit des anderen Landes, in dem er sich niedergelassen hat, aufsaugt. Daher kommt auch der Hass, der sich in mittelalterlicher Weise gegen sie als unerwünschtes Volk entladen hatte und zu ihrer Ermordung führte‹.«[11]

Die Parallelen zur späteren Judenverfolgung in Deutschland sind unübersehbar. Aber der Bundestag hat sich in der Vergangenheit immer davor gedrückt, den Völkermord an den Armeniern ausdrücklich anzuerkennen oder an die Mitschuld der Deutschen zu erinnern. Vermutlich soll der Nato-Partner Türkei nicht verärgert werden, ebenso wenig die zwei Millionen in Deutschland lebenden Türken. Im Jahr 2005 verabschiedete der Bundestag zwar eine Entschließung zum Gedenken an die türkischen Massaker an den Armeniern. Darin wird die Bundesregierung aufgefordert, »dabei mitzuhelfen, dass zwischen Türken und Armeniern ein Ausgleich durch Aufarbeitung, Versöhnen und Verzeihen historischer Schuld erreicht wird«. Das Wort »Völkermord« fällt aber nicht.[12]

Es sollte bis zum April 2015 dauern, ehe sich alle Fraktionen des Bundestages diesen Begriff zu Eigen machten. In der Debatte zum 100. Jahrestag der Massaker an den Armeniern im Osmanischen Reich fand Bundestagspräsident Norbert Lammert endlich deutliche Worte: »Völkermord ist ein Straftatbestand des Völkerrechts für Taten mit der Absicht, eine nationale, ethnische, rassische oder religiöse Gruppe als solche ganz oder teilweise zu zerstören. Das, was mitten im Ersten Weltkrieg im Osmanischen Reich stattgefunden hat, unter den Augen der Weltöffentlichkeit, war ein Völkermord. Er ist nicht der letzte im 20. Jahrhundert geblieben.«[13]

Kanzlerin Angela Merkel und ihre Minister verfolgten die Debatte schweigend, niemand griff in die Debatte ein. In der Regierung ist das Wort vom »Völkermord« noch immer tabu. Bundespräsident Joachim Gauck dagegen hatte es am Vorabend der Parlamentsdebatte in einem ökumenischen Gottesdienst in Berlin benutzt. Zunächst hielt er sich an die Fassung, die mit Vertretern des Bundespräsidialamtes, des Auswärtigen Amtes und den Merkel-Beratern abgestimmt worden war. »Das Schicksal der Armenier steht beispielhaft für die Geschichte der Massenvernichtungen, der ethnischen Säuberungen, der Vertreibungen, ja der Völkermorde, von der das 20. Jahrhundert auf so schreckliche Weise gezeichnet ist«, sagte Gauck. Doch in seiner bekannt direkten Art fügte er dann hinzu: »In diesem Fall müssen auch wir Deutsche insgesamt uns noch der Aufarbeitung stellen, wenn es nämlich um eine Mitverantwortung, unter Umständen sogar Mitschuld, am Völkermord an den Armeniern geht.«[14] Dafür wurde er von türkischen Medien dann heftig angefeindet.

Nur wenige Tage zuvor hatte das Europaparlament eine Entschließung verabschiedet, in der es die Türkei und Armenien anlässlich des

100. Jahrestages des Völkermordes an den Armeniern aufforderte, ihre diplomatischen Beziehungen zu erneuern, die gemeinsame Grenze zu öffnen und die wirtschaftliche Integration zu verbessern. Die Türkei wurde aufgefordert, den Völkermord an den Armeniern anzuerkennen und so den Weg für eine »wirkliche Aussöhnung« zu ebnen.[15]

Es gibt bereits eine ganze Reihe von Parlamenten, die entsprechende Resolutionen verabschiedet haben, beispielsweise Russland (1995), die EU-Staaten Griechenland (1996), Belgien (1998), Italien (2000), Schweden (2000) und Frankreich (2001). In Frankreich steht die Leugnung des Genozids an den Armeniern, wie auch des Holocausts an den Juden, unter Strafe.

Berg-Karabach – die armenische Sicht

Araik verdiente sich den Unterhalt für seine in Jerewan lebende Familie, indem er Datschen für zahlungskräftige Russen am Stadtrand von Moskau baute. Das war ein hartes Brot, den ganzen Sommer brachte er fern der Heimat zu, arbeitete schwer, exakt und zuverlässig. Er schlief auf der Baustelle. Und wenn der Hausherr am Wochenende kam, briet er abends prächtige Schaschliks, »die besten nördlich des Kaukasus«, wie er fröhlich behauptete, und war auch dem Wodka durchaus zugeneigt.

Ob er denn keine Angst habe, so allein auf der Datscha zu übernachten? Hier könne sich ja auch Gesindel herumtreiben, Banditen auf der Suche nach Wertgegenständen oder Lebensmitteln? Araik, klein, drahtig und muskulös, lächelte mit seinem Mund voller Goldzähne. Er sei ein ehemaliger Oberstleutnant der armenischen Armee, er habe im Karabach-Krieg gekämpft. »Da hat man keine Angst mehr. Wenn ich zu Hause bin, gehe ich manchmal jetzt noch zu den jungen Burschen an der Grenzlinie, zeige ihnen, wie man kämpft, wie man sich im Gelände verhält und was ein Soldat sonst noch wissen muss«, erzählte er freizügig.

Aber auf die Frage, wie es gewesen sei im Krieg, wurde er einsilbig. »Wir haben sie gejagt, sie sind gerannt«, sagte er und fügte ein paar Gläser später nachdenklich hinzu: »Ich weiß nicht, ob Gott mir je verzeiht, was wir mit den Aserbaidschanern gemacht haben.« Und dann schwieg er, nie wieder kam er auf dieses Thema zurück.

So kann ich nur vermuten, ob er an jenem Massaker in Chodschali teilgenommen hat, das die Aserbaidschaner den Armeniern zuschreiben, oder ob er sich an andere schlimme Dinge erinnerte, die er während des Krieges angerichtet hat. In Chodschali hätten die Armenier am 26. Februar 1992 während des Karabach-Krieges 600 oder sogar 1000 Azeris – Männer, Frauen und Kinder – massakriert, sagt die aserbaidschanische Seite. Jerewan hat das immer zurückgewiesen und sprach lediglich von einer militärischen Operation. Dabei, so wird eingeräumt, seien auch Frauen und Kinder umgekommen, als Chodschali mit schweren Waffen beschossen wurde. Sie hätten die angebotenen Fluchtkorridore nicht genutzt und seien in der Stadt geblieben.

Allein diese Episode aus dem Karabach-Krieg macht die diametralen Positionen deutlich, wie sie auch die Betrachtung des gesamten Konflikts durchziehen. Denn ebenso wie die Aserbaidschaner ein historisches Anrecht auf Berg-Karabach geltend machen, wähnen sich die Armenier bei ihren Ansprüchen im Recht. Sie leiten sie aus ihrer langen, von vielen Besetzungen des Landes geprägten Geschichte her.

Berg-Karabach, so ihre Überzeugung, ist historisches Siedlungsgebiet der Armenier. Hier hätten immer nur Armenier gelebt. Aber das stimmt so nicht. Im Mittelalter hatten sich hier noch Reste des armenischen Staates in Form kleiner Fürstentümer halten können, als die anderen Teile des Landes schon okkupiert worden waren. Nachdem Armenien zunächst zwischen Byzanz und Iran, später zwischen Arabern und Türken geteilt worden war, siedelten sich in Arzach immer mehr Türken an. Sie kamen und nannten die Region Karabach – schwarzer Garten.

Als der Transkaukasus im 19. Jahrhundert ans russische Imperium angegliedert wurde, geriet ein Teil von Karabach-Arzach unter die Verwaltung des Gouvernements Jerewan, der andere wurde dem Gouvernement Jelisawetpolsk – heute Stepanakert – zugeschlagen. Nachdem die drei transkaukasischen Republiken Aserbaidschan, Armenien und Georgien nach dem Ersten Weltkrieg kurzzeitig unabhängig geworden waren, gehörte es zeitweilig zu Armenien.

Infolge des 1921 unterzeichneten türkisch-sowjetrussischen Friedensschlusses von Kars wurde Berg-Karabach als autonome Region Aserbaidschan zugeschlagen, die Armenier zogen teilweise ab und ließen sich im aserbaidschanischen Sumgait nieder. Aber, darauf legen sie Wert, sie haben in Berg-Karabach immer zahlenmäßig dominiert. Der Karabach-Konflikt war auch in sowjetischer Zeit bis 1987 immer latent vorhanden. In dieser Phase, so meint man in Jerewan, hätten die Machthaber in Baku absichtlich die wirtschaftliche und soziale Entwicklung der Karabach-Armenier gebremst, ihre ethnokulturelle Identität unterdrückt und eine zielgerichtete Veränderung der Demografie im Interesse der Aserbaidschaner betrieben. Die Armenier hätten sich immer dagegen gewehrt.

In einer Anhörung vor dem armenischen Parlament im März 2005 machte der damalige Sekretär des Sicherheitsrates und Verteidigungsminister Sersch Sargsjan, seit April 2008 Präsident des Landes, das Zentralkomitee der Kommunistischen Partei in Moskau für den Ausbruch des Konflikts verantwortlich. Von dort seien widersprüchliche Signale ausgegangen, »die einerseits die armenische Seite ermunterten, den Weg für die demokratische Selbstbestimmung der Armenier in Berg-Karabach zu suchen, und andererseits Aserbaidschan aufstachelten, hart jeder Veränderung des Status von Karabach entgegenzutreten und dabei die Prinzipien der territorialen Integrität und der Nichteinmischung in die inneren Angelegenheiten zu betonen«. Es gebe Grund zu der Annahme, sagte Sargsjan weiter, »dass die massenhaften Pogrome und Morde an der friedlichen armenischen Bevölkerung von Sumgait, Kirowabad und Baku, aber auch die ethnische Säuberung in Nord-Arzach mit Wissen des ZK der KPdSU stattgefunden haben«.[16]

Als die Autonome Region 1989 ihren Austritt aus der noch sowjetischen Republik Aserbaidschan erklärte, kam es zum Krieg. Die Armee von Arzach – unterstützt von russischen »Beratern«, genauer gesagt, des in Stepanakert stationierten russischen 366. motorisierten Schützenregiments, sowie von Freiwilligen aus Armenien und der Diaspora, darunter Angehörige der seit 1975 im Ausland agierenden armenischen Terrororganisation ASLA – siegte. Sie nahm das Gebiet von Berg-Karabach und den sogenannten Latschin-Korridor ein, der die Enklave mit Armenien verbindet. Bis heute hält sie weitere sieben aserbaidschanische Rayons besetzt, die als »Sicherheitszone« bezeichnet werden.

Armenien hält diese Situation aus historischen, politischen und auch humanitären Gründen für gerechtfertigt. Mehrfache Aufforderungen des UN-Sicherheitsrates, die besetzten Territorien zu räumen, wurden ignoriert. Im Frühjahr 2008 versuchte es Aserbaidschan noch einmal mit einem diplomatischen Frontalangriff. Präsident Alijew ließ einen Resolutionsentwurf in der UN-Vollversammlung einbringen, in der der sofortige Abzug der armenischen Kräfte von den besetzten aserbaidschanischen Territorien und die Bestätigung des Anspruchs Aserbaidschans auf Berg-Karabach gefordert wurden. Der Antrag fand am 14. März eine Mehrheit. Allerdings stimmten Russland, die USA und Frankreich dagegen.[17] Vertreter dieser drei Länder wechseln sich im Vorsitz der von der europäischen Organisation für Sicherheit und Zusammenarbeit (OSZE) ins Leben gerufenen Minsker Gruppe ab, die sich seit 1992 um eine Friedenslösung in der Karabach-Frage bemüht. UN-Resolutionen haben jedoch nur Empfehlungscharakter.

Auch der OSZE steht nur die Macht des Wortes zur Verfügung. Das versucht sie innerhalb der Minsk-Gruppe unermüdlich zu nutzen, um das Karabach-Problem einer Lösung näherzubringen. Verhandelt wird in dem Zusammenhang über den Rückzug der armenischen Streitkräfte aus den okkupierten Gebieten der Republik Aserbaidschan, über die Rückkehr der Flüchtlinge nach Berg-Karabach und Garantien für ihre Sicherheit sowie den Status der Armenier in Berg-Karabach und die Schaffung eines Korridors zwischen Armenien und Berg-Karabach und dessen internationaler Schutz.

Insbesondere um den Status von Berg-Karabach, das sich einseitig für unabhängig erklärt hat, wird zäh gerungen. Bislang ohne Ergebnis. Erst im April 2015 kamen die Co-Vorsitzenden der Minsk-Gruppe der OSZE[18] separat mit den Außenministern Aserbaidschans und Armeniens, Elmar Mammadyarov und Edward Nalbandian. Beiden Ministern wurde im Vorfeld der für den 3. Mai anberaumten »Parlamentswahlen« in Berg-Karabach noch einmal der Standpunkt der OSZE deutlich gemacht.

Man anerkenne zwar die Rolle des Volkes von Berg-Karabach bei der Entscheidung über seine Zukunft. »Aber keines von unseren drei Ländern (USA, Frankreich, Russland), kein einziges anderes Land, anerkennt Nagorny Karabach als unabhängigen und souveränen Staat. Dementsprechend akzeptieren wir die Ergebnisse dieser ›Wahlen‹ nicht, soweit sie den gesetzlichen Status von Nagorny Karabach berühren.« Der Ausgang der Wahlen könne »in keiner« Weise den endgültigen Status von Nagorny Karabach oder die laufenden Verhandlungen über eine friedliche Lösung vorbestimmen, teilten die Co-Vorsitzenden den beiden Außenministern mit.[19] Dieser Grundsatz wird auch von der Nato geteilt.

In Berg-Karabach lebten 1991 noch 194 000 Menschen, 145 000 davon Armenier. Heute wird die Gesamteinwohnerzahl mit 145 000 angegeben, davon leben 40 000 in der Hauptstadt Stepanakert, die 1991 noch 52 200 Einwohner hatte. Aserbaidschaner wird man in Berg-Karabach vergeblich suchen. Sie mussten während des Krieges fliehen. Insgesamt sind eine Million Menschen auf beiden Seiten infolge des Krieges heimatlos geworden.

Es wird viel gebaut in Stepanakert, die Kriegsspuren scheinen auf den ersten Blick weitgehend beseitigt. Die Geschäfte sind nobler, die Parks gepflegter, die Autos teurer als in den meisten Gegenden Armeniens. Doch nur wenige Schritte abseits der Hauptstraße bieten dem Verfall preisgegebene Hinterhöfe einen trostlosen Anblick. Die Arbeitslosigkeit ist hoch, weit höher als die offiziell angegebenen zehn Prozent.

Berg-Karabach ist traditionell eine Region, die von der Landwirtschaft lebte. Der »schwarze Garten« ist dank der intensiven Sonnenstrahlung und dem Regen, der meist in den Abendstunden fällt, äußerst fruchtbar. Doch der Haupterwerbszweig der Karabacher liegt seit dem Krieg darnieder. Früher wurden jedes Jahr 160 000 Tonnen Wein geerntet, jetzt sind es nur noch etwas über 3000 Tonnen. Teilweise reicht die eigene Produktion landwirtschaftlicher Erzeugnisse wie Weizen, Kartoffeln oder Tomaten nicht einmal für die Selbstversorgung, sie müssen aus Armenien herangeschafft werden. Weite Landstriche sind von Minen regelrecht verseucht, sie machen Landwirtschaft und auch den durchaus denkbaren Tourismus unmöglich.[20]

Erfolglose Fußball-Diplomatie

Eigentlich war es nur ein Fußballspiel. Zwei Nationalmannschaften trafen sich, es ging um profane Punkte in der WM-Qualifikation an jenem 8. September 2008 in Jerewan. Das Besondere, das geradezu Außergewöhnliche bestand darin, dass sich erstmals die Teams von Gastgeber Armenien und dem Erzfeind Türkei gegenüberstanden.

An diesem Septembertag 2008 aber schien eine neue Zeit angebrochen. Der armenische Präsident Sersch Sargsjan hatte – ein bis dahin einmaliger Vorgang – den türkischen Staatspräsidenten Abdullah Gül nach Jerewan eingeladen, um sich das Fußballspiel anzusehen. Und der war, ungeachtet wütender Proteste in seiner Heimat, auch gekommen. Die armenische Fußballföderation hatte ihm die Entscheidung erleichtert, indem sie noch kurz vor der Begegnung den heiligen Berg Ararat aus ihrem Logo entfernte.

Gül wurde dann zwar mit einer Demonstration und Transparenten wie »Recognize the genocide« begrüßt, aber ansonsten blieb alles friedlich. Sogar türkische Fans kamen nach Jerewan, die armenische Regierung hatte ihnen aus diesem Anlass die Visumpflicht erlassen. Selbst der ansonsten zum Jähzorn neigende türkische Nationaltrainer Fatih Terim gab sich handzahm. »Ich glaube, dass wir mit der Magie des Sports Millionen für eine verständnisvollere und friedlichere Welt gewinnen können«, sagte er in einem Grußwort an die Fans. »Lasst uns keine Zeit mit alten Gegensätzen, Ängsten und bedeutungslosen Diskussionen verlieren.« Was von den stets misstrauischen Armeniern natürlich prompt als Aufforderung verstanden wurde, nicht über den Genozid zu reden.

Dennoch zeichnete sich mit diesem historischen Treffen in der armenischen Hauptstadt eine leichte Erwärmung des Klimas zwischen beiden Ländern ab. Inzwischen hält der armenische Präsident auch diplomatische Beziehungen zu Ankara ohne Vorbedingungen für möglich. »Ich denke, dass eine Aufnahme diplomatischer Beziehungen den Interessen Armeniens und der Türkei entspricht, wobei es nicht so wichtig ist, welche Seite die Initiative ergreift. Es ist wichtig, dass wir die diplomatischen Beziehungen ohne Vorbedingungen aufnehmen können«, sagte er im November 2008 in einem Fernsehinterview. Neu war in dem Zusammenhang auch, dass er die Anerkennung des Genozids durch die Türkei nicht mehr als Voraussetzung für einen solchen Schritt einklagte.[21] Einen weiteren Schritt zur Annäherung vollzogen beide Staaten in der Nacht zum 23. April 2009 in Bern. Dort hatten seit zwei Jahren ganz im Geheimen armenische und türkische Unterhändler unter Schweizer Vermittlung getagt und nach Möglichkeiten gesucht, ihre Beziehungen zu verbessern. Das Ergebnis war ein »Fahrplan«, der den Weg zu einer politischen Normalisierung ebnen soll. Beide Seiten wollten ihre Beziehungen in gutnachbarschaftlichem Geist und gegenseitigem Respekt entwickeln, hieß es in einer Mitteilung des Schweizer Außenministeriums. Bei den Verhandlungen hätten die Parteien »greifbare Fortschritte erzielt und gegenseitiges Verständnis wecken können«.[22]

Der zarte Prozess der Entspannung geriet indes 2010 ins Stocken. Die Ratifizierung der armenisch-türkischen Protokolle, mit denen die Beziehungen normalisiert werden sollten, wurden im Mai 2010 im armenischen Parlament von der Tagesordnung genommen. Sie waren auf Druck der USA und der EU zustande gekommen und sollten die Grundlage dafür bilden, die 325 Kilometer lange Grenze wieder zu öffnen, einen Zeitplan für die Wiederaufnahme der diplomatischen Beziehungen festzulegen sowie eine Expertenkommission einzusetzen, die das Massaker an den Armeniern untersuchen sollte.

Daraus wurde nichts. In Jerewan wurde das mit dem Hinweis begründet, die Türkei weigere sich ihrerseits, die Protokolle ohne Vorbedingungen in angemessener Zeit zu ratifizieren.[23] Hintergrund für das vorläufige Scheitern eines hoffnungsvollen Prozesses waren offenbar scharfe Töne aus Baku. Dort sah man seine Interessen in Berg-Karabach angesichts des armenisch-türkischen Schmusekurses gröblichst verletzt. Es gab »wütende Proteste«, die aserbaidschanische Führung lief gegen die geplante Normalisierung Sturm. Sogar mit dem Ende der Gasversorgung drohten die Aserbaidschaner, sollten die Türken ihr Verhältnis zu den Armeniern normalisieren, bevor diese die umstrittene Enklave Berg-Karabach und angrenzende aserbaidschanische Territorien geräumt hätten.[24]

In der Folge bewegte sich praktisch nichts mehr in der Konfliktregion. Bis heute beharren die Seiten auf ihren Maximalforderungen. Auch von dem an sich interessanten türkischen Vorschlag für einen Kaukasus-Pakt ist gegenwärtig nichts mehr zu hören.

Der damalige türkische Ministerpräsident Tayyip Erdoğan, heute Präsident des Landes, hatte bereits im August 2008, als in Georgien noch gekämpft wurde, die Gründung einer Kaukasus-Allianz für Frieden und Sicherheit angeregt. Der sollten sich nach türkischer Vorstellung Georgien, Armenien, Aserbaidschan sowie die Türkei und Russland anschließen. Im Rahmen dieser Organisation sollten dann die Probleme besprochen werden, die die Region so instabil machen. Das ist in erster Linie der Karabach-Konflikt, aber es existiert auch der Streit um die türkisch-armenische Grenze, es gibt Flüchtlingsprobleme, Transit- und Wirtschaftsfragen müssen geklärt, vertrauensbildende Maßnahmen angeschoben werden.

Für die Regierung in Jerewan ist das türkische Gebiet jenseits der Grenze noch immer »Westarmenien«. Auch wenn der Vorgänger von Präsident Sersch Sargsjan, Robert Kotscharjan, seinerzeit eingeräumt hatte, dass Armenien keine Mittel habe, diese Gebiete zurückzubekommen, so wollte er dennoch den Vertrag von Kars nicht schriftlich bestätigen. Mit dem Vertrag von Kars vom 23. Oktober 1921 war der Verlauf der Grenze zwischen den Sowjetrepubliken im Kaukasus und der Türkei festgelegt worden. Bis heute ist dies die Trennlinie zwischen Armenien und der Türkei.

Eingedenk schlechter Erfahrungen möchte Ankara von Jerewan schriftlich bestätigt haben, dass Armenien den Vertrag und damit die gemeinsame Grenze anerkennt. Nach dem Ende des Zweiten Weltkriegs hatte nämlich Stalin die Annullierung des Vertrages von Kars gefordert. Seine Begründung: Der Sowjetunion als Staat der Armenier stünden die Provinzen Kars und Ardahan als Entschädigung für den Völkermord zu. Er ließ damals sogar Truppen aufmarschieren. Vor einer eventuellen Wiederholung der Ereignisse möchten sich die Türken natürlich schützen.

Mit der Kaukasusallianz – wenn sie denn zustande käme, was bei so gegensätzlichen Polen wie Georgien und Russland oder Armenien und Aserbaidschan noch in den Sternen steht – hätte Armenien die Chance, seine weitgehende Isolierung aufzubrechen. Wegen des Karabach-Konflikts ist Jerewan einem aserbaidschanischen und türkischen Wirtschafts- und Verkehrsboykott ausgesetzt. Bislang gilt das Land als letzter Verbündeter Russlands in der Region.

Der schwierige Freund Russland

Es ist die russische Unterstützung, die Armenien und seinem Militär die Existenz sichert. Öl und Gas stammen aus russischen Quellen. Russland liefert die Waffen für Armeniens Armee. Die armenisch-türkische Grenze wird von russischen Soldaten bewacht. Direkte Präsenz zeigt Moskau vor allem mit der 102. russischen Militärbasis, die sich in Gjumri im Norden Armeniens befindet. Der Stützpunkt wurde 2010 ins diensthabende System der vereinigten Luftabwehr der GUS eingegliedert. Rund 5000 russische Militärangehörige bedienen dort S-300-Raketenabwehrsysteme sowie MiG-29-Jagdflugzeuge. Angesichts des ungelösten Karabach-Konfliktes und »sehr unfreundlicher Aktivitäten« der Türkei, so der armenische Ex-Präsident Robert Kotscharjan, sei die russische Militärbasis ein wichtiger Beitrag zur Erhaltung der Stabilität in der Region.[25]

Die Anwesenheit des russischen Militärs ist zunächst bis zum Jahr 2044 vertraglich geregelt. Die einheimische Bevölkerung begrüßte das. »Wir lieben die Russen, wir wollen, dass sie für immer hier bleiben«, sagte eine der Frauen auf dem Markt von Gjumri in einer ZDF-Reportage. Vermutlich hat sie dabei weniger die militärstrategischen Zusammenhänge im Sinn, sondern eher die Realitäten ihres Alltagslebens. Sie und die anderen Marktfrauen in Gjumri wissen, dass die Kaufkraft der dort stationierten Russen ein wichtiger Beitrag für die Erhaltung ihres bescheidenen Lebensstandards ist.

Allerdings äußerte sie ihre Meinung noch vor der Bluttat, die ein russischer Militärangehöriger der 102. Basis im Januar 2015 verübte. Waleri Permjakow, ein Soldat des Grundwehrdienstes, hatte eine sechsköpfige armenische Familie brutal ausgelöscht. Permjakow, den die russischen Behörden inzwischen als unzurechnungsfähig erklärt haben, war aus seiner Einheit geflohen. Er wurde von russischen Grenzern aufgegriffen. In Gjumri kam es danach zu Massenunruhen. Die Einwohner verlangten die Herausgabe des geständigen Täters.

Ruhe zog, zumindest teilweise, erst wieder ein, nachdem die Behandlung des Falls im Juni an die armenische Untersuchungsbehörde übergeben worden war.

Auch auf dem Felde der Wirtschaft ist das Verhältnis zu Russland nicht ungetrübt. Moskau hat sich seine weitreichende Unterstützung, seine Waffen- und Energielieferungen, die das arme Armenien nicht bezahlen konnte, teuer entgelten lassen. Große Teile der armenischen Wirtschaft sind bereits in russischen Besitz übergegangen.

Die Folgen bekamen die Armenier 2015 besonders deutlich zu spüren. Es wurde ein heißer Sommer, den sich die Führung des Landes und die russischen Besitzer des Energiewesens selbst organisiert hatten. Die Kommission für öffentliche Dienstleistungen Armeniens beschloss am 17. Juni 2015, die Tarife für Elektroenergie vom 1. August an um 16,7 Prozent zu erhöhen. Das war dem einzigen Stromversorger des Landes, dem Unternehmen »Stromnetze Armeniens«, nicht genug. Er forderte sogar eine Erhöhung um 40,8 Prozent.[26] Das trieb die Einwohner von Jerewan auf die Straßen. In friedlichen Sitzstreiks verlangten sie die Rücknahme der geplanten Tariferhöhungen. Immerhin war das bereits die dritte Erhöhung innerhalb von zwei Jahren. Als die Führung des Landes sich weigerte, über die Tariferhöhungen überhaupt nur zu reden, weiteten sich die ursprünglich nur auf die Hauptstadt Jerewan begrenzten Proteste zeitweilig auch auf Provinzstädte wie Gjumri und Sewan aus.

Die Firma »Stromnetze Armeniens« begründete ihren Entschluss mit dem Hinweis auf »finanzielle Schwierigkeiten« und dem teuren Ankauf von Elektroenergie. Das war für die Armenier, die in einem der ärmsten Länder des postsowjetischen Raumes leben, kein überzeugendes Argument. Vier Tage lang blockierten sie den Freiheitsplatz im Zentrum der Hauptstadt. Dann wurden die Demonstranten von der Polizei unter Einsatz von Wasserwerfern angegriffen. Es gab zahlreiche Verletzte, mehr als 230 Demonstranten wurden verhaftet. Präsident Sargsjan lenkte ein und versprach, dass die Differenz zwischen dem bisherigen und dem neuen Preis aus der Staatskasse gezahlt werden solle.

Der Kremlapologet und ehemalige russische Duma-Abgeordnete Sergej Markow – ich traf ihn zu Beginn der 2000er-Jahre in Moskau, als er sich noch als Gesprächspartner mit liberalen, demokratischen Ansichten anbot – sah in den Ereignissen in Jerewan, wie viele seiner russischen Berufskollegen, »den Versuch einer bunten Revolution, die vom Ausland angeordnet wurde«. Angeblich Maidan-erfahrene Organisatoren hätten die Leute auf die Straße gebracht »als Reaktion auf die Ablehnung der semi-kolonialen Assoziationsvereinbarung mit der EU und dem Beitritt zur die Eurasischen Union«.[27]

Diese Kehrtwendung hatte allerdings schon im September 2013 stattgefunden. Nach jahrelangen Verhandlungen hatte die armenische Regierung, auch unter dem Druck erhöhter russischer Gaspreise, dem angestrebten Assoziierungsabkommen mit der EU eine Absage erteilt. Stattdessen trat Armenien auf Betreiben Moskaus zum Jahresbeginn 2014 der Eurasischen Union bei, dem Lieblingsprojekt von Kremlchef Putin. Kasachstan, Russland und Weißrussland gehören ebenfalls dazu. Sollten sich die Armenier tatsächlich so lange geduldet haben, um dann in Empörung auszubrechen? Tatsächlich waren der Bevölkerung sowohl das ursprünglich geplante EU-Abkommen, wie auch die Eurasische Union weitgehend egal. Im Zweifelsfall lag ihnen die Union mit Russland sogar näher. Es ging also bei den Protesten tatsächlich um die unzumutbaren Strompreise, wie die neu gegründete Bewegung »Nein zum Diebstahl« nachdrücklich deutlich machte.

Dass bei der Gelegenheit dann auch anti-russische Töne angeschlagen wurden, kann nicht verwundern. Denn die eigentlich Verantwortlichen für die Preiserhöhung saßen in Moskau. »Stromnetze Armeniens«, das die Tariferhöhung durchgesetzt hatte, befand sich zu dem Zeitpunkt zu 100 Prozent im Besitz der russischen Holding Inter RAO. Die wiederum ist eine Tochtergesellschaft des russischen Konzerns RAO EES. Aufsichtsratsvorsitzender von Inter RAO ist der Putin-Intimus Igor Setschin, Vorstandsvorsitzender ist Boris Kowaltschuk. Sein Vater Juri ist ebenfalls ein enger Freund des russischen Präsidenten Wladimir Putin und Chef der Bank »Rossija«. Juri Kowaltschuk und Partner hätten, so schrieb das in Russland erscheinende Wirtschaftsmagazin »Forbes«, die Bank praktisch »aus der Hand Putins« erhalten.

Sohn Boris löste im Sommer 2015 mit der letztlich von ihm zu verantwortenden Preiserhöhung die Unruhen in Armenien aus. Markows Versuch, »den Westen« verantwortlich zu machen für die Unruhen war billig, verfing aber in der von rüder Propaganda aufgeheizten russischen Öffentlichkeit. Die waren umso heftiger, da Armeniens Wirtschaft extrem eng an die russische Ökonomie gekettet ist. Die Verschlechterung der Wirtschaftslage, die Russland 2014 und 2015 traf, schlug direkt durch auf das schwache Armenien, wo sich Umfragen zufolge 80 Prozent der Jugend mit Auswanderungsgedanken tragen.

Auch Boris Kowaltschuk hatte offenbar kein Zutrauen mehr zu den

Perspektiven Armeniens, trotz Beitritt zur Eurasischen Union, die Putin sich als Gegenstück zur EU denkt. Kowaltschuk kam zu dem Schluss, dass in dem kleinen kaukasischen Land nichts mehr zu holen sein wird. Im September 2015, nach den von ihm verursachten Unruhen, zog er sich aus Armenien zurück. Er verkaufte das Energieunternehmen »Stromnetze Armeniens« an die in Russland agierende Unternehmensgruppe »Taschir«, die sich im Besitz des Armeniers Samwela Karapetjan befindet. Karapetjan erwarb das verlustbringende armenische Energieunternehmen dem Vernehmen nach für rund eine Milliarde US-Dollar. Er versprach angeblich, die von der armenischen Regierung zugesagte Kompensation für den erhöhten Energiepreis zur Hälfte aus eigener Tasche zu zahlen.[28]

Derweil versucht die armenische Führung, sich ganz vorsichtig auch andere Optionen offenzuhalten. Die Nato, meinte Präsident Sargsjan in einem TV-Interview schon November 2008, solle in der Kaukasus-Region eine aktive Rolle spielen. »Armenien tritt für eine Vertiefung der Beziehungen zur Nato im Rahmen der Partnerschaftsinitiative ein. Wir nehmen an Manövern und anderen Veranstaltungen der Nato teil. Wir betrachten die Zusammenarbeit mit der nordatlantischen Allianz als untrennbaren Teil unserer eigenen Sicherheit«, sagte Sargsjan.[29] Armenien unterhält eine Ständige Vertretung bei der Nato in Brüssel, seit 1994 ist das Land Mitglied der Partnerschaft für den Frieden.

Mit dem Individual Partnership Action Plan (IPAP) wird ein Kooperationsprogramm umgesetzt, das auf demokratische, institutionelle und militärische Reformen in Armenien gerichtet ist. Außerdem beteiligt sich Armenien an von der Nato geführten Operationen. Armenische Truppen sind in Afghanistan bei ISAF (International Security Assistance Force) und in Kosovo bei KFOR (Kosovo Force) dabei.

Im April 2015 hat Armenien als 13. Land eine Selbsteinschätzung auf Grundlage des Nato-Fragenkatalogs in Brüssel vorgelegt. Damit ist der erste Schritt für die Umsetzung des Nato-Programms Building Integrity (BI) für Armenien getan. Das Programm bildet die Grundlage dafür, dass die Nato Armenien dabei unterstützen kann, seine nationalen Verteidigungskapazitäten zu verbessern und sowohl die Reformen als auch die Integrität, die Transparenz, die Berechenbarkeit und die verantwortungsvolle Führung (good governance) in seinem Verteidigungs- und Sicherheitssektor zu fördern.[30]

Ein Beitritt zum westlichen Bündnis steht allerdings nicht auf der Tagesordnung. Die Nato wird sich, vor allem nach den Ereignissen in

Georgien und der Ukraine, nicht mit noch einem Kandidaten aus einer Krisenregion belasten wollen, der – wie im Falle von Armenien – auch noch mit dem wichtigen Nato-Mitglied Türkei im Streit liegt. Die Armenier selbst haben kein Interesse daran, es sich mit ihrem stärksten und letztlich einzigen Bundesgenossen in Moskau zu verderben. Was unausweichlich wäre, sollten sie ernsthafte Beitrittsabsichten hegen. Aber, so mag man in Jerewan denken, es ist immer gut, sich alle Optionen offenzuhalten.

Staatspräsident Sersch Sargsjan hat auch in anderer Hinsicht – und dieses Mal im eigenen Interesse – langfristig vorgebaut. Er ließ im Dezember 2015 ein Referendum über Verfassungsänderungen abhalten. 63 Prozent der wahlberechtigten Armenier stimmten dafür, dass das bis dahin existierende Präsidialsystem durch ein parlamentarisches System ersetzt wird. Den Änderungen zufolge hat der Staatspräsident nur noch symbolische Macht und wird vom Parlament gewählt. Dafür gehen entscheidende Befugnisse, u. a. der Oberbefehl über die Streitkräfte, auf den Regierungschef über. Sargsjan, dessen zweite und letzte Amtszeit 2018 endet, könnte dann als Regierungschef weiterhin die Schalthebel der Macht bedienen, argwöhnen seine politischen Gegner.

Russlands muslimischer Nordkaukasus

Betrachtet man den ausnahmslos zu Russland gehörenden Nordkaukasus auf einer politischen Karte, breitet sich ein Flickenteppich aus. Auf einer Fläche von rund 111 000 Quadratkilometern drängen sich nicht weniger als sieben kleine Teilrepubliken der Russischen Föderation, in denen über sieben Millionen Menschen leben.

Das Band der muslimisch geprägten Republiken zieht sich von Dagestan im Osten über Tschetschenien, Inguschetien, Nordossetien, Kabardino-Balkarien, Karatschai-Tscherkessien bis nach Adygeja, das fast bis an die Küste des Schwarzen Meeres reicht. Doch auch die russisch-orthodoxen Regionen Stawropol und Krasnodar werden zum Gebiet des Nordkaukasus gerechnet, obwohl sie bereits in der Ebene liegen.

Der Nordkaukasus, dessen kulturelle und sprachliche Vielfalt immer wieder beeindruckt, ist Russlands permanente Problemzone. Die letzten Teile dieser Region fielen erst vor rund 150 Jahre nach blutigen Eroberungskriegen unter russische Herrschaft. Und auch danach hat es immer wieder Versuche der Kaukasier gegeben, sich von der Fremdherrschaft zu befreien. Für sie ist der Widerstand gegen Moskau ein wichtiger Teil ihrer gar nicht so fernen Geschichte, zumal zahlreiche Völker unter Stalin während des Zweiten Weltkriegs dann auch noch nach Mittelasien, Sibirien und in den Fernen Osten deportiert wurden. Der Drang, sich von der russischen Herrschaft zu befreien, ist permanent vorhanden. Zum Erstaunen der Russen, die nicht begreifen können, dass die Nordkaukasier – sicherlich in unterschiedlicher Intensität – das von Russland beanspruchte »naturgegebene« Recht auf eben diese Herrschaft als völlig ungerechtfertigt ansehen.

Seit den 90er-Jahren des vorigen Jahrhunderts, nach dem Ende der Sowjetunion, ist im Nordkaukasus eine junge Historikergeneration herangewachsen. Sie interpretieren die Geschichte aus der Sicht der dort lebenden Völker neu und kommen zu dem Schluss, dass sich das Russische Imperium in den vergangenen 200 Jahren im Nordkaukasus des Völkermordes und der massenhaften Vertreibung schuldig gemacht hat. Sie verlangen, dass internationale Organisationen diese Tatsache anerkennen. Sie haben die Hoffnung, dass irgendwann auch die Führung in Moskau ihnen historische Gerechtigkeit widerfahren lässt.

Die Zahl der im 18. Jahrhundert zwangsweise Deportierten und zur Emigration Gezwungenen ging in die Hunderttausende. Zwischen 1858 und 1865, als die Emigrationswelle am stärksten war, »verließen 439 194 Menschen den Nordkaukasus«. Die meisten von ihnen waren Schapsugen, Ubychen und Abadsechen, die zu den im Nordwestkaukasus lebenden Adygejern (dt.: Tscherkessen, engl. Cirkassians) gerechnet werden, sowie die ihnen sprachlich und kulturell nahestehenden Abchasen. Zwischen 1856 und 1925 flohen rund 40 000 Tschetschenen und Inguschen, fast ebenso viele Nogaier verließen den Nordkaukasus und das zur Region Krasnodar gehörende Kuban-Gebiet. Etwa 8000 bis 10 000 Osseten sowie zwischen 20 000 und 25 000 Dagestaner flüchteten in dieser Zeit aus dem russischen Imperium. Viele Historiker sind der Ansicht, dass diese sicherlich nicht vollständigen Zahlen künstlich niedrig gehalten wurden. So soll allein die Zahl der aus Russland in die osmanische Türkei geflüchteten Tscherkessen (Adygejer) bei 900 000 liegen. »Unter Berücksichtigung der hohen Sterblichkeit unter den Flüchtlingen wegen der Epidemien und der Schwere des Weges schätzen Marc Pinson und der türkische Historiker Kemal Karpat die Zahl der Emigranten auf 1,2 Millionen.« Mitglieder der tscherkessischen Diaspora sind sogar davon überzeugt, dass bis zu zwei Millionen Angehörige der Kaukasus-Völker in jenen Jahren aus Russland emigriert sind oder deportiert wurden.[1]

Unter diesem Aspekt gewinnt der Vorwurf Moskaus, im Nordkaukasus würden sich heute »internationale Terroristen« in die Geschicke Russlands einmischen, eine ganz andere Färbung. Neben den tatsächlich vorhandenen Terroristen handelt es sich bei den Kontakten der nordkaukasischen Völker ins Ausland offensichtlich um alte Stammes- und Familienbindungen, wie sie sich unter Kaukasiern auch über lange Zeitabschnitte und große Entfernungen hinweg stabil erhalten. So stammte der damalige Außenminister der tschetschenischen Regierung unter Präsident Dudajew, Shamsedin Alaedin Youssef, dem ich 1994 im noch existierenden, von Geschossen durchlöcherten Präsidentenpalast von Grosny begegnete, zwar aus dem Libanon. Aber er war Nachfahre der zur Zarenzeit aus dem Kaukasus emigrierten Tschetschenen. Sie haben vor allem in der Türkei eine starke Diaspora, die ihre Fäden sogar bis Deutschland zieht: Im Zuge der türkischen Emigration kamen auch viele Tschetschenen dorthin, in Berlin gibt es sogar einen tschetschenischen Kulturverein, der sich sehr um die Bewahrung der Kultur des tschetschenischen Volkes bemüht.

Vor diesem historischen Hintergrund, verschärft durch die aktuelle wirtschaftliche Not und das Anwachsen teilweise sehr radikaler islamischer Strömungen, bröckelt Russlands Position im Nordkaukasus, der eigentlich als Sicherheitszone, als Puffer gegen ausländische Einflüsse gedacht war. An der miesen Wirtschaftslage im Nordkaukasus hat sich in den vergangenen Jahren trotz eines allgemeinen Aufschwungs in Russland nur wenig geändert hat. »Die sowjetische Wirtschaft ist 1990/1991 zusammengebrochen, eine neue ist bis heute nicht entstanden«, erklärt die Historikerin Irina Babitsch die Situation in einem Gespräch in Moskau. Heute hängen die nordkaukasischen Autonomien noch immer am Tropf des Moskauer Budgets. Die Historikerin ist davon überzeugt, dass die Führung in Moskau diese Abhängigkeit begrüßt, wenn nicht sogar selbst herbeigeführt hat. »Solange der Nordkaukasus ökonomisch abhängig ist, bleibt er lenkbar. Würde sich eine wirtschaftliche Unabhängigkeit von den Dotationen aus der Zentrale entwickeln, entstünde damit ein Instrument zur Schaffung eines unabhängigen Staates.«

Um das zu verhindern, hat die Führung in Moskau in den nordkaukasischen Republiken Vertreter-Regimes installiert, die nur eine Aufgabe haben: Sie sollen für Ruhe und Ordnung in einer der sensibelsten Regionen der Föderation sorgen. Dafür fließt Geld in den Süden, das die Statthalter nach eigenem Gutdünken an ihre kleine Klientel verteilen. Bei der Bevölkerung kommt in der Regel wenig davon an. Nur wer sich den örtlichen Machthabern andient, wer ihnen behilflich ist, für die von Moskau verlangte Form von Sicherheit zu sorgen, kann auf eine Teilhabe an den Zuwendungen hoffen. Der Rest geht weitgehend leer aus, wird immer unzufriedener und muss niedergehalten werden.

Da das oft mit Willkür, Machtmissbrauch, Unterdrückung und sogar Mord einhergeht, ist dieses Konstrukt auf Dauer zum Scheitern verurteilt. Es bewirkt letztlich das Gegenteil von dem, was gewollt ist. Es weicht Russlands Einfluss im Nordkaukasus immer mehr auf. Dazu trägt natürlich auch der Islam bei, dessen Anhänger aufgrund der beschriebenen Konstellation längst Parallelstrukturen zur russischen Verwaltung gebildet haben, um ihre eigenen Interessen zu schützen.

Der islamistische Untergrund – das Emirat

Es war ein ganz normaler Tag in Nasran, der Hauptstadt von Inguschetien. Plötzlich gab es eine heftige Explosion, in einer Nebenstraße ging ein Kiosk in Flammen auf. Ein Kiosk, der Snickers, Mars, Limonade, Mineralwasser und Fruchtsäfte im Angebot hatte. Aber eben nicht nur das – es gab auch Bier. Doch der Verkauf von Bier darf nicht sein in Inguschetien. Im Prinzip gelten zwar in allen nordkaukasischen Autonomen Republiken die Gesetze der Russischen Föderation, aber die Realität sieht anders aus. Was erlaubt und verboten ist, bestimmen oft nicht die staatlich bestallten Ordnungshüter, sondern unsichtbare Strukturen im Untergrund.

Nicht nur in Inguschetien, auch in Dagestan, Tschetschenien, Kabardino-Balkarien und Karatschai-Tscherkessien gärt es unter der Oberfläche, Überfälle und Mordanschläge gehören dort ebenfalls zur Tagesordnung. Zielobjekte sind in der Regel Staatsbedienstete, Mitarbeiter der lokalen und föderalen Sicherheitsdienste, hohe Regierungsmitglieder sowie offizielle Vertreter eines gemäßigten Sufi-Islam, auf den sich die offiziellen lokalen Behörden stützen. Die Zahl der Anschläge ist allerdings seit den Olympischen Winterspielen, die im Februar 2014 in Sotschi abgehalten wurden, merklich zurückgegangen. Die Verantwortung für diese Terroranschläge übernehmen in der Regel Unterabteilungen des sogenannten Kaukasischen Emirats.

Der ehemalige tschetschenische Rebellenpräsident Doku Umarow hatte diese quasistaatliche Struktur 2007 ins Leben gerufen, um dem Kampf gegen die russischen Truppen und ihre Staathalter, wie die Rebellen es sehen, eine islamische Ausrichtung zugeben. Aus ehemaligen Nationalisten wurden Islamisten. Der Exil-Regierungschef der Rebellen, Achmed Sakajew, protestierte damals umgehend in seiner Londoner Zuflucht gegen die Spaltung der Rebellenbewegung im Nordkaukasus.

Mit der Ausrufung des Kaukasischen Emirats postulierte Umarow, dies sei nunmehr ein islamischer Staat, in dem die Scharia, das islamische Recht, zu gelten habe. Umarow wurde zwar 2013 bei einem Gefecht mit Sicherheitskräften getötet, aber das »Emirat« lebte zunächst weiter. Denn die Idee des selbsternannten Emirs (tschetschenisch: Amir) kam vielen Gläubigen im Norden des Kaukasus entgegen, denen genau diese Staatsform seit Langem vorschwebte. »Dort lebende Historiker behaupten heute oft, dass Russland sie daran gehindert habe, ein islamischer Staat zu werden, und verweisen auf Schamil«, sagt Irina Babitsch. »Wäre Russland nicht vor über 200 Jahren in den Kaukasus gekommen, so beklagen die dortigen muslimischen Wissenschaftler, gäbe es dort längst einen islamischen Staat, die Voraussetzungen dafür existierten.«

Das heutige Emirat besteht aus zahlreichen regionalen Unterabteilungen, die lediglich lockere Verbindungen miteinander unterhalten. Mamuka Areschidse vom Kaukasus-Institut für strategische Studien, der sich guter Kontakte zum nordkaukasischen Untergrund rühmte, erläuterte mir in Tbilissi die Struktur des Emirats, mit dem Umarow sich anschickte, in die sehr großen Schuhe des kaukasischen National-helden Schamil zu schlüpfen. Dem Imam war es im 19. Jahrhundert zumindest für kurze Zeit geglückt, ein funktionierendes Staatswesen in Form eines Emirats zu schaffen. Das heutige Untergrund-Emirat besteht aus sechs Regionalgebilden, den sogenannten Wilajaten Dagestan, Nochtschitscho (Itschkeria/Tschetschenien), Galgajtsche (Inguschetien), Nogaier Steppe (Region Stawropol), Iriston (Ossetien), Kabarda-Balkarija-Karatschaj (Kabardino-Balkarien und Karatschaj-Tscherkessien). Weitere Wilajate sollen Areschidse zufolge in der Türkei und in den islamisch geprägten autonomen Republiken entlang der Wolga existieren. »Sie haben jeden Kafir (Ungläubigen) und jeden Murdat (Fremden) zum Feind erklärt«, wusste er aus seinen Begegnungen mit den Anhängern des Emirats.

Zur Hauptstadt dieses Gebildes wurde Dschochar auserkoren, die Bezeichnung der Rebellen für die tschetschenische Hauptstadt Grosny. Dschochar ist der Vorname des ersten tschetschenischen Präsidenten, des ehemaligen sowjetischen Fliegergenerals Dudajew, der 1996 während des ersten russisch-tschetschenischen Krieges von einer russischen Lenkrakete getötet wurde, als er gerade über sein Satellitentelefon sprach.

Wie stark und einflussreich Umarows Emirat tatsächlich war oder ist, darüber sind sich selbst die Experten nicht so recht einig. Areschidse glaubte, dass dies eine ernst zu nehmende Organisation sei, die ihre wachsenden Möglichkeiten erst noch entfalten wird. Dabei mag eine Rolle spielen, dass er als Georgier, für den Russland inzwischen zu einem unerfreulichen Gegner geworden ist, die Existenz starker illegaler islamischer Strukturen im Nordkaukasus als nützlich und angenehm empfindet, da sie Moskau Probleme bereiten.

Babitsch zweifelt daran. »Die Muslime hätten dieses kaukasische Emirat natürlich gerne, aber die Pläne existieren eher in ihren Köpfen«, glaubt sie. Dabei zieht sie die Existenz enger Netzwerke unter den

Muslimen im Nordkaukasus, die auch ins Ausland reichen, nicht in Zweifel. Die gebe es, sie seien aber eher informell und würden weitgehend über das Internet aufrechterhalten. Die Zeiten des Aufruhrs, wie Russland sie vor allem in den 90er-Jahren des vorigen Jahrhunderts und nach dem Jahr 2000 erlebt hat, sind ihrer Ansicht nach vorläufig vorbei. Nicht zuletzt deshalb, weil die Anführer des islamistischen Widerstandes durch die russischen Sicherheitsorgane ins Ausland gezwungen wurden.

Die Aufstände im Nordkaukasus sind nach Meinung der Historikerin Babitsch in erster Linie dem restriktiven Vorgehen der Behörden geschuldet. Sicherheitskräfte im Verbund mit den örtlichen Verwaltungen und der staatlich bestallten Geistlichkeit hätten es verhindert, dass die jungen muslimischen Führer legal nach der Macht hätten greifen können. Die Gemäßigten hatten dafür einen Zeitraum von 25 Jahren veranschlagt, die Radikalen – »eine kleine Gruppe« – wollten das Ziel sofort erreichen. Dazu gehörten und gehören auch die sogenannten Wahhabiten. »Der Terminus verweist auf einen frühen Fall islamischen Fundamentalismus', der besondere politische Wirkung entfaltete: die am ›reinen Islam‹ der Frühzeit orientierte, extrem puristische Lehre des Ibn Abd al-Wahhab (18. Jahrhundert). In geografischer Hinsicht weist er auf die Arabische Halbinsel, wo der Wahhabismus zur ideologischen Grundlage der saudischen Dynastie und der Staatsbildung wurde.«[2]

In Russland wird mit den Begriffen »Wahhabit« und »Wahhabismus« alles bezeichnet, was als radikal, militant und von außen gesteuert aufgefasst wird. In ihrem Kampf gegen diese Erscheinungen greifen die Behörden oft zur »Holzhammer-Methode«. So wurde den Milizionären, die auf der Straße Dienst tun, erklärt, wenn sie eines bärtigen Moslems ansichtig würden, hätten sie es zweifelsfrei mit einem Wahhabiten zu tun. »Da hatten sich die radikalsten Muslime bereits die Bärte abgeschnitten«, so Babitsch. Ansor Astemirow beispielsweise, der Verantwortliche für das Blutbad von Naltschik im Jahr 2005, sei ein »glatt rasierter, gut aussehender, intelligenter Junge« gewesen.

Der Historikerin zufolge haben die radikalen Geistlichen zunächst versucht, in den nordkaukasischen Republiken legal an die Macht zu kommen. »Aber bei uns in Russland, mehr noch im Kaukasus, legal für etwas zu kämpfen, ist sehr schwer, weil es keine Achtung vor dem Gesetz gibt.« Deshalb hätten die Islamisten dann zu anderen Methoden gegriffen.

Der Terrorismus sei für Wahhabiten und andere militante Moslems

»eine der normalen Kampfmethoden« innerhalb des Dschihad, des Krieges gegen die Ungläubigen. »Das ist für die Gläubigen der Weg ins Paradies, sowohl für Männer als auch für Frauen.« Für sie seien Attentate, bei denen sie sich selbst mit umbringen, keine Selbstmorde, vielmehr eine Form des Kampfes, die radikale Muslime völlig in ihr Glaubenssystem eingepasst hätten.

Die jetzt im Nordkaukasus nachwachsende Generation, die ideell und kulturell keinerlei Verbindungen mehr zur früheren Sowjetunion und damit zur russischen Kultur hat, ist durchaus bereit, den Kampf immer wieder neu aufzunehmen.

Ihre latent vorhandene Militanz ist ein direktes Ergebnis der russischen Politik gegenüber den nordkaukasischen Völkern, die nach mehr Unabhängigkeit von Moskau strebten. Die russische Führung ging auf die Gesprächsangebote von in den 90er-Jahren noch vergleichsweise gemäßigten nationalen Führern wie Dudajew oder Maschadow nicht oder nur halbherzig ein. Stattdessen versuchte sie, den Widerstand durch die physische Vernichtung der Anführer und ihrer Anhänger zu brechen, ohne auf die Zivilbevölkerung Rücksicht zu nehmen. Die Radikalisierung des Kampfes, der Einbruch des Wahhabismus in den Nordkaukasus, wo es ihn nie zuvor gegeben hatte, war eine direkte Folge dieser verfehlten Politik. Heute ist das kulturelle Band, das bei aller Widersprüchlichkeit einst zwischen Nordkaukasiern und Russen durchaus bestanden hat, zerschnitten.

Die Zahl der Opfer ist zwar leicht zurückgegangen. Aber das Risiko, das mit dem wachsenden Einfluss des im Nahen Osten agierenden sogenannten Islamischen Staates (IS) im Nordkaukasus verbunden ist, bleibt hoch. Denn »islamistische und Dschihad-Projekte reagieren weitgehend auf soziale Ungleichheit, Korruption, mangelnde soziale Sicherheit«, stellte die International Crisis Group in ihrem jüngsten Bericht zum Nordkaukasus fest.[3]

Und genau diese Faktoren sind in Russlands Nordkaukasus im Übermaß vorhanden.

Der Schatten des Islamischen Staates

Es sah nach Routine aus. Am frühen Morgen des 18. April 2015 rückten schwer bewaffnete Spezialkräfte des Innenministeriums und des Inlandsgeheimdienstes FSB in schusssicheren Westen und mit Titanhelmen auf dem Kopf aus. Ein Vorgang, an den sich die Dagestaner fast schon gewöhnt haben. An diesem Tag wurde der Rayon von Buinaksk in Dagestan zur »Zone der antiterroristischen Operation« erklärt. Das ist eine übliche Verfahrensweise im Kampf gegen den bewaffneten Untergrund im Nordkaukasus, mit der alle zivilen Bewegungen innerhalb des Rayons untersagt, Telefon- und Internetverbindungen unterbrochen werden.

Im Verlaufe des Tages konzentrierten sich die militärischen Aktivitäten auf das Dorf Gerej-Awlak. Ein Haus, in dem die Sicherheitskräfte Terroristen vermuteten, wurde umstellt. Die eingekreiste Gruppe ließ am Abend des 19. April zunächst die Kinder aus dem Haus, wollte sich dann aber nicht ergeben. In der darauffolgenden heftigen Schießereien wurde das Haus teilweise zerstört, drei Untergrundkämpfer getötet. Einer von ihnen, so stellten die Sicherheitskräfte später zu ihrer Überraschung fest, war der »Amir« des Imarat (Emirat) Kaukasus, Ali Abu Muhammad, der im zivilen Leben Aliaschab Kebekow hieß. Man feierte einen Erfolg.

Kebekow hatte knapp zwei Jahre zuvor die Nachfolge von Doku Umarow angetreten, der 2013 an einer Vergiftung gestorben war. Er war ein studierter Pädagoge, der parallel dazu Arabisch lernte und bei namhaften Scheichs in Dagestan den Koran studierte. Im Jahr 2000 ging er nach Syrien, wo er seine religiöse Ausbildung an einem Schariat-Institut fortsetzte. 2005 war er wieder in Dagestan, 2009 schloss er sich dem Dschihad an. Ein Jahr später stieg er innerhalb der islamistischen Gemeinschaft zum Kadi von Dagestan auf. Noch von Doku Umarow wurde er zum Kadi des Kaukasus-Imarats ernannt. Nach Umarows Tod wählten ihn die Mudschaheddin des Kaukasus zum neuen Amir (Emir).

Kebekow galt als Gegner der Terrororganisation Islamischer Staat. Zumindest lehnte er es ab, dass kaukasische Untergrundkämpfer in die Reihen des IS wechselten. Das führte zu Differenzen im Emirat. Schon Monate vor seinem Tode verweigerten ihm einflussreiche Kommandeure die Gefolgschaft, sie kündigten den Treueeid auf, den sie gegenüber dem Kaukasus-Emirat geleistet hatten.

Im Juni 2015 tauchte bei YouTube ein Video auf, auf dem behauptet wurde, dass alle Warlords des Emirat Kaukasus einen Treueschwur auf Abu Bakr al-Baghdadi, den Anführer des IS, geleistet hätten. »Wir bezeugen, dass alle Mudschaheddin des Kaukasus … in dieser Entscheidung einig sind und dass es keine Differenzen in dieser Frage unter uns gibt«, sagte eine männliche Stimme im Hintergrund der Videobotschaft, die in Arabisch und Russisch die vier russischen Regionen Dagestan, Tschetschenien, Inguschetien und Kabardino-Balkarien als Operationsgebiete aufzählte. [4]

Der IS reagierte darauf prompt mit der Absichtserklärung, eine Unterorganisation im Nordkaukasus einzurichten. Ein Anführer ist bereits ernannt, nämlich der Kommandeur der dagestanischen Islamisten, Sheikh Abu Mohammad al-Qadari, mit bürgerlichem Namen Rustam Aselderow. Er hatte sich als erster der einstigen Kämpfer für ein kaukasisches Emirat schon im Dezember 2014 von seinen alten Kampfgenossen losgesagt. Dafür hatte er zunächst seinen Posten als »Amir« von Dagestan verloren.

Aselderow sei ein junger Mann, der das repräsentiere, was den kaukasischen Untergrund heute ausmache, meinte Warwara Parchomenko. Die Konsultantin für die International Crisis Group charakterisiert ihn als einen Kämpfer ohne ernsthafte religiöse Bildung, dagegen deutlich auf den Dschihad orientiert. Der Eid, den die kaukasischen Warlords abgelegt hätten, sei das jüngste Ereignis in der Evolution des kaukasischen Widerstandes von einer nationalistischen regionalen Kraft zu einem Teil eines globalen Phänomens. Nur noch wenige ihrer Mitglieder hätten in den vergangenen zwei Jahrzehnten an den Kriegen für die tschetschenische Unabhängigkeit teilgenommen, sagte Parchomenko. »Das ist ein sehr ernsthafter Prozess und eine Herausforderung für Russland.«[5]

Alexej Malaschenko, ein Experte am Moskauer Carnegie-Zentrum, hält es zumindest für möglich, dass sich dieser Schwur letztlich in Worten erschöpft. Praktische Folgen hätte er auf russischem Gebiet zunächst keine. Ramsan Kadyrow behauptete zwar im Herbst 2015, drei in Tschetschenien erschossene Terroristen seien aus dem Nahen Osten eingesickerte Mitglieder des IS gewesen, Belege dafür gab es aber nicht.

Allerdings, so Malaschenko, neigten »konvertierte« Gruppen dazu, sich den neuen Bundesgenossen von ihrer starken Seite zeigen zu wollen, »mit Angriffen auf Russland«. Dieses Risiko sei dadurch gestiegen, dass Moskau jetzt an der Seite der Assad-Truppen in Syrien gegen den IS kämpft. Dieser Kampf werde von vielen Muslimen als Kampf gegen den Islam »an sich« interpretiert, an dem Russland zuvor nicht teilgenommen hatte. Das sei jetzt anders. Interesse an Russland habe der IS bereits seit längerem gezeigt. Malaschenko erinnerte daran, dass die Terrororganisation in einer an Präsident Putin gerichteten Botschaft damit gedroht hatte, ihn aus dem Amt zu entfernen und den Nordkaukasus zu »befreien«.[6]

Aber auch das Kaukasus-Emirat hatte im Herbst 2015 wieder Lebenszeichen von sich gegeben, nachdem im Sommer auch der Nachfolger des getöteten Kebekow, Magomed Suleymanov (Ali Abu Usman), in einem Feuergefecht mit Sicherheitskräften den Tod gefunden hatte. In einer Videobotschaft teilte eine Gruppe Maskierter mit, sie seien »nach Hause zurückgekehrt«. Sie gaben sich als Mudschaheddin des Wilajats Nochtschitscho (Bezeichnung des Emirats für Tschetschenien) aus. Ihr Sprecher, der sich selbst Amir Muslim nannte, rief die »Brüder«, die aus welchen Gründen auch immer das Wilajat verlassen hätten, zur Umkehr und zum Kampf »gegen unseren gemeinsamen Feind« auf. Der Sprecher teilte mit, die Gruppe anerkenne Abu-Khamza Umarow als Führer an, solange er in seinen Direktiven die Gesetze des Koran und der Sunna befolge. Abu-Khamza ist der Kriegsname von Achmed Umarow, dem älteren Bruder von Doku Umarow, der als offizieller Vertreter des Emirats Kaukasus in der Türkei lebte.[7]

Niemand wusste zunächst, wie ernst diese Botschaft zu nehmen sei. Sie wurde dann schnell überholt durch die Mitteilung, dass Achmed Umarow schon wieder von seinem Posten zurückgetreten sei. Löst sich das Emirat also langsam auf? Übernimmt womöglich der IS seine Nachfolge im Nordkaukasus? Oder haben sich die dort verbliebenen Kämpfer gegen Moskaus Herrschaft schlicht einen neuen Verbündeten gesucht, in dessen Namen sie ihre terroristischen Aktivitäten betreiben? Bis Ende 2015 hatte es indes, abgesehen von den fast schon üblich zu nennenden vereinzelten Feuergefechten, keine besonderen Aktivitäten in der Region gegeben.

Tatsache ist, dass das Emirat seit 2013 zunehmend geschwächt erscheint. Wurden in dem Jahr noch 1149 Menschen im nordkaukasischen Konflikt getötet oder verwundet, waren es 2014 »nur« noch 525. Offenbar sind zahlreicher Untergrundkämpfer aus dem Kaukasus in den Nahen Osten gewechselt. Das war zum Teil dem verschärften Anti-Terrorkampf der russischen Sicherheitsdienste vor und während der Winterspiele von Sotschi geschuldet. Ein zusätzliches Motiv dürfte für viele junge Moslems die »Strahlkraft« des IS sein, der mit militärischen Erfolgen und ruhmreichem Tod wirbt.

Genaue Zahlen sind zwar nicht bekannt, aber in Moskau vermutet man, dass zwischen 2000 und 5000 russische Bürger auf Seiten des IS im Nahen Osten kämpfen. Ramsan Kadyrow, Oberhaupt Tschetscheniens, glaubt zu wissen, dass es 480 Tschetschenen in den Reihen des IS gibt. 200 von ihnen seien aber bereits getötet, behauptete er im Herbst 2015. FSB-Direktor Alexander Bortnikow teilte im Oktober 2015 mit, dass sich unter den Söldnern des Islamischen Staates, die 40 Prozent von dessen Mannschaftsstärke ausmachten, zahlreiche

»Bürger Russlands, Georgiens, der Ukraine und von Staaten Zentralasiens« befänden. Sie seien in mindestens zehn Terrorgruppen aktiv.[8]

Ihr bekanntester Vertreter heißt Abu Umar al-Shishani, zu deutsch: Omar, der Tschetschene. Er kommt indes nicht aus dem Nordkaukasus, sondern aus dem Pankisi-Tal in Georgien. Dort leben die Kisten, nahe Verwandte der Tschetschenen. Tarchan Batiraschwili, wie al-Shishani mit bürgerlichem Namen heißt, stammt aus dem Tal, das noch immer ein weitgehend autonomes Leben führt. Armut, Arbeits- und Perspektivlosigkeit, so sehen es Beobachter in Georgien, haben wesentlich dazu beigetragen, dass statt des maßvollen, sunnitischen Sufismus, der noch vor zehn, fünfzehn Jahren vorherrschend war, heute die extremistischen Salafisten das Sagen haben. Ein Vorgang, der für den gesamten Nordkaukasus charakteristisch ist.

Batiraschwili wuchs in diesem Umfeld auf. 2012 ging er nach Syrien und machte sich beim IS schnell einen Namen als brutaler, gnaden- und furchtloser »Glaubenskrieger«. Zwischen 25 und 200 junge Moslems allein aus diesem Tal sollen ihm gefolgt sein, vermuten Beobachter in Georgien. Inzwischen, so wird angenommen, hat al-Shishani bereits die Nachfolge des IS-Militärchefs Abu Abdul-Rahman al-Bilawi al-Anbari angetreten, der Anfang Juni im irakischen Mossul getötet worden ist.[9] Zwischenzeitlich vermeldeten syrische und russische Quellen auch den Tod Batiraschwilis, was sich aber bald als Fehlmeldung erwies.

In Russland ist der Islamische Staat – von Kadyrow »Teufelsstaat« genannt – verboten, seit das Oberste Gericht ihn im Dezember 2014 zu einer terroristischen Organisation erklärt hat. Da mutete es schon sehr seltsam an, wenn regionale russische Geheimdienstmitarbeiter muslimischen Untergrundkämpfern aus dem Nordkaukasus einen »grünen Korridor« nach Syrien bieten. Wie die unabhängige Moskauer Zeitung »Nowaja Gaseta« recherchierte, sorgten sie unter anderem für neue Pässe oder sicheres Geleit über Baku durch die Türkei nach Syrien. »Als Bedrohung werden nur die angesehen, die versuchen, aus dem Krieg zurückzukehren.« Es geht die Furcht um, dass diese Glaubenskrieger nach ihrer Rückkehr versuchen könnten, die Lage im Nordkaukasus wieder zu destabilisieren.[10]

Adat und Schariat

Der Islam kam auf zwei verschiedenen Wegen in den Nordkaukasus –
aus dem Iran und aus der Türkei. Das hatte zur Folge, dass die Kenntnisse über die Religion und die Formen ihrer Ausübung regional sehr
unterschiedlich entwickelt sind. Im Nordosten, in Dagestan und später
auch im benachbarten Tschetschenien, breitete der Islam sich vom
Iran kommend aus. Unter den dagestanischen Völkern war beispielsweise schon im 15. Jahrhundert das Arabische in Wort und Schrift
verbreitet. Das war auch notwendig, um die Entscheidungen der Scha-
riat-Gerichte schriftlich festzuhalten.

In Moskau stand und steht man der Tatsache recht hilflos gegenüber, dass sich der nordöstliche Kaukasus mit Inguschetien, Tschetschenien und Dagestan wegen dieser islamischen Traditionen als
äußerst resistent gegenüber äußeren Einflüssen – welcher Art auch
immer – erwiesen hat. Sowjetideologie und antireligiöse Politik konnten dort ebenso wenig Wurzeln schlagen wie zuvor und danach die
russische Orthodoxie. »Die islamische Tradition war und ist hier stark
von sozialen Organisationsformen aus dem sufitischen Bruderschafts-
oder Ordenswesen geprägt. Für diese Strukturen bürgerte sich in der
russischen Publizistik der Terminus ›Tarikatismus‹ ein, ausgehend von
›tariq‹ (Methode und Organisationsform einer Sufi-Bruderschaft).
Ebenso wurde dieses Phänomen von der Lehrer- bzw. Schülerseite her
als ›Scheichismus‹ oder ›Muridismus‹ bezeichnet: Der Schüler, der
Muride, folgt seinem geistigen Lehrer, dem Scheich.

1975 konstatierte ein sowjetischer Regionalexperte, gut die Hälfte
der erwachsenen Muslime in der Tschetscheno-Inguschischen ASSR
seien in Muridengruppen organisiert. Dieses religiöse Organisations-
wesen verschränkte sich mit ethnischen und tribalen Zuordnungen
und ragte bis in die Partei und die sowjetischen Machtorgane hinein.«[11]

Die im Nordwestkaukasus siedelnden Adygejer (Tscherkessen), Karatschaier und andere wurden dagegen erst viel später von der Türkei
aus islamisiert. Bei ihnen hat die arabische Sprache praktisch überhaupt keine Verbreitung gefunden. Diese Islamisierung aus zwei ganz
verschiedenen Kulturkreisen führte schon sehr früh zur Herausbil-
dung zweier islamischer Zentren. Das östliche umfasst Dagestan und
Tschetschenien, das westliche ist in Kabardino-Balkarien angesiedelt
und strahlt auf Nordossetien, Karatschai-Tscherkessien und Adygeja
aus. Der Versuch, den Nordkaukasus zu christianisieren, zunächst

durch Georgien im 9. Jahrhundert, dann durch Russland, ist gescheitert. Selbst die Osseten, die als Anhänger des russisch-orthodoxen Christentums gelten, sind nur zu zwei Dritteln Christen geworden, obwohl der russische Druck dort besonders groß war.

In den 90er-Jahren des 20. Jahrhunderts erlebte der Islam im Nordkaukasus dann eine Wiedergeburt. Allein in Dagestan mit seinen gerade einmal 2,5 Millionen Einwohnern stieg die Zahl der Moscheen von 27 im Jahr 1987 auf 1429 im Jahr 1999; hinzu kamen rund 1700 neue Dschamaate (örtlich islamische Selbstverwaltungen), 178 Medressen und 15 islamische Hochschulen. Ebenfalls zu Beginn der 90er-Jahre begannen radikale und extremistische islamische Strömungen in der Region Fuß zu fassen, zunächst im westlichen dagestanischen Hochland. Junge Leute aus der Region reisten in den Vorderen Orient, um dort eine islamische Ausbildung zu erhalten. Wenn sie nach einigen Jahren zurückkamen, standen sie unter dem starken Einfluss des »reinen Islam«, des »Wahhabismus« oder des Salafismus.[12]

Nach den Jahrzehnten der Sowjetherrschaft, in der jede Form von Religion als »Opium des Volkes« bekämpft wurde, war das Bedürfnis nach Spiritualität groß. Ebenso das nach Befreiung von russischer Vorherrschaft. Beide Strömungen gingen zunehmend ineinander über. Das lief nicht ohne innere Konflikte ab. Vor allem junge Muslime, unterrichtet zum Teil im Ausland, zum Teil in neu geschaffenen islamischen Bildungseinrichtungen in den nordkaukasischen Republiken, wollten das Schariat, den rechten, von Gott befohlenen Weg, als möglichst »reine Lehre« unters Volk bringen. Sie gerieten dabei mit den aus sowjetischer Zeit stammenden, von der Obrigkeit zugelassenen religiösen Führern aneinander, die sich inzwischen auch mit der neuen russischen Führung arrangiert hatten.

Die Historikerin und Kaukasusexpertin Irina Babitsch hält die »jungen, gebildeten islamischen Anführer« nicht für Radikale. Sie ist der Ansicht, dass die »jungen Wilden« sich bei ihrem Versuch, die Gesellschaft nach ihren Vorstellungen zu reformieren, zu einem gewissen Maximalismus hätten hinreißen lassen. In ihrem Eifer standen ihnen die von der Bevölkerung angenommenen weltlichen Bräuche und das alte kaukasische Naturrecht Adat im Wege. Sowohl Schariat als auch Adat enthalten zahlreiche Vorschriften für die Art und Weise, das Leben zu führen, korrespondieren aber nicht unbedingt miteinander.

Der Adat ist das für die Bergvölker maßgebende Gewohnheitsrecht der Stämme und Sippen. Er schreibt Verhaltensregeln fest und begründet soziale Institutionen. Er enthält lokale Traditionen, Anweisungen und Vorschriften, die zum Teil noch aus vorislamischer Zeit stammen. Die wesentlichen »adaty« sind die Blutrache (kanly), das Gastrecht und die Sippenhaft.[13] Der Adat (arab.: Gewohnheiten, Bräuche) wird vor allem in Tschetschenien sehr ernst genommen, gilt aber in unterschiedlicher Ausprägung und Intensität im gesamten Nordkaukasus.

»Eher fällt ein Kaukasier vom Islam ab, als dass er seine Sitten aufgibt«, lautet eine kaukasische Redewendung, von der die jungen muslimischen Geistlichen überhaupt nicht begeistert waren. Sie entschieden, dass der Adat schädlich und unnötig sei. Um die Wirkung überkommener Traditionen zurückzudrängen, stellten sie eine Liste von rund 20 – Babitsch fand in einer Moschee sogar 70 – traditionellen Verhaltensweisen auf, die dem Schariat widersprachen.

Das waren teilweise nur sehr kleine »Vergehen« an der reinen Lehre. So existiert im Kaukasus, wie auch in sehr vielen anderen Kulturkreisen, die Sitte, dass sich der Jüngere dem Älteren unterzuordnen hat. Der Islam kennt das nicht, und so gab es Streit in der Moschee: Junge Muslime nahmen ganz selbstverständlich die erste Reihe ein, während sie die später eintreffenden Alten nach hinten verwiesen, die das alles nicht verstanden. Akribisch wachten die Hüter des wahren Glaubens auch darüber, dass die Gläubigen beim Betreten der Moschee mit dem rechten Fuß zuerst über die Schwelle schritten, beim Hinausgehen musste es der linke sein.

Ernster wurde es, wenn es um Hochzeiten und Beisetzungen ging. Im gesamten Kaukasus existiert der Brauch des Brautraubs. In aller Regel ist das eine Art Spiel, bei dem – abgesprochen mit der Familie der Braut – der Bräutigam seine Zukünftige »raubt« und »entführt«. Wobei es indes auch echte Entführungen gibt, mit denen die heiratsunwillige Frau zur Hochzeit gezwungen wird. Diese Sitte wollten die jungen, frisch ausgebildeten Muslime abschaffen, sie entsprach nicht dem Schariat. Noch schlimmer war natürlich eine Gewohnheit, die während der Sowjetzeit um sich gegriffen hatte: Auf Hochzeiten und bei Trauerfeiern wurde nicht schlecht getrunken, was dem Islam natürlich total widerspricht.

Das habe in den 90er-Jahren zu erheblichen Konflikten geführt. »Die jungen, aufrichtig gläubigen Muslime wollten die Gesellschaft von Grund auf umkrempeln, aber die Gesellschaft wollte ihnen nicht folgen«, erinnert sich die Historikerin an diese Zeit, die ihrer Meinung nach in dieser Schärfe überwunden wurde. »Die neue muslimische Geistlichkeit hat eingesehen, dass man sich mit bestimmten Erscheinungen einfach abfinden muss, die Zahl der Konflikte ist geringer geworden.«

Erhalten hat sich unter den Völkern des Nordkaukasus aber die Tradition, die Verfolgung von Verbrechen selbst in die Hand zu nehmen und weder russische noch sowjetische Gerichte zu bemühen. »Das geschah entweder durch die Blutrache, oder es wurde eine Versöhnung durch die Zahlung von Geld herbeigeführt.« Babitsch beobachtete, dass auch Russen, die beispielsweise eng mit den Adygejern zusammenleben, diese Form der Rechtsprechung übernommen hätten. Das gelte heute noch.

Die Verhandlungen werden von Mediatoren geführt, eine Bezeichnung, die sich schon in russischen Quellen des 19. Jahrhunderts findet. Diese Leute genießen in ihrem Aul eine besondere Autorität, die nicht unbedingt mit dem Alter zusammenhängen muss. Sie müssen die nicht ganz einfachen Regeln einer solchen Verhandlung kennen, »es gibt ein ganzes System, welches festlegt, wer daran teilnehmen darf, und wer nicht«. Babitsch lobt das System: »Es funktioniert, weil es den Traditionen der Bergvölker entspricht.«

Sie selbst war Zeugin, wie in einem Dorf der Fall einer Vergewaltigung verhandelt wurde, ohne dass ein Gericht bemüht worden wäre. Sechs junge Männer hatten einem Mädchen Gewalt angetan. Die Angelegenheit wurde mit einer für Europäer absurd anmutenden Versöhnung beigelegt. Die Täter boten der jungen Frau an, sie könne sich einen von ihnen aussuchen und heiraten, und der Fall sei aus der Welt. Nach einem Jahr könne sie sich scheiden lassen, damit wäre nach kaukasischer Sitte ihre Ehre wiederhergestellt. In der Regel gehen die Mädchen auf solche Angebote ein. Zwar ist der Status einer geschiedenen Frau nicht besonders hoch, er ist aber bei weitem höher als der eines vergewaltigten, unverheirateten Mädchens, das nach kaukasischer Sitte nie wieder die Chance auf eine Ehe hat. »In Moskau würde das als extrem unzivilisiert gelten, aber im Kaukasus leben auch die Russen nach diesen Regeln.«

In den nordkaukasischen Dörfern ist die Kriminalitätsrate sehr niedrig. Babitsch schreibt das dem noch immer existierenden Adat-Prinzip der Blutrache zu, vor dem jeder Respekt habe. Eine besondere Form, diesem Prinzip Geltung zu verschaffen, fand sie in Kabardino-Balkarien. Beim Studium von Gerichtsakten der vergangenen 50 Jahre entdeckte sie, dass die Familien des Getöteten die Gerichte vor die Wahl gestellt hatten: Entweder ihr fällt ein Todesurteil, oder wir begehen Blutrache. In der Regel wurde der Angeklagte zum Tode verurteilt.

Dagestan, das Land der Berge

Hoch über Derbent ragt die Festung Naryn-Kala in den sonnigen Himmel. Sie ist heute teilweise wieder rekonstruiert, UNESCO-Gelder halfen dabei. Seit 2003 stehen die Festung und die dazugehörige Stadt Derbent auf der Liste des Weltkulturerbes. Im Herbst 2015 wurde ihr 2000-jähriges Jubiläum begangen. In den Becher der Freude fiel ein Wermutstropfen: Präsident Wladimir Putin schickte zwar eine Gruß-botschaft, reiste aber nicht, wie erhofft, zu den Feierlichkeiten an.

Im 5. Jahrhundert wurde die Festung über der Stadt von den Sassa-niden erbaut, der Dynastie des zweiten persischen Großreiches. Na-ryn-Kala sollte das Reich im Norden sichern. Man muss kein Stratege sein, um die Bedeutung zu erkennen, die Festung und Stadt in jener Zeit hatten. Auf der Rückseite der Festung verlieren sich Reste einer Mauer in den hoch aufsteigenden Bergen, der Blick nach unten fällt auf die Hafenstadt und das Kaspische Meer. Nur ein kleiner Streifen ebener Erde, gerade mal eben drei Kilometer breit, liegt hier zwischen dem Kaukasus und dem Kaspi. Naryn-Kala und Derbent beherrschen ihn, sie liegen wie ein Riegel quer zur einzigen Nord-Süd-Verbindung zu Lande. Bab el-Kadid nannten die Araber die Stadt, Eisernes Tor, die Perser Geschlossenes Tor. Im Altertum war sie berühmt für ihren mär-chenhaften Reichtum, den sie ihrer einzigartigen Lage verdankte, die alle Handelswege durch diesen Flaschenhals zwang. Heute liegt hier auch eine Erdöl-Pipeline, die von Baku über den östlichen Nordkau-kasus nach Noworossijsk am Schwarzen Meer führt.

Derbent war immer auch ein Zankapfel zwischen den großen Rei-chen. Im 8. Jahrhundert gelang es den Arabern nach langwierigen Ver-suchen, die Stadt zu erobern. Als ihr Stern sank, entstand im 10. Jahr-hundert das Emirat Derbent, gegründet von einer einheimischen Dynastie. Später erlitten die Derbenter und mit ihnen ganz Dagestan das Schicksal vieler kaukasischer Völker. Mongolen, auch Timur Lenk und andere wetteiferten um den Besitz der Stadt und wohl auch da-rum, ihr den größtmöglichen Schaden zuzufügen.

Nach den Mongolen kamen die Perser, die von den Osmanen (1578–1606) und den Russen (1723–1735) abgelöst wurden. 1735 erklärte man die Hafenstadt zur Hauptstadt des Khanats Derbent, das unter persische Oberhoheit kam. 1796 wurde das Khanat von Russland abermals besetzt und 1813 endgültig dem russischen Imperium zugeschlagen.

Dagestan, heute eine Autonome Republik im Bestande der Russischen Föderation, ist so etwas wie der Kaukasus im Kleinen. Auf einer Fläche von 50 300 Quadratkilometern – nur wenig mehr als Niedersachsen – leben 14 Nationalitäten mit rund 50 ethnischen Untergruppen, wobei diese Zahlen je nach Standpunkt, wissenschaftlicher Schule oder Wunschdenken schwanken können. Auf ihrer offiziellen Website rühmt sich die Führung des Landes, dass in Dagestan die Angehörigen von sogar 102 Nationalitäten zu Hause seien.[1]

Das Land unterscheidet sich von allen anderen russischen Autonomien dadurch, dass es keine Titularnation hat, sondern schlicht nach seiner geografischen Lage als »Bergland« bezeichnet wird. Stolz behaupten die Bewohner jedes Dorfes, sie seien eine eigene »Nation« und hätten eine eigene Sprache. Tatsächlich fällt es den Nachbarn im Tal nebenan manchmal schwer, sich verständlich zu machen. In den Dörfern, getrennt durch hohe, im Winter unpassierbare Berge, haben sich ganz eigene Dialekte herausgebildet. Rassul Gamsatow, der in Dagestan hoch verehrte, inzwischen verstorbene Heimatdichter aus dem Volk der Awaren, wusste um die Relativität dieser Angaben: »Bücher werden in elf Sprachen gedruckt, Lieder in 40 Sprachen gesungen, geflucht aber wird bei uns in mehr als 100 Sprachen.« Da ist Russisch als Lingua franca bisher noch unentbehrlich für die Verständigung.

Die Wissenschaft hat das Sprachengewirr in drei Kategorien eingeteilt. Zur dagestanischen Untergruppe der westkaukasischen Sprachen gehören die Awaren, die mit 28 Prozent den größten Anteil an der Gesamtbevölkerung ausmachen. Es folgen die Lesginen, Darginer und Laken. In der turksprachigen Gruppe finden wir Kumyken, Aserbaidschaner und Nogaier. Russen, Taten und Bergjuden schließlich gehören zur indoeuropäischen Sprachfamilie.[2]

Unterschwelliger Ärger herrschte in Dagestan darüber, dass die Awaren angeblich eine unverhältnismäßig große Zahl von einflussreichen Posten besetzt haben. Das war in den Jahren unmittelbar nach dem Ende der Sowjetunion allerdings eher eine gefühlte, denn tatsächliche Realität. Denn die wichtigsten Posten wurden bis 2013 durch Darginer besetzt. Sie schwangen zwanzig Jahre lang, kurz unterbrochen von dem Awaren Muchu Alijew, das Zepter im Lande. Zunächst mit Präsident Magomedali Magomedow, einem Funktionär aus sowjetischer Zeit, dem dann sein Sohn Magomedsalam im Amt folgte.

Seit Januar 2013 ist mit Ramasan Abdulatipow ein Aware Präsident von Dagestan. Auch er kann, wie Magomedow, auf eine sehr lange, sehr vielschichtige Laufbahn in der Sowjetunion und in der Russischen Föderation verweisen.[3] Mit seinem Amtsantritt gerieten die Dinge in Dagestan in Bewegung. verdrängen die Awaren, mit 28 Prozent die größte ethnische Gruppe in Dagestan, nach und nach die zweitgrößte Gruppe, die Darginer. Sie machen etwa 17 Prozent der Einwohner aus.

Einer ihrer führenden Vertreter war Said Amirow, von 1998 bis 2013 Bürgermeister von Machatschkala. Als ich ihn 2005 in seinen Amtsräumen traf, gab er das Bild eines erfolgreichen Machtmenschen ab. Er werde diesen Platz nicht aufgeben, solange er lebe, versicherte er. Da hatte er bereits mehrere Attentatsversuche überlebt, beide Beine waren ihm amputiert worden und Gerüchte über seine Verbindungen zur organisierten Kriminalität schwebten in der Luft.

Doch niemand wagte es, Hand an ihn zu legen. Nach dem Amtsantritt Abdulatipows wurde Amirow im Sommer 2013 in einer Nacht und Nebelaktion in Machatschkala festgenommen, nach Moskau geschafft und dort wegen eines von ihm bestellten Auftragsmordes zu lebenslanger Haft verurteilt. Abdulatipow befand sich während der Geheimoperation »sicherheitshalber« nicht in Dagestan.

Seither gewinnen die Awaren-Clans aus den Rayons Charoda, Tlyarata und Chunsach die Oberhand in Dagestan und besetzen lukrative Regierungsposten. So wurde ein Aware aus Charoda, Bilal Jabcharow, inzwischen Finanzminister. Dieser Posten gehörte auf informeller Ebene eigentlich den Darginern. Das bisher weitgehend eingehaltene inoffizielle ethnische Quotensystem bei der Besetzung wichtiger Positionen in der Republik geriet damit ins Ungleichgewicht.

Das könne leicht zu einer zusätzlichen Destabilisierung in dem ohnehin unstabilen Land führen, befürchtet Musa Musadow, ein Journalist und exzellenter Kenner des Kaukasus. Er sieht in Dagestan beginnenden Unmut unter den Lesginen und den Darginern heraufziehen, die sich zur Seite gedrängt fühlen. Sie begännen, ihre Kräfte zu sammeln, um den neuen Status quo in der Republik herauszufordern, schrieb er in einer Analyse im Oktober 2015.[4]

Gegenüber Fremden wird eventueller Unmut selten geäußert, nach außen wird der Schein gewahrt, nur hinter vorgehaltener Hand schimpfen viele und beschweren sich über die Vormachtstellung der Awaren, aber auch über die vermeintlich schlechten Angewohnheiten anderer Völkerschaften. Das eigene Volk kommt natürlich fleckenlos daher.

Das kann manchmal skurrile Züge annehmen, wie meine Moskauer Bekannte Olga bei einem Besuch in Machatschkala erlebte. »Wir sind das friedlichste Volk der Welt«, sagte der Mufti von Dagestan, ein Aware, seinen ausländischen Besuchern in einem Ton, der keinen Widerspruch zuließ. »Sehen Sie, früher gehörte das ganze Land in der Ebene Dagestans uns Awaren. Dann kamen die Bergbewohner herunter und vertrieben die Awaren von den Ländereien, die für die Landwirtschaft besonders gut geeignet waren. Aber die Awaren, weil sie so friedliebend sind, haben nicht gegen die ›Gorzy‹ gekämpft, sondern ihnen das Land überlassen. Nicht ein einziges anderes Volk in der Geschichte hat sich so verhalten. Nein, Awaren sind keine Nationalisten. Nehmen Sie zum Beispiel meinen Mitarbeiter – der ist Kumyke.« Ein kleiner, schmaler, blasser Mann, fast ohne Zähne, stand auf und verneigte sich leicht.

Dann lobte auch die rechte Hand des Mufti, ebenfalls ein Aware, die Friedensliebe seines Volkes. Der Beweis: Der Mitarbeiter des Mufti sei Kumyke. Der erhob sich wieder und verneigte sich.

Später, auf der heißen, staubigen Straße, eilte der kleine, bescheidene Kumyke hinter den Gästen des Mufti her und lud sie zu sich nach Hause ein. Er wohne ganz in der Nähe, wolle ihnen ein Mittagessen anbieten und »die ganze Wahrheit« erzählen. Es war ein altes Haus in der Altstadt von Machatschkala. Die Wohnung befand sich in der zweiten Etage und war nur vom Hof aus zu erreichen. Im Zimmer lag seine kranke Frau auf dem Bett und war schon seit Jahren nicht mehr aufgestanden. Das blanke Elend.

Aber der Kumyke war ein guter Gastgeber. Seine Töchter servierten ein bescheidenes Mahl, und er erzählte, wie die Geschichte seiner Meinung nach wirklich verlaufen war: »Die gesamte dagestanische Erde hat früher den Kumyken gehört, dem friedlichsten Volk der Welt. Dann kamen die Awaren und die anderen Völker aus den Bergen herunter. Aber die Kumyken verzichteten darauf, um das Land zu kämpfen. Sie gingen einfach weg. Das kumykische Volk ist friedlich, im Unterschied zu den aggressiven Awaren.«

Er begleitete seine Gäste nach draußen. Auf dem Hof spielte ein fünfjähriger Aware mit einer Spielzeugmaschinenpistole. »Sehen Sie«, sagte der Kumyke, »das ist ein Aware, klein zwar, aber schon ein echter Aware – aggressiv. Die sind alle so.«

Abends, in ihrem Quartier, erzählte Olga ihren Gastgebern, Bekannten ihrer Eltern, die ganze Geschichte. Achmed, der Hausherr, lächelte und sagte: »Weißt du, die Awaren sind wirklich so, sie sind von Kindheit an aggressiv. Sie werden älter und kämpfen dabei ständig. Aber die Geschichte, die euch der Kumyke erzählt hat, die stimmt so nicht. Aber ich will dir die ganze Wahrheit erzählen. Tatsächlich hat das ganze Land früher den Lesginen gehört, und wir Lesginen sind das friedlichste Volk auf der Welt …«

Angehörige dieser und noch zahlreicher anderer Völker prägen das Leben in der Hauptstadt Machatschkala. Mit ihren 466 000 Einwohnern hat sie dem altehrwürdigen Derbent längst den Rang abgelaufen. In Machatschkala sitzt der Präsident, dorthin fließen die Dotationen aus Moskau, die über 70 Prozent des dagestanischen Haushalts ausmachen, und dort fallen die wichtigen Entscheidungen. Ob sie befolgt werden, steht auf einem ganz anderen Blatt. In Dagestan führen die Kommunen weitgehend ein Eigenleben, das von der örtlichen Natschalstwo, den vorherrschenden Ethnien, Strömungen des Islam oder einfach von kriminellen Gruppen bestimmt wird. Das Band, das sie lose zusammenhält, ist die mehr oder weniger ausgeprägte Möglichkeit, an den finanziellen Segnungen der Moskauer Zentrale teilhaben zu können. Loyalität macht sich bezahlt. Was nicht ungewöhnlich für die nordkaukasischen Autonomien ist.

Etwas über 100 000 Menschen leben heute in Derbent, das nach Chassawjurt (125 000 Einwohner) die drittgrößte Stadt ist. Derbent war in der Sowjetunion – wie auch heute in Russland – als Produktionsort guter Weinbrände bekannt. Die werden übrigens nach wie vor vom »Derbenter Kognak-Kombinat« als »Kognak« angeboten, obwohl dies auf französischen Druck international untersagt ist, und tragen Namen wie »Kaspi«, »Derbent«, »Moskwa«, »Machatschkala«, »Naryn-Kala« oder »Rossija«. Auch das »Kognak-Werk« von Kisljar hat russlandweit einen ausgezeichneten Ruf, genau wie die Derbenter Schaumwein-Kellerei. Das klingt für ein muslimisches kaukasisches Land höchst sonderbar, macht aber die Bandbreite der in Dagestan existierenden Lebensformen deutlich. Und ganz sicher hat nicht jeder Angriff auf die vom Propheten verbotenen Alkoholika auch einen fundamentalistischen Hintergrund. Manchmal ist es eben nur die Konkurrenz.

Neben Weinanbau und Verarbeitung gehören Teppichweberei zu den wichtigsten Erwerbszweigen in den ländlichen Gebieten. Tatsächlich muss es nicht immer ein »Perser« sein, die Derbenter Teppiche haben durchaus ihre Qualitäten, wie mir türkische Kenner der Materie später in Berlin bestätigten. Eine strategische Geldquelle für die Republik sind die Öl- und Gasreserven in der Gegend von Isberbasch, zwischen Derbent und Machatschkala am Ufer des Kaspischen Meeres gelegen. Offiziellen Angaben zufolge verfügt Dagestan über Reserven von 273 Millionen Tonnen Erdöl und Gaskondensat sowie 465 Milliarden Kubikmeter Erdgas. Hinzu kommen weitere fossile Brennstoffe im Schelfgebiet: 132 Millionen Tonnen Öl und Kondensat, 293 Milliarden Kubikmeter Gas.[5]

Höchst einträglich ist auch der Fischfang nebst Verarbeitung. Der kaspische Stör und seine Eier – der Kaviar – sind weltweit beliebt. Strenge Fangquoten existieren, werden aber ungeniert umgangen. Auf den Märkten von Derbent und Machatschkala lagen die ausgeweideten Meerestiere in rauen Mengen, Kaviar wurde in großen Einweckgläsern angeboten. »Wollen Sie kaufen? Bitte gerne.« Nur fotografieren ließen sich die Marktfrauen nicht. Notfalls wird auch schon mal die Miliz hinter einem Fotografen hergeschickt, damit der die Fotos nicht etwa irgendwo veröffentliche. Auf die Frage, warum das Fotografieren verboten sei, wurde kühl auf die allüberall herrschende Terrorgefahr verwiesen. Der wahre Grund für das Fotografierverbot war natürlich die Tatsache, dass nicht alles legal war auf dem Markt.

Dagestan, das Bergland, gehört politisch zur Russischen Föderation. Wer das Land bereist, bekommt daran mitunter seine Zweifel, wird er einiger Alltagserscheinungen ansichtig. Denn wo sonst in Russland findet man in jedem Haushalt ein reichhaltiges Waffenarsenal, darunter auch automatische Waffen? Für das russische Kernland undenkbar auch die grünen Schilder mit der Aufschrift »Allah ist groß«, die Dagestans Straßen zieren.

Bei Salafisten in den Bergen

Mädchen in kurzen Röcken oder Jeans flanieren auf den Straßen, Kopftücher tragen nur wenige. Das wäre im 170 Kilometer entfernten Grosny unmöglich. In den Geschäften sind ganz offen Bier, Wein und Wodka im Angebot. Im Theater wird »Die Hochzeit des Figaro« gegeben. Machatschkala atmet den Geist einer Hafenstadt am Kaspischen Meer, die zugleich Hauptstadt der zu Russland gehörenden Republik Dagestan ist.

Plötzlich jagen vier junge Bärtige mit einem Pkw an einem Geschäft vorbei, wo Alkohol verkauft wird, und feuern mit automatischen Waffen in die Vitrinen. Käufer und Verkäufer kommen mit dem Schrecken davon. Einen Tag später in den Bergen wird mir ein salafistischer Ideologe erklären: »Die Leute sind doch selbst schuld, sie waren gewarnt. Allah verbietet den Genuss von Alkohol.«

Die Ordnungshüter sahen das anders, immerhin hat Dagestan eine weltliche Verfassung. Sie machten in der Stadt Jagd auf die Terroristen. Das Resultat der wilden Straßenschlacht um die Mittagszeit: sieben tote Milizionäre, vier tote Untergrundkämpfer. Sie kamen vermutlich aus den schwer zugänglichen Gebirgsregionen an der Grenze zu Tschetschenien.

In diese Gegenden zu gelangen, ist nicht ganz einfach. Ohne einen Führer, der die Verbindung zu den Leuten, insbesondere zu Rassul Magomedow, herstellt und die Begleitung übernimmt, sei es zu riskant, hatten Bekannte gewarnt. Obwohl die Dagestaner sehr hilfsbereit sind, sperrten sie sich in dieser Frage. Denn: Wer Fremden diese Fahrt organisiert, übernimmt nach kaukasischem Verständnis die persönliche Verantwortung für das Wohl und Wehe der Reisenden. Das wollten sich viele Bewohner von Machatschkala nicht aufbürden, das Risiko ist zu groß. Schließlich half Swetlana Issajewa von der Organisation »Mütter Dagestans für Menschenrechte«. Sie stellte den Kontakt zu Magomedow her, einem Salafisten, der sich zu einem Gespräch bereit erklärte. Und sie besorgte einen zuverlässigen Fahrer.

Balachani ist ein kleines Bergdorf mit 450 Höfen, einer Moschee und einer Schule. Hier leben Awaren, der zahlenmäßig stärkste Volksstamm unter den rund 50 verschiedenen Nationalitäten in Dagestan. Auf beiden Seiten des Gebirgstals recken sich die steilen Felsen über 2000 Meter hoch. Zu erreichen ist Balachani auf einem nur mühsam befahrbaren Weg, der lediglich Schrittgeschwindigkeit erlaubt.

Rassul Magomedow, graubärtig, die intensiv blickenden Augen von buschigen Augenbrauen überwölbt, ist Lehrer für russische Sprache und Literatur und zugleich Schulpsychologe. Er helfe Schülern, die Anpassungsschwierigkeiten haben, er vermittle bei Konflikten zwischen den Lehrern, zwischen der Schule und der Verwaltung, umschreibt der 57-jährige Magomedow seine Tätigkeit. In sowjetischer Zeit habe er seine Tätigkeit auch mit den Pflichten eines Komsomolsekretärs verbunden.

Traurige Bekanntheit erlangte seine Familie, als sich Magomedows Tochter, die 28-jährige Mariam Scharipowa, am 26. März 2009 in der

Moskauer Metrostationen »Lubjanka« in die Luft sprengte. Kurz darauf löste die erst 17 Jahre alte Dschennet Abdurachmanowa in der Station »Park Kultury« eine zweite Explosion aus. 40 Menschen rissen die beiden Frauen mit in den Tod, mehr als 80 wurden verletzt. Magomedow trauert um seine Tochter. Sie sei ihm, und dieses Bekenntnis ist für einen Kaukasier mehr als ungewöhnlich, teurer gewesen als seine beiden Söhne zusammengenommen. Die Söhne sind – zu Unrecht, sagt Magomedow – zur Fahndung ausgeschrieben worden und verbergen sich. Doch nur seiner Tochter habe er sich im Glauben nahe gefühlt. Mit ihr hat er vor ein paar Jahren den Hadsch, die Pilgerreise nach Mekka, unternommen.

Mariam Scharipowa war eine zutiefst gläubige Muslima, gleichzeitig eine gut ausgebildete Mathematikerin, Informatikerin und Psychologin. »Sie hat nur gelernt und gebetet«, erinnerte sich der Vater. Sollte sie die Tat freiwillig begangen haben, dann hoffe er, dass sie dafür von Allah als Märtyrerin ins Paradies geholt werde. Denn die Gesetze Allahs, so doziert er, lassen solche Taten zu: wenn es gegen das Böse in Moskau geht, wo ein satanisches Mafiaregime sitze, und wenn es um die Durchsetzung des islamischen Glaubens geht. »Gegenwärtig findet auf der ganzen Welt ein Krieg statt zwischen den Kufar, den Ungläubigen, und dem Islam, der höchsten Form des Glaubens«, meint Magomedow.

Unten an der Küste herrscht Furcht vor den islamischen Fundamentalisten. Saur Gassijew, der Vertreter der Menschenrechtsorganisation »Memorial« in Dagestan, spricht gar von einer »brutalen Islamisierung« des Landes. Die »Verwestlichung«, die es zu sowjetischer Zeit immerhin ansatzweise gegeben habe, werde zurückgedrängt, beklagt er, und steht damit nicht allein. Suleiman Uladijew, Vorsitzender der Organisation »Otetschestwo« (Vaterland), sieht die »Talibanisierung« in Dagestan auf dem Vormarsch. Eine bunte Palette von Nichtregierungsorganisationen bemüht sich darum, ein neues gesellschaftliches Bewusstsein zu fördern. Vier oppositionelle Zeitungen, die diese Bezeichnung auch verdienen, erscheinen in Dagestan. Das ist einmalig im Nordkaukasus.

Dennoch haben die bewaffneten Auseinandersetzungen hier eine besonders brutale Form angenommen. Es gab Zeiten, da wurden im Lande bis zu 40 Menschen in jeder Woche erschossen. Die Mischung aus religiöser, krimineller und staatlicher Gewalt gebiert ein besonders explosives Gebräu. Es herrschen Korruption, Ungerechtigkeit, Willkür und Gewalt. Das treibe die jungen Menschen in den »Wald«, ist Swetlana Issajewa überzeugt. »Für Geld kämpft dort niemand«, sagte die Vorsitzende der »Mütter Dagestans für Menschenrechte«, die bis heute auf der Suche nach ihrem im Jahr 2006 spurlos verschwundenen Sohn ist. Und so sieht eine typische dagestanische Tragödie aus: Ein junger Mann wird Zeuge eines Diebstahls. Während seiner Aussage wird er plötzlich zum Beschuldigten erklärt. Mit brutaler Folter soll ein Geständnis erpresst werden. Nur mit Hilfe einer Menschenrechtsorganisation kommt er frei. Üblicherweise verschwinden solche Menschen spurlos oder tauchen als Leiche in irgendeinem Waldstück auf. Die Behörden vermelden: erneut ein Wahhabit getötet. Diese Zusammenhänge kennt auch der Zeuge. Und er weiß, nach seiner erzwungenen Freilassung ist er zum Abschuss freigegeben. Er verschwindet zu den »Waldbrüdern«. Monate später wird er bei einer »Spezialoperation« erschossen und als Terrorist präsentiert. Junge Gläubige, von jeder Militanz entfernt, geraten regelmäßig in diese Todesmühle.

Die Miliz ist in Dagestan Teil der Banditenwelt, sagte Saur Gassijew. Sie braucht den religiösen Extremismus, um sich ihr Superbudget zu erhalten und möglichst noch auszubauen. Dabei unterhält sie selbst sehr enge Kontakte zu denjenigen, die sie eigentlich dingfest machen soll. Die Extremisten ihrerseits betreiben Schutzgelderpressung, »ganze Ministerien zahlen«, weiß der Memorial-Vertreter. Niemand kennt auch nur annähernd die Zahl der »Waldbrüder«, die sich im städtischen Untergrund als Illegale bewegen. Und da es zwischen allen Akteuren unsichtbare, sich oft überschneidende Verbindungsstränge gibt, bleibt Dagestan ein schwer regierbares Land.

Die hier beschriebenen Situationen erlebte ich im Jahr 2010 sehr unmittelbar. Immer wiederkehrende Presseberichte belegen, dass sich nur wenig bis nichts geändert hat in einem Land, dessen Naturschönheiten atemberaubend sind, dessen Kultur beeindruckend ist und dessen Menschen ein weitaus besseres Leben verdient hätten. Doch danach sieht es vorläufig nicht aus. Die International Crisis Group kommt in ihrem jüngsten Nordkaukasus-Bericht zu einem vernichtenden Urteil: »Die fortgesetzte Gewalt und die institutionellen Hürden – ein Ergebnis der omnipräsenten Korruption, des ineffektiven Managements und ungelöster Landprobleme – produzieren einen Teufelskreis, der die Chance der Region für ein gesundes Wachstum behindern. Um den ideologischen Kampf gegen die islamischen Radikalen, insbesondere den IS, zu gewinnen, muss der russische Staat die Bewohner des Nordkaukasus davon überzeugen, dass sie in einem effizienten, ehrlichen, transparenten und fairen säkularen Staat leben, und dass sie davon profitieren.«[6]

Der Dichter, der sich schämte: Rassul Gamsatow

Im Alter holte ihn die bittere Erkenntnis ein, gefehlt zu haben. Im Alter kam die Reue.»Ich bedauere, dass ich es zugelassen habe, dass man mich belügt. Ich war voreilig, ich war oft ungerecht«, bekannte er, als ich ihn kurz vor seinem Tode im November 2003 in Machatschkala besuchte. Da war er bereits vom Alter gezeichnet, an unsere erste Begegnung zwanzig Jahre zuvor konnte er sich nicht mehr erinnern. Mich hatte sie tief beeindruckt. Gamsatow hatte sich als schlagfertiger, witziger Mann erwiesen, der die politischen Klippen jener Zeit in der Sowjetunion gekonnt zu umschiffen verstand.

Er fühlte sich wohl, wenn ihm Sympathien entgegengebracht wurden. Selbstironisch bekannte er, wichtiger als sein ganzes literarisches Schaffen seien wohl doch seine Trinksprüche. Das ganze Land kenne sie. Tatsächlich war Gamsatow in seiner Heimat berühmt für seine blumigen, geistreichen und immer aus dem Stegreif vorgetragenen Trinksprüche, ohne die keine dagestanische Feier denkbar ist. Der Tamada, der Zeremonienmeister an der Tafel, der den einzelnen Rednern das Wort erteilt und ohne dessen Erlaubnis sich niemand vom Tisch entfernen darf, ist eine wichtige Institution in Dagestan, aber auch in anderen Teilen des Kaukasus.»Still, der Tamada spricht – Gott spricht«, heißt es in den kaukasischen Bergen.

Der Dichter liebte dieses Leben, erlag aber auch den Verlockungen des Sowjetlebens mit seinen offiziellen Empfängen in Moskau, öffentlichen Auftritten und Ehrungen, mit seinen Delegationsreisen und Sonderverpflegungen. Wer in diesem Kreis angekommen war, der hatte es weit gebracht, besonders dann, wenn er – wie Gamsatow – aus dem schlichten Aul Zada in den Bergen stammte, wo er 1923 geboren worden war.

Rassul Gamsatow mochte im sowjetischen Vielvölkerstaat als exemplarisch gelten für jene literarischen Talente, die einen Spagat versuchten zwischen ihrer nationalen Herkunft und kommunistischer Staatsdoktrin. Der Sohn des Dichters Gamsat Zadasa kam in der Sowjetunion früh zu Ehren und wurde auf Parteitagen und Schriftstellerkongressen herumgereicht. Angelegentlich besang er in seinen Poemen auch Stalin.

Damit kam der Aware jahrzehntelang gut zurecht, er genoss die Aufmerksamkeit von Partei und Publikum. 1943 wurde sein erstes

Buch mit Gedichten »Flammende Liebe und brennender Hass« in awarischer Sprache veröffentlicht. In Russland wurde er vor allem durch den Gedichtband »Kaukasische Rhapsodie« bekannt. Er übersetzte Puschkin, Lermontow, Majakowski und Jessenin ins Awarische und awarische Literatur ins Russische.

Die Preise kamen fast wie von allein, dank des Prinzips der Nationaldichter, den jede in der Sowjetunion lebende Nationalität haben musste. Damit waren die Orden vorprogrammiert. Dem Stalin-Preis folgte der Lenin-Orden, dem wiederum der Orden der sozialistischen Oktoberrevolution. Auch der Untergang der Sowjetunion bedeutete keinen Bruch: Zu seinem 80. Geburtstag verlieh ihm der damalige russische Präsident Wladimir Putin den Orden des heiligen Andreas des Erstberufenen, die höchste staatliche Auszeichnung der Russischen Förderation.

»Mein Aul, meine Berge, mein Dagestan«, das waren die Quellen, aus denen der dagestanisch-sowjetische Dichter aus dem Volk der Awaren seine teils naiv-naturlyrischen, über lange Jahre parteitreuen, doch in ihrer Menschenfreundlichkeit anrührenden Werke schöpfte. »Dagestan ist mein Herd. Dagestan ist meine Wiege«, schrieb er in »Mein Dagestan«, das auch auf Deutsch erschien.

An der Schwelle des Todes holte ihn die Reue ein. Gamsatow litt darunter, dass er auf Geheiß der Partei den kaukasischen Nationalhelden Imam Schamil geschmäht hatte, der im 19. Jahrhundert den Befreiungskampf der Kaukasier gegen die Russen angeführt hatte. Gamsatow verehrte ihn als Kind, wie jeder Junge in Dagestan. Von Schamil träumen sie alle. So mutig, kühn und unerschrocken im Kampf will jeder Zehnjährige sein, ob er nun Aware, Darginer oder Tschetschene ist. »Doch dann wurde ich orthodoxer Kommunist«, sagte der alte Mann betroffen. 1947, mit 23 Jahren, trat er gegen die Dichterin Anna Achmatowa und den Satiriker Michail Soschtschenko auf. Er tat es, »obwohl ich sie beide liebte«. Leicht dürfte ihm diese Beichte vor Fremden nicht gefallen sein. Wenige Wochen später lebte er schon nicht mehr. Er starb am 3. November 2003 in Moskau.

Die Wainachen: Tschetschenen und Inguschen

Verrückt anmutende Bilder gingen zu Beginn der 90er-Jahre um die Welt. Sie zeigten junge, oft bärtige Männer, die in edlen Karossen der Marke BMW saßen, ihre Kalaschnikows schwenkten und mit den Maschinengewehren prahlten, die sie über den geöffneten Schiebedächern ihrer Fahrzeuge befestigt hatten. Die Sowjetunion war gerade zusammengebrochen, und in Tschetschenien brannte die Luft. Die Unabhängigkeit schien zum Greifen nahe, man feierte sie, ehe sie überhaupt erreicht war. In diesen durchgedrehten Wochen und Monaten wurde die Abkürzung der deutschen Marke völlig neu dechiffriert: Bojewaja Maschina Wainachow – der Kampfwagen der Wainachen wurde das Auto aus deutscher Produktion bei den Tschetschenen genannt.

Die Wainachen (»unser Volk«) sind eine Ethnie, zu der neben den Tschetschenen auch die Inguschen gehören. Beide waren bis zum Ende der Sowjetunion in der Tschetscheno-Inguschischen Autonomen Sowjetrepublik zusammengesperrt. Beide Völker trennten sich 1991 konfliktfrei voneinander und erklärten sich für unabhängig. Über die frühe Geschichte der Tschetschenen und Inguschen ist bis heute wenig bekannt.

Historiker vermuten, dass die Wainachen möglicherweise von den Hurritern abstammen, die im 3. und 2. Jahrtausend v. Chr. an der Grenze zu Nordmesopotamien lebten. Nach der Zerschlagung ihres Reiches hätten sie sich in den Kaukasus zurückgezogen und dort mit der Koban-Kultur (benannt nach dem ossetischen Dorf Koban, in dem sie Mitte des 19. Jahrhunderts bei Ausgrabungen entdeckt wurde) vermischt. So wurden sie zu Wainachen. Götterstatuen und Kurgane, kegelförmige Grabmale, werden zum Beweis für diese Theorie herangezogen.

Die Wainachen, um in der ständig von neuen Eroberern heimgesuchten Region überleben zu können, mussten sehr flexibel sein. Herrschte Frieden, siedelten sie in der Ebene, die dem Nordkaukasus vorgelagert ist und heute zur Region Stawropol gehört. Drohte ein neuer Krieg, zogen sie sich in ihre schwer einnehmbaren Berge zurück. Im Mittelalter müssen sich die Wainachen dann in Inguschen und Tschetschenen aufgespaltet haben, betrachteten sich aber weiterhin als Brudervölker.

Im Unterschied zu den Inguschen entwickelten die Tschetschenen eine weit stärker ausgeprägte Stammesgesellschaft, deren tragende Struktur die Tejps, die tschetschenischen Clans, sind. Der Tejp, sagen die Tschetschenen, ist die »Festung der nationalen Bräuche«. Als Sippenverbände oder »große Familien« gründen sie sich nicht immer nur auf Blutsverwandtschaft. Auch die Herkunft aus dem gleichen Ort, aus der gleichen Gegend kann das verbindende Element eines Tejps sein.

Mit dem Ende der Sowjetunion und dem Machtantritt Präsident Dschochar Dudajews im Jahr 1991 gewannen die Tejps wieder zunehmend an Einfluss, ebenso wie der für Tschetschenien typische Sufismus, ein gemäßigter Islam. »Wir machen die Entwicklung zurück zu langsam«, beklagte sich dennoch der damalige Vorsitzende des Ältestenrates, Said Ahmad Adisow. »73 Jahre lang wurden wir durch das kommunistische System vom rechten muslimischen Weg ferngehalten.« Bis 1917 war der Rat der Tejpe das oberste Schlichtungsorgan im Lande. Das sowjetische administrative System versuchte dem ein Ende zu bereiten, das gelang jedoch nie. Unter der Oberfläche von Partei- und Verwaltungsstrukturen lebten die Tejps weiter. Das Wort der Ältesten entschied etwaige Differenzen, es wurde strikt befolgt.

Heute gehen die Tschetschenen selbst »von mehr als 150 Tejps aus, die sehr groß sein können, wie etwa der Benoi-Tejp, zu dem annähernd 100 000 Tschetschenen (darunter der bekannte tschetschenische Unternehmer Malik Saidulajew, aber auch Baisangur, ein Held des bewaffneten Widerstands gegen das Zarenreich) gehören. Beträchtliche Ausdehnung besitzen ebenfalls der Belgatoi-Tejp und der Gendargenoi-Tejp, dem zahlreiche Parteifunktionäre Sowjettschetscheniens entstammten. Kleiner sind hingegen vornehmlich Bergsiedlungen umfassende Tejps wie der Turkchoi-, der Mulkoi- oder der Sadoi-Tejp.«[1]

Als sich zwischen den beiden Tschetschenienkriegen (1994–1996 und 1999–2001) die radikal-islamischen Kräfte immer mehr durchsetzten, kam es zum Konflikt mit den traditionellen Tejp-Strukturen. Die Islamisten waren der Meinung, dass diese spezifisch tschetschenische Stammesstruktur unvereinbar sei mit der Scharia. Mehr noch, die »Araber«, wie die 2006 ermordete Publizistin Anna Politkowskaja sie nannte, »sind felsenfest davon überzeugt, dass eine weitere Islamisierung Tschetscheniens nach arabischem Muster, die das Volk ›umerzieht‹ und viel Geld aus dem Nahen Osten und dem arabischen Afrika in die zerstörte Republik bringt, ein Segen ist, und dazu ist es unausweichlich, sich von den alten tschetschenischen Bräuchen abzuwenden«.[2]

Die ganz praktische, die tschetschenische Lebensweise total auf den Kopf stellende Folge war, dass die jungen »Gotteskrieger« nicht mehr auf die Ältesten und deren Rat hören wollten. Seit Jahrhunderten überkommene Traditionen gerieten in Gefahr, und damit eine Lebensweise, die wesentlich ist für den Zusammenhalt der Kaukasier. Die daraus entstandenen Konflikte nahmen manchmal brutale Formen an.

So lebte im Dorf Alchan-Kala eine Familie mit drei Töchtern und dem 20-jährigen Sohn Imran. Malika, die Jüngste, kam ins heiratsfähige Alter, in der Familie Ismailow wurde von einer baldigen Ehe gesprochen. Imran stellte seinen Vater zur Rede und forderte, dass seine Schwester nicht weggehen, sondern ihn, ihren Bruder, heiraten solle. Der Vater glaubte seinen Ohren nicht trauen zu können. »Bist du verrückt geworden?«, fuhr er den Sohn an. Der berief sich auf das Wort Gottes: »Allah hat gesagt, ein richtiger Moslem muss seine dritte Schwester heiraten«, dies habe ihm sein Emir erklärt. Und er, Imran, werde es nicht zulassen, dass Malika aus dem Haus gehe. Der Sohn widerspricht dem Vater! Ein unerhörter Vorgang im vom Adat geprägten Nordkaukasus! Der Vater »packte den Sohn am Kragen und schleppte ihn in einen Schuppen. Nach kurzer Zeit fiel ein Schuss. Vater Ismailow brachte die Leiche seines Sohnes heimlich auf den Friedhof und verscharrte sie. Niemand im Dorf verurteilte ihn.«[3]

Dudajew, Tschetscheniens erster Präsident

Dschochar Dudajew wurde am 15. Februar 1944 im tschetschenischen Perwomaiskoje in Tschetschenien geboren. Er war nur wenige Tage alt, als seine Familie mit über 400 000 ihrer Landsleute auf Befehl Stalins in Viehwaggons verfrachtet und nach Kasachstan und Mittelasien deportiert wurde. Auch 92 000 Inguschen zwang man auf diesen Weg. Der sowjetische Diktator »bestrafte« beide Völker kollektiv für ihre angebliche Kollaboration mit den Deutschen. Die hat es vermutlich teilweise auch gegeben, kann aber auf keinen Fall ganzen Völkern angelastet und zur Begründung der brutalen Kollektivstrafe herangezogen werden. Dem Diktator war es egal.

Erst 1956, nachdem der damalige Staats- und Parteichef Nikita Chruschtschow auf dem 20. Parteitag der KPdSU mit dem 1953 verstorbenen Stalin abgerechnet hatte, wurden die deportierten Völker rehabilitiert und durften in ihre Heimat zurückkehren. Inzwischen waren dort jedoch Zehntausende Russen angesiedelt worden. Die Deportation selbst blieb im Gedächtnis der Tschetschenen haften als ein weiteres Verbrechen, das Russen an ihnen verübt hatten. Die nun in ihrem Land ansässigen Russen betrachteten die Heimkehrenden als unwillkommene Fremdlinge. Der Boden für künftige Konflikte war bereitet.

Vorerst jedoch verlief das Leben von Dschochar Dudajew in normalen sowjetischen Bahnen. Nach der Schule ging er zum Militär. Er studierte an der Tambower Akademie für Fernfliegerkräfte und diente sich – ungewöhnlich, dass einem Tschetschenen eine solche Karriere erlaubt wurde – bis zum General hinauf. Als Kommandeur einer Division strategischer Bomber, die in Litauen stationiert war, beendete er seine militärische Laufbahn, weil ihn der Rat der Ältesten, ein höchst einflussreiches, zu dem Zeitpunkt aber nur inoffizielles Gremium, in die Heimat rief. Dort sollte er Tschetschenien in die Unabhängigkeit führen.

War er, der sowjetische General, dafür überhaupt bereit? Dudajew behauptete, ja. »Ich habe mich mein ganzes bewusstes Leben darauf vorbereitet. Die Ungerechtigkeit, die Gewalt, der lästige Druck, der auf meiner Seele lastete, auf der Seele meines Volkes, und nicht nur meines, das wurde mir schon bewusst, als ich in der Erdhütte aufwuchs, unter sibirischen Bedingungen, mit Hunger, Armut und Repression. Nichts konnte mich schrecken – nicht der Hunger, nicht die Kälte, nicht die Armut. Das Schrecklichste war das Gefühl der völligen Rechtlosigkeit und der Schutzlosigkeit seitens des Gesetzes, seitens des Staates. Im Gegenteil – deine Vernichtung als Mensch, als Persönlichkeit wurde zum Ziel erklärt.«[4]

Dieser Mann, der all diese Empfindungen über Jahre, im Verlaufe einer sehr erfolgreichen militärischen Karriere mit sich herumgetragen hatte, folgte dem Ruf der Ältesten. Als er in Tschetschenien ankam, herrschte noch der regionale Oberste Sowjet, das kommunistische Parlament. Dudajew bildete umgehend einen Volkskongress als Gegenparlament und erklärte die Sowjetversammlung für aufgelöst. Am 27. Oktober 1991 fanden Wahlen statt, Dudajew wurde mit rund 85 Prozent der Stimmen zum Präsidenten bestimmt. Zum 1. November erklärte er die Unabhängigkeit Tschetscheniens. Beides wurde von der russischen Führung nie anerkannt. Stattdessen verhängte Jelzin später den Ausnahmezustand über Tschetschenien.

Ein erster Versuch Russlands, die »verfassungsmäßige Ordnung« in der abtrünnigen Kaukasus-Republik wiederherzustellen, endete mit dem Rückzug des nur 2000 Mann starken Kontingents. Bis heute konnte niemand zweifelsfrei erklären, wie es kam, dass die Einheiten abzogen und ihr gesamtes Kriegsgerät – Handfeuerwaffen, aber auch Geschütze und Panzer – einfach zurückließen. Die oberste militärische Führung Russlands, so wurde damals gemunkelt, habe sich kräftig dafür bezahlen lassen, dass sie die Waffen einfach »vergaß«. Bewiesen wurde das nicht, angeklagt wurde nie jemand. Tatsache war lediglich, dass die etwa 60 000 Mann starke tschetschenische Nationalgarde plötzlich ausgezeichnet bewaffnet war.

Russische Truppen und moskautreue Tschetschenen bekamen das im Herbst 1994 zu spüren, als sie beim Versuch, die tschetschenische Hauptstadt Grosny im Handstreich zu nehmen, auf starken Widerstand stießen. Der Angriff endete in einer vernichtenden Niederlage, zugefügt von Waffen, die kurz zuvor noch der russischen Armee gehört hatten.

In den Jahren nach der Unabhängigkeitserklärung durchlebte Tschetschenien schwere Zeiten. Die Wirtschaft brach, beschleunigt durch die Blockade Russlands, weitgehend zusammen. Schmuggel, illegale Geschäfte und Kriminalität griffen um sich. Dudajew bekam sein Land und die widerstreitenden Parteien nicht in den Griff. Zwischen 200 000 und 300 000 Menschen verließen in der Zeit das Land.

In der Ebene im Norden verfügte der Teil der Tschetschenen, der den Anschluss an Russland wollte – meist Vertreter der alten sowjetischen Eliten – noch über starke Positionen. Umar Awturchanow hatte einen sogenannten Provisorischen Rat gebildet, der seinen Sitz in Snamenskoje, auf halbem Wege zwischen Grosny und dem nordossetischen Mosdok, hatte. Der Rat sei die »einzige legitime Vertretung des tschetschenischen Volkes«, in Dudajew bekämpfe er »die kaukasische Variante des Faschismus«, behauptete Awturchanows Pressesprecher Magomadow. Das Land war zerrissen.

Moskau wirkte daran im Geheimen mit. Seit Sommer 1994 erhielten Awturchanows Leute massive russische Militärhilfe, verdeckt und von Verteidigungsminister Pawel Gratschow lange geleugnet: T-72-Panzer, gepanzerte Flugabwehrkomplexe vom Typ »Schilka«, sogar Flugzeuge mit dem dazugehörigen Personal, das auf Vertragsbasis bereit war, Krieg zu führen.

Nur wenige Tage vor dem Krieg, der am 12. Dezember 1994 begann, traf ich selbst in Grosny Dudajew-Gegner. Ein ehemaliger tschetschenischer Journalist wartete sehnsüchtig auf die russischen Truppen. Flüsternd, sich immer wieder nach vermeintlichen Spionen Dudajews umschauend, erzählte er, dass Dudajew das Land zu einer Mafiakolonie verkommen lassen und die Wirtschaft ruiniert habe. Mord und Totschlag seien an der Tagesordnung, jetzt könne nur noch ein russischer Einmarsch Ordnung schaffen.

Repräsentativer war, wie sich später zeigen sollte, die Meinung eines gut betuchten Restaurantbesitzers. »Dudajew oder Opposition – das ist mir egal. Aber wenn die Russen kommen, mache ich aus meinem Restaurant ein Lazarett und greife selbst zur Waffe.« Tatsächlich stellten sich die Tschetschenen nach dem russischen Einmarsch am 12. Dezember hinter Dudajew und leisteten aufopferungsvollen Widerstand. Dudajew bewies in den Kämpfen außerordentliche militärische Fähigkeiten, die den zahlenmäßig und waffentechnisch überlegenen russischen Truppen das Leben schwer machten.

Und er bewies Weitblick, was die weitere Entwicklung in Tschetschenien und die Rolle des Islam betraf. Dessen Platz in Tschetschenien hänge »ausschließlich von äußeren Faktoren ab«, ahnte er bereits 1992. »Wenn sich die negativen äußeren Faktoren verstärken, wird der Islam stärker. Gibt es die Möglichkeit für eine selbständige Wahl, für eine selbständige Entwicklung, dann wird sich auch ein selbständiger weltlicher Staat herausbilden.«[5] Was offensichtlich sein Ziel war. Aber dem tschetschenischen Präsidenten war schon zu dem Zeitpunkt klar, dass zunehmender russischer Druck unausweichlich zur Islamisierung des Widerstandes führen würde. Was sich in den Jahren darauf vollauf bestätigte.

Dudajew erlebte nur noch die Anfänge dieser Entwicklung. Er starb am 21. April 1996, weil er sich geirrt hatte. Mit seiner Frau Alla und Mitkämpfern war er im Rayon Urus-Martan unterwegs. Da er telefonieren wollte, steuerte er seinen Wagen auf ein offenes Feld. »Seiner Frau sagte er, sie solle während des Telefonats nicht an seiner Seite bleiben.« Als erfahrener Militär wusste er, dass »sein Satellitentelefon in dem Moment von Russen angepeilt würde, da die Verbindung stand. 20 Meter ging die Ehefrau auf Distanz zu ihrem Mann. Sie schaute auf zum Sternenhimmel und sah einen russischen Satelliten, eine schwere Transportmaschine und einen Düsenjäger.

Dudajew legte seinen Koffer mit der Telefonanlage auf das Verdeck seines Wagens. 18 Minuten würde er für das Gespräch Zeit haben, erst dann war mit Raketenfeuer zu rechnen. Alla Dudajewa meinte das Trillern eines Vogels zu hören, dann folgte eine gewaltige Explosion. Stille. Dschochar Dudajew hatte sich geirrt. Der tschetschenische Separatistenchef lag ausgestreckt am Boden, ohne Fliegerkappe. Sein Haar war an einigen Stellen angesengt, aus einer tiefen Wunde am Kopf sickerte Blut. Er war sofort tot. Auch seine beiden Begleiter starben.«[6]

Wie später bekannt wurde, war es einem Mi-24-Hubschrauber gelungen, das Satellitentelefon zu orten. Damit konnte ein Su-25-Jagdbomber den gezielten Raketenschlag ausführen.

Der Erste Tschetschenienkrieg (1994–1996)

Das Wummern der fernen Artillerie ließ die Grillen im Garten verstummen. Noch zehn Kilometer von Grosny entfernt, im tschetschenischen Dorf Pobjedinskoje, war der Gefechtslärm mehr als deutlich zu hören. »Tagsüber haben sie auch Luftangriffe geflogen«, erzählten die Frauen, die den Stützpunkt des Internationalen Komitees vom Roten Kreuz im Dorf betreuten. Von Waffenruhe, wie sie Russlands Sicherheitsberater Alexander Lebed kurz zuvor vereinbart hatte, keine Spur.

Stattdessen schwebte an diesem Augusttag des Jahres 1996 über der tschetschenischen Hauptstadt das verantwortungslose Ultimatum des russischen Generals Konstantin Pulikowski: Bis Donnerstag, den 22. August um 9.30 Uhr, müssten die tschetschenischen Einheiten die Stadt geräumt haben, andernfalls werde mit »allen zur Verfügung stehenden Mitteln« angegriffen.

Pulikowski war wütend. Die tschetschenischen Rebellen hatten ihm einen schweren Schlag versetzt und ihre Hauptstadt, die bereits fest in russischer Hand war, mit einer völlig unerwarteten Blitzaktion zurückerobert. Das wollte sich der General nicht bieten lassen, er wartete nicht einmal ab, bis sein eigenes Ultimatum abgelaufen war, sondern ließ die Stadt schon vorher mit Artillerie beschießen und von Flugzeugen aus bombardieren. 200 000 Zivilisten, meist Alte, Frauen und Kinder, waren noch in Grosny. Der Beschuss trieb sie in die Keller und verhinderte, dass sie die Stadt verlassen konnten.

Am Donnerstag, dem Tag des Ultimatums, fuhr ich morgens mit drei Kollegen nach Grosny hinein, um zu erkunden, wie es jetzt nach den Angriffen aussah. Sicherheitsberater Lebed hatte sich angekündigt, er wollte den Sturm auf die Stadt verhindern. Bleierne Stille am

Stadtrand. Ein Warnschild gebot Halt. Da die russischen Soldaten, die sich in einiger Entfernung eingegraben hatten, auf unser Erscheinen nicht reagierten, fuhren wir langsam weiter. Doch ein Posten hatte plötzlich ein leichtes Maschinengewehr in der Hand, lud durch und legte den Finger an den Abzug. Der Fahrer des Shiguli versuchte sich in einer Vollbremsung.

Natürlich waren die Soldaten hochgradig nervös, seit die tschetschenischen Kämpfer die Stadt Anfang August einfach überrannt hatten. Vorsichtig gingen wir, den Anweisungen des Postens folgend, zu Fuß langsam auf ihn zu. Hinter einer Betonwand mit der Aufschrift »Freiheit für Tschetschenien« hatte sich weiteres Militär verschanzt.

Ein Offizier kontrollierte aufmerksam unsere Papiere. Derweil berichtete einer seiner Untergebenen, dass er seit zwei Monaten in Tschetschenien sei, und das klang nicht lustig. Was er denn von der Mission Lebeds in Grosny denke, fragen wir und werden mit einem kurzen »Wir denken nicht!« abgefertigt.

Dann war der Weg ins Niemandsland frei. Der Wagen rollte langsam ein paar hundert Meter weiter. Ein Draht war über die Straße gespannt. Ein handgemaltes Schild warnte »Vorsicht, Minen«. Der Posten, jetzt war es ein Tschetschene, begrüßte uns mit den irritierenden Worten: »Ich freue mich, die Korrespondenten lebend begrüßen zu dürfen.« Denn die Straße, die wir gerade entlanggefahren waren, sei vermint. Aber von hier an wäre es völlig ungefährlich, behauptete er. Gefahr drohe lediglich von dem in einzelnen Stützpunkten eingeschlossenen russischen Militär. Das schieße auf alles, was sich bewegt.

Kurz darauf passierten wir ein mit Ziegeln, Sandsäcken und Stacheldraht verbarrikadiertes mehrstöckiges Wohnhaus, auf dem die rote Sowjetflagge wehte. Die Russen schossen nicht, wohl aus Furcht vor tschetschenischen Gegenschlägen. Tschetschenische Bojewiki (Kämpfer) am Straßenrand erzählten uns, dass sie Befehl hätten, nur dann zur Waffe zu greifen, wenn der Gegner auszubrechen versuche. »Wir halten die Stadt, und weder Flugzeuge noch Artillerie können uns stoppen, denn jetzt sind wir auf unserem Boden.« Die Russen, sagte einer nahezu mitleidig, die wüssten doch gar nicht, warum sie kämpften. Die »Kontraktniki«, die Vertragssoldaten, nicht und schon gar nicht die Wehrpflichtigen. »Die laufen schon, wenn wir nur in die Luft schießen.«

Entschlossenheit, Kampfgeist, Disziplin – die akkurat gekleideten Tschetschenen des Jahrgangs 1996 mit ihren grünen Stirnbändern unterschieden sich wesentlich von den Gestalten, denen ich im Dezem-

ber 1994, nur wenige Tage vor Kriegsbeginn, in Grosny begegnet war:
Ein wild zusammengewürfelter Haufen von Abenteurern, Schießwü-
tigen, sicher auch Kriminellen, hatte damals das Stadtbild bestimmt.
Aber auch die weißbärtigen Alten, die auf dem Freiheitsplatz vor dem
Präsidentenpalast Tag für Tag unermüdlich den Sikr tanzten. Sikr bedeutet »Erinnerung«, »Wiederholung« oder »Gottesanrufung« und ist
eine Art sufitischer Gottesdienst, eine Form der Anrufung der Schö-
nen Namen Gottes. Allein oder auch gemeinschaftlich rituell durchge-
führt, besteht er aus bestimmten Körperbewegungen, aber auch Atem-
rhythmen.[7] Einige der im Kreise stampfenden Alten hatten weiße
Stirnbänder und wiesen sich damit als Mekka-Pilger aus. Andere, mit
grünen Stirnbändern, hatten geschworen, Tschetschenien bis zum
Letzten zu verteidigen.

Zwei Jahre später ist diese Entschlossenheit eher noch gewachsen.
Nach der Rückeroberung ihrer Hauptstadt waren die Tschetschenen –
fast alle, denen ich an jenem 22. August 1996 begegnete, trugen das
grüne Band des Märtyrers – voller Siegesgewissheit. Doch vorerst hielt
Grosny den Atem an. Würde Pulikowski sein Versprechen wahr machen und die Stadt stürmen?

Vorbei ging es an verlassenen Wohngebieten, ausgebrannten Häusern. Auch an der Tankstelle war niemand. Rachman, unser pfiffiger
tschetschenischer Fahrer, ließ einen zerbeulten Blecheimer in das offene Reservoir hinunter und füllte Sprit in den Tank, indem er eine
Colaflasche als Trichter benutzte.

Es war 9.30 Uhr, das Ultimatum abgelaufen. In großer Höhe, außer
Reichweite der tschetschenischen Stinger-Raketen, kreisten russische
Kampfhubschrauber. Bis jetzt war kein Schuss gefallen. Solange Lebed
in Tschetschenien war und verhandelte, so unsere Hoffnung, würde es
ruhig bleiben. Einer der ganz wenigen Tschetschenen, die auf der
Straße anzutreffen waren, versprach, er werde uns zu einem Komman-
dopunkt näher ans Zentrum führen. Dort wollten wir uns ein Bild von
der Lage machen und danach die Stadt mit ihrer gespenstischen Ruhe
wieder verlassen.

Eine längere Irrfahrt durch verschlungene Schleichpfade, vorbei an
einer brennenden Raffinerie, endete an einem unscheinbaren Haus
mit Garten. In den nächsten 24 Stunden sollten wir es nicht mehr verlassen: Unser Führer, der längst über alle Berge war, hatte uns zu einem
regionalen Standpunkt des tschetschenischen Geheimdienstes gebracht. Dort war man über die Enttarnung alles andere als erfreut, die
Korrespondenten wurden erst einmal für russische Spione gehalten.

»Seid ihr wirklich Deutsche und Schweizer, wie ihr behauptet, haben wir kein Problem mit euch. Aber das muss geprüft werden, bis dahin steht ihr unter Hausarrest«, befahl der Chef. Das galt auch für unseren Fahrer Rachman, der sich fatalistisch in sein Schicksal fügte: »Vor dem Mächtigen ist der Machtlose immer schuldig.«

Zäh floss die Zeit. Wir waren in ein Zimmer mit ein paar Matratzen gesperrt worden. Ein etwa 15 Jahre alter Junge hatte den Auftrag, uns zu bewachen. Er tat das mit einer Kalaschnikow und der ganzen Würde seines Alters. Interessiert fragte er uns aus, wie man denn so lebe in Westeuropa und was uns getrieben habe, nach Tschetschenien zu kommen. Kopfschüttelnd vernahm er von den seiner Meinung nach sehr laxen Sitten im Umgang mit dem anderen Geschlecht und befand: »Das ist unmoralisch und schlecht.« Irgendwann schaute er kopfschüttelnd auf meinen damals schon ergrauten Bart und fragte verständnislos: »Alter Mann, was willst du hier im Krieg? Du solltest zu Hause mit deinen Enkeln spielen.«

Mehrfach überflogen Kampfhubschrauber das Gebiet, in dem wir festsaßen. Flugabwehrgeschütze wummerten, als stünden sie in »unserem« Garten. Hoffentlich, so unser Gedanke, feuern die Hubschrauber nicht auf die Geschütze. Nur ungern wollten wir als Kollateralschaden enden. Derweil verfolgten wir mit einem kleinen Weltempfänger angespannt die stündlichen Nachrichten von BBC. Lebed verhandelte in Nowyje Atargi südlich von Grosny, Lebed sprach mit Aslan Maschadow, dem Stabschef der tschetschenischen Truppen, meldete der Sender.

Die Frage war, kann der russische Sicherheitsberater die eigenen Generäle kontrollieren? Ein Abbruch der Gespräche mit Maschadow, so stand zu befürchten, würde die Feuerwalze vielleicht doch noch in Bewegung setzen. In der relativen Sicherheit des kleinen Hauses, mehrere Kilometer vom Stadtzentrum entfernt, bekamen wir eine leise Ahnung davon, mit welch bangen Erwartungen die Einwohner von Grosny in ihren Kellern die Ereignisse verfolgen mögen, wenn sie es denn können. Erfolg oder Misserfolg der Lebed-Mission konnte über ihr Leben entscheiden.

Entspannung am nächsten Tag. Lebed und Maschadow haben sich geeinigt. Und wir, das haben unsere Hausherren angeblich in Moskau herausgefunden, waren keine Spione und durften gehen. Ein Führer sollte uns einen gefahrlosen Weg aus der Stadt zeigen. Der tschetschenische Sicherheitschef, der sich jetzt als Reswan vorstellt, verspricht ein großes Gelage nach dem Krieg. Doch solange gekämpft werde, komme kein Tropfen Alkohol über seine Zunge: »Nichts ist schlimmer als betrunken von einer Kugel getroffen zu werden. Denn wenn du betrunken stirbst, kommst du nicht ins Paradies, das Allah für mutige Kämpfer nach dem Tode bereithält.«

Nur wenige Tage später, am 31. August 1996, unterzeichneten Aslan Maschadow und Alexander Lebed den Friedensschluss von Chassawjurt. Von der russischen Armee wurde das als tiefe Schmach empfunden, war doch damit ihre Niederlage in Tschetschenien, die sie gerne noch in einen Sieg verwandelt hätte, praktisch besiegelt. Das Abkommen sah Frieden zwischen Tschetschenien und der Russischen Föderation vor, Moskau sagte Wiederaufbauhilfe zu, und die Frage des Status' Tschetscheniens wurde bis ins Jahr 2001 vertagt. Mit dem Abzug der russischen Truppen wurde allerdings schon 1996 de facto, wenn auch nicht de jure, die Unabhängigkeit Tschetscheniens anerkannt. Die Zahl der Opfer des Krieges gab man mit über 200 000 an.[8]

Ein knappes Jahr später empfing Russlands Präsident Boris Jelzin den inzwischen zum Präsidenten gewählten Aslan Maschadow im Kreml. Im Vertrag über den »Frieden und die Prinzipien der Zusammenarbeit« vom 12. Mai 1997 verpflichteten sich beide Seiten, auf die Anwendung oder Androhung von Gewalt zu verzichten und ihre Beziehungen gemäß den Prinzipien und Normen des Völkerrechts zu gestalten.

Diese Hoffnungen erfüllten sich nicht. Maschadow, unterstützt von einigen aufgeklärten Mitstreitern, konnte sich nicht gegen die immer stärker werdende Gruppe der Wahhabiten um Schamil Bassajew durchsetzen, die ihren militanten Islam zur Eroberung der Macht einsetzten. Andere, wie die Brüder Jamadajew oder die Gruppe um Gelajew, spielten ihr eigenes Spiel, zu dem Entführungen, Lösegelderpressungen und Morde gehörten. Eine der größten Geiselnehmerbanden stand unter dem Befehl von Maschadows Vizepräsident Wacha Arsanow. »Es ist bei uns ein offenes Geheimnis, dass Arsanow rund einhundert Leute für seinen Geiselhandel beschäftigt«, sagte Maschadows Verwaltungschef Apti Batalow.[9]

Da gleichzeitig die zugesagte wirtschaftliche Unterstützung aus Moskau ausblieb, wurde die Situation in Tschetschenien immer unübersichtlicher. Russland setzte offensichtlich darauf, dass sich gemäßigte Nationalisten, militante Islamisten und Kriminelle gegenseitig ausschalteten, um dann die Reste zusammenkehren zu können.

Der Zweite Tschetschenienkrieg (1999–2001)

August 1999. Schamil Bassajew, einer der brutalsten und gleichzeitig der unter den jungen Tschetschenen am meisten verehrte Feldkommandeur und sein Mitstreiter Omar Ibn al-Chattab fielen mit mehreren tausend Mann in Dagestan ein. Sie lieferten sich wochenlang schwere Kämpfe mit russischen Truppen. Bassajew hatte zuvor wiederholt im Internet erklärt, er wolle ein kaukasisches Emirat schaffen, das frei von russischen Besatzern sei und durch den Islam und die Scharia bestimmt werde. Für die russische Führung, in der soeben der junge, weitgehend unbekannte Wladimir Putin vom Chef des Inlandsgeheimdienstes FSB zum Premierminister aufgestiegen war, bot Bassajews Angriff auf Dagestan und die angeblich von Tschetschenen verübte Sprengung von Wohnhäusern in Moskau und Wolgodonsk Anfang September 1999 mit Hunderten Toten den Anlass, nun erneut gegen Tschetschenien vorzugehen und den zweiten Krieg zu beginnen.

Boris Jelzin, damals noch Präsident des Landes, sah das Land in höchster Gefahr. »Die Schwächung von Staatsapparat, Sicherheitsdienst und Armee infolge des Zerfalls der Sowjetunion drohte im neuen Russland weiter fortzuschreiten. Putin spürte diese Gefahr als einer der ersten. Er begriff, dass die Krise in Tschetschenien auf den gesamten nördlichen Kaukasus übergreifen könnte, auf Dagestan, Inguschetien und andere Republiken. Anschließend hätten die islamistischen Separatisten, womöglich mit Unterstützung von außen, eine Abtrennung weiterer Republiken, wie Baschkirien und Tatarstan, angestrebt. Es drohte eine Welle des Separatismus, die zum endgültigen Zerfall der Föderation, zu einem religiös-ethnischen Konflikt im gesamten Land und zu einer humanitären Katastrophe von weit größerem Ausmaß als in Jugoslawien führen konnte.«[10]

Ob diese Gefahr wirklich so groß war, darf bezweifelt werden. Aber diese Argumentation lieferte eine vorzügliche Begründung für alles, was dann folgen sollte. Russland, so versuchte der Kreml zu suggerieren, kämpft um sein Überleben. Es ist durchaus denkbar, dass Moskau, gestützt auf diese Einschätzung, das Heft des Handelns selbst in die Hand nahm in der Annahme, damit Schlimmeres zu verhüten. Tatsache ist, dass Sergej Stepaschin, der 1999 für 89 Tage, vom 12. Mai bis zum 9. August, Premierminister war, seinen Job verlor, weil er für ein weiteres Tschetschenien-Abenteuer nicht zur Verfügung stand. Putin hatte weniger Skrupel und nahm den Job an.

Der Krieg war wohl bereits seit dem Frühjahr 1999, also lange vor Bassajews Marsch nach Dagestan, geplant worden. Auf einem Foto, das in Moskauer Zeitungen veröffentlicht wurde, ließen sich drei Männer von der Frühjahrssonne in Nizza bräunen: der Finanzmogul Boris Beresowski, damals die »graue Eminenz« im Kreml, der einflussreiche Chef der Kremladministration Alexander Woloschin und Schamil Bassajew. Was hatte die drei an der Côte d'Azur zusammengeführt? In den russischen Medien kursierten damals Berichte darüber, dass der russische Geheimdienst sowohl hinter der Bassajew-Aktion als auch hinter den brutalen Sprengungen russischer Wohnhäuser gestanden haben soll.

Der ehemalige russische Spion Alexander Litwinenko schrieb im Londoner Exil darüber das Buch »Exploding Russia«, in dem er seine ehemaligen Kollegen beschuldigte, die Häuser selbst gesprengt zu haben. Litwinenko starb am 23. November 2006 in London an den Folgen einer Polonium-Vergiftung.

Der Tschetschene Mustafa Edilbijew, der im ersten Krieg in Tschetschenien in einer Führungsposition auf der Seite der Rebellen gekämpft hatte, erzählte mir im Verlaufe des zweiten Krieges, dass Bassajew für seinen Einmarsch nach Dagestan von russischer Seite bezahlt worden sei. Edilbijews Gewährsmann sei Zeuge gewesen, wie Präsident Maschadow Bassajew heftig wegen dessen Alleingang in Dagestan angefahren und ihm vorgeworfen habe, 20 Millionen Dollar dafür bekommen zu haben. Bassajew habe nur gegrinst und mit der Schulter gezuckt. Später bestätigte Maschadow in einem Gespräch mit der Deutschen Welle: »Der Feldkommandeur Schamil Bassajew hat mit dem Überfall auf Dagestan im vergangenen Sommer den Krieg mit Russland provoziert.« Beresowski habe Geld für den Krieg gegeben und »Putins Wahlkampf gemanagt. Mit dem Krieg schuf er eine Grundlage für Putins Popularität«, so Maschadow.[11]

Dabei arbeiteten Rebellen und russisches Militär offenbar Hand in Hand. Mein Journalistenkollege Florian Hassel sprach im September 1999 mit den Bewohnern eines Dorfes nahe der dagestanisch-tschetschenischen Grenze. Der Bergbauer Ali Abdulajew berichtete: »Am 11. September sind rund eintausend Mann in aller Seelenruhe die Straße hinter der Moschee hinaufgezogen: Araber, Tadschiken, Usbeken, Afrikaner, Russen und Tschetschenen. Die ganze Kolonne wurde von russischen Hubschraubern begleitet. Sie haben Bassajew und seine Leute nicht angegriffen, sondern schienen sie zu eskortieren. Stattdessen fingen die Russen einen Tag später an, uns zu bombardieren.«[12]

Der Moskauer Politologe Stanislaw Belkowskij unterbreitete mir später seine eigene Theorie über die Hintergründe des zweiten Krieges. Dieser sollte seiner Meinung nach vor allem dazu dienen, die Lage im Lande so zu destabilisieren, dass jederzeit der Ausnahmezustand ausgerufen und die für Anfang 2000 angesetzten Präsidentschaftswahlen abgesetzt werden konnten. Der Kreml fürchtete zu Recht, das Jelzin keine Chance haben würde, wiedergewählt zu werden. An den neuen Premier Putin habe da noch niemand gedacht, ihn hätten selbst die Wohlmeinendsten für »unwählbar« gehalten, sagte Belkowskij. Erst im Verlaufe des Krieges in Tschetschenien – die Popularität des bis dahin blassen Politikers war inzwischen raketengleich in die Höhe geschossen – sei er als Präsidentschaftskandidat ins Spiel gekommen.

Putin erklärte am 15. September 1999, nachdem die russischen Wohnhäuser gesprengt, die Täter aber noch nicht dingfest gemacht worden waren, das Abkommen von Chassawjurt für nicht mehr bindend. Damit konnte der Krieg offiziell beginnen. Er bekam das Etikett »antiterroristische Aktion« aufgeklebt, wurde aber zunächst aus der Luft geführt. Sergej Stepaschin, gerade als Premier gefeuert, bestätigte mir, dass Moskau sich dabei vom Beispiel der Nato in Jugoslawien leiten ließ. »Es mag ein etwas unglücklicher Vergleich sein, aber das Ultimatum der westlichen Allianz für Milošević wurde unterstrichen durch Schläge aus der Luft auf Objekte und Strukturen, in denen Waffen produziert wurden. Wir handeln heute fast genauso.«

Stepaschin glaubte bei unserem Gespräch Ende September 1999 nicht an einen neuen Krieg, in dem auch Bodentruppen eingesetzt würden, er glaubte an einen Erfolg ausschließlich aus der Luft. Doch zum Jahresende stand ein fast 100 000 Mann starkes Truppenkontingent, bestehend aus regulären Armee-, Geheimdienst- und Grenzschutzeinheiten sowie den berüchtigten Sondereinheiten des Innenministeriums OMON und SOBR, in Tschetschenien und jagte »Banditen«. Den »Föderalen«, wie die Tschetschenen Moskaus Militär nannten, standen nach Aussage von Maschadow 23 000 Rebellen gegenüber. Gespräche mit dem gewählten tschetschenischen Präsidenten waren in diesem Szenarium nicht vorgesehen.

Im Gegensatz zum Waffengang von 1994/96 hatten diesmal zunächst die Luftwaffe und die Artillerie das Sagen. Unter dem Vorwand, »Stellungen der Banditen« anzugreifen, wurden Dörfer und Städte bombardiert. Tschetschenische Angaben über Tausende ziviler Opfer wurden als »Propaganda« dementiert. Die Zahl der russischen Gefallenen wurde Ende Dezember, nach dreieinhalb Monaten Krieg, offiziell mit 397 angegeben. Die Organisation der Soldatenmütter ging dagegen von über 1000 aus.

In der Behandlung der Medien hatte die russische Führung dazugelernt, nachdem sie den Informationskrieg beim Waffengang zuvor deutlich verloren hatte. Während der ersten Kampagne durften die Journalisten, auch ausländische, mehr oder weniger ungehindert im Nordkaukasus recherchieren. Das wurde im zweiten Krieg untersagt. Die Region wurde zum »Gebiet der Durchführung konterterroristischer Aktionen« erklärt. Betreten war nur mit Sondergenehmigung des Inlandsgeheimdienstes, später des Innenministeriums erlaubt. Damit konnte der Krieg weitgehend unter Ausschluss der Öffentlichkeit ablaufen.

Der Kadyrow-Clan und die relative Stabilisierung

Sie sitzen auf ihrer wackligen Bank vor ihrem Grundstück wie Philemon und Baucis. Ali Schamajew und neben ihm seine Ehefrau Paka beobachten das ruhige Treiben auf der Straße. Ali ist der Imam des kleinen Dorfes Sony unweit der hoch in den Bergen gelegenen Ortschaft Schatoi, die in zwei Tschetschenienkriegen eine wichtige strategische Rolle gespielt hat.

Die beiden Alten, die die 80 längst überschritten haben, schauen auf ein für sie gewohntes Schauspiel: Auf beiden Seiten der Straße, die von Grosny nach Schatoi und weiter nach Itum-Kale führt, gehen in langer Reihe russische Soldaten, begleitet von einem schweren Ural-Lkw. Aufmerksam prüfen sie die Straßenränder, sie suchen nach versteckten Sprengladungen. »Das machen sie jeden Abend und jeden Morgen«, sagt der Imam, ohne eine Miene zu verziehen. Ali Schamajew kann so schnell nichts erschüttern. Er wurde auf Befehl Stalins 1944 als 14-Jähriger zusammen mit seinem Volk nach Kasachstan deportiert. In den kasachischen Bergwerken ruinierte er sich seine Gesundheit. Er überlebte, kehrte zurück, baute ein Haus. Das wurde in den beiden russisch-tschetschenischen Kriegen 1994/96 und 1999/2001 zerstört. Und jedes Mal baute er es wieder auf.

Jetzt genießt er die relative Ruhe in seinem Dorf. »Rebellen? Wahhabiten? Die sind kaum noch zu bemerken.« Ein Nachbar kommt dazu und murmelt in Richtung der vorbeimarschierenden Soldaten ärgerlich: »Die ziehen nie ab, die wollen für immer hier bleiben, auch wenn die KTO aufgehoben wurde.«

KTO – diese Abkürzung ist in diesen Tagen in Tschetschenien in aller Munde. Die Zone der konterterroristischen Operationen war im September 1999 für die nordkaukasische Republik ausgerufen worden, als der zweite Krieg begann. Am 16. April 2009, null Uhr, wurde dieser Status aufgehoben.

Die KTO hatte aus dem umkämpften Land eine Sonderzone gemacht, in der sich Militär, Truppen des Innenministeriums und die Geheimdienste nach Belieben austoben durften. Zwei hochdekorierte Veteranen des Krieges erzählten der Londoner *Sunday Times* jetzt, wie sie nicht nur Rebellen, sondern auch deren mutmaßliche Sympathisanten systematisch gefoltert, missbraucht und getötet haben. Die Geheimdienstleute prahlten, sie hätten den Leuten mit Hämmern die Fingerknochen zerschlagen, sie mit Elektroschocks »behandelt« oder zum Sex miteinander gezwungen. Anschließend töteten sie ihre Opfer, verscharrten sie an versteckten Orten oder »pulverisierten« sie. Das heißt, ihre Körper wurden mit einer starken Sprengladung in Nichts aufgelöst.[13]

Diese »Zone«, die Journalisten ohne Sondergenehmigung und ohne Begleitung von Vertretern des Innenministeriums nicht betreten durften, gibt es nun offiziell nicht mehr. Die Sicherheitslage hatte sich bereits in den Jahren davor langsam verbessert. Bei meinem Besuch im Jahr 2003 sah das noch anders aus. Es gab noch keine von Grosny Avia bediente Flugverbindung, der Flughafen war schwer beschädigt. Die Anreise erfolgte über Prochladny in Kabardino-Balkarien nach Mosdok in Nordossetien, wo ein bis an die Zähne bewaffnetes Dutzend russischer Soldaten die Bewachung der Busfahrt nach Grosny übernahm. Ihre Anweisungen waren Gesetz, eine Entfernung von der Gruppe ausgeschlossen. Bei jedem Halt sprangen die schwer Bewaffneten zuerst aus den Fahrzeugen und sicherten unsere Gruppe, misstrauisch die Umgebung beäugend. Selbst mitten in Grosny wichen sie nicht von diesem Verfahren ab. Von Hubschrauberflügen hatte man 2002 und 2003 Abstand genommen, nachdem Armeehelikopter Opfer von Rebellenangriffen geworden waren.

Russische Uniformen waren auch im April 2009 noch allgegenwärtig. Soldaten standen an allen großen Kreuzungen. Auf der Straße nach Schatoi waren an den Ortsein- und Ausgängen befestigte Stellungen angelegt. Ebenso an Brücken und an den steilen Abhängen der Wolfsschlucht, durch die die Straße nach Schatoi führt. Auch an den Einfahrten nach Grosny standen aus Betonplatten zusammengefügte sogenannte Blockposten, die aber im Gegensatz zu früheren Zeiten den Verkehr ungehindert passieren ließen. Die vorbeirasselnde Kolonne von gut einem Dutzend Haubitzen auf Selbstfahrlafetten, deren Panzerketten die Autos mit grau-braunem Staub überschütteten, war ein Indiz dafür, wie ernst die russische Führung die Lage noch immer einschätzte.

Zu dem Zeitpunkt waren in Tschetschenien rund 50 000 Angehörige der Armee, des Innenministeriums und der Geheimdienste stationiert. Hinzu kamen mehrere Tausend Tschetschenen in Diensten von Präsident Ramsan Kadyrow. Ihnen standen im Frühjahr 2009 angeblich zwischen 70 und 700 Rebellen gegenüber, die jedoch nur noch zu sehr sporadischen Aktionen fähig waren.

Zwischenfälle kurz vor und kurz nach der Aufhebung des Sonderstatus am 16. April beeinträchtigten allerdings das Bild vom befriedeten Tschetschenien. So büßte ein hoher Offizier der Antiterrortruppe des Innenministeriums sein Leben bei einem Sprengstoffanschlag ein. Mehrere Soldaten starben bei Feuerüberfällen der Rebellen. Aus den Regionen um Wedeno und Schatoi wurden nächtliche Kämpfe gemeldet. Zeitweilig war sogar von einer begrenzten Wiedereinführung der KTO die Rede.

»Das ist alles Unsinn, es gab gar keine nächtlichen Gefechte«, sagte Heida Saratowa, eine tschetschenische Menschenrechtsaktivistin. Wie die meisten Tschetschenen war sie davon überzeugt, dass die Russen – sie werden in Tschetschenien »die Föderalen« genannt – diese Gefechte inzwischen selbst inszenieren. »Die Föderalen wollen hier doch gar nicht weg. In Tschetschenien winken schnelle Karrieren, Sonderzulagen. Die leben hier doch wie die Made im Speck«, meinte sie.

Heida Saratowa ist eine der Wenigen, die ein offenes Wort wagen in einem Land, wo es patriotische Pflicht ist, das Lob des Präsidenten zu singen. Kritische Worte gibt es nicht, oder sie werden auf der Straße und ohne Nennung des Namens geflüstert. Die Angst vor den Konsequenzen – vom Verlust des Arbeitsplatzes bis zum nächtlichen Besuch maskierter Uniformierter – sitzt tief.

Denn Kadyrows Hand reicht weit, sogar bis nach Moskau, Wien oder London. Tschetschenen, die sich dort kritisch über den Putin-Freund Ramsan äußern, gefährden ihre in Tschetschenien lebenden Angehörigen. Ein tschetschenischer Freund, der in Moskau lebt, wollte seinen Namen deshalb nicht gedruckt sehen. »Ramsan benutzt die Familien in Tschetschenien als Geiseln«, weiß er. Selbst Achmed Sakajew, der Chef der tschetschenischen Separatistenregierung, könne sich in seinem Londoner Exil keinen offenen Konflikt mit dem tschetschenischen Präsidenten leisten. 90 Prozent seiner Familie leben in dessen Herrschaftsbereich. Kadyrow wird sogar die Verwicklung in spektakuläre Morde an Widersachern in Moskau, Wien und Dubai zugeschrieben. Auf der Suche nach den Mördern der Journalistin Anna Politkowskaja (2006) und des Oppositionspolitikers Boris Nemzow (2015) führten die Spuren jeweils in das Umfeld von Ramsan.

Kadyrow selbst bleibt von derlei Vorwürfen unberührt. Er kann sich der Unterstützung Moskaus sicher sein, hat er doch die Kremlstrategie der »Tschetschenisierung« des Tschetschenienproblems vorbildlich umgesetzt. Jetzt schießen Tschetschenen auf Tschetschenen, Russen bleiben zur Absicherung im Hintergrund.

Gleichzeitig hat Kadyrow in dem von zwei Kriegen verwüsteten Land etwas geschaffen, das seine Anhänger gerne als »tschetschenisches Wirtschaftswunder« bezeichnen. Die Mehrheit seiner Landsleute wissen es zu schätzen, dass Grosny – vor ein paar Jahren noch ein Abbild des zerstörten Dresden – heute wieder aufblüht. Asphaltierte Hauptstraßen, Neubauten an allen Ecken und Enden, Handel und Wandel und nicht zuletzt die öffentliche Sicherheit auch in den Nachtstunden beeindrucken den Besucher, der sich noch gut an das Kriegs-Grosny erinnert.

»Das Leben wird mit jedem Tag besser«, bestätigte Muslim Magomedow, ein privater Bauunternehmer. »Wir waren am Boden, jetzt erheben wir uns«, freut er sich. Im Zentrum der Stadt, dort wo die Wladimir-Putin-Avenue in die Achmed-Kadyrow-Straße übergeht, steht die 2008 gebaute größte Moschee Europas. Sie fasst 10 000 Gläubige, über das Gewicht der Kronleuchter kursieren Legenden.

Das Geld für derlei Luxus kommt zum Teil aus dem föderalen Haushalt. Dafür, dass Kadyrow für Ruhe in Tschetschenien sorgt, fließen die Gelder reichlich. Allein für das Jahr 2015 genehmigte das Parlament eine Finanzbeihilfe von 20 Milliarden Rubel (rd. 330 Millionen Euro). Zum Vergleich: Die Krim, die sich Russland 2014 völkerrechtswidrig einverleibt hat, bekam für den gleichen Zeitraum etwas mehr als 17 Milliarden Rubel. Offiziell wird das Gesamtbudget Tschetscheniens für 2015 mit 57 Milliarden Rubeln angegeben.[14]

Doch die Bauwut des Tschetschenen, wie auch seine gut bezahlten Sicherheitskräfte, brauchen deutlich mehr und flexibler einsetzbare Mittel. Die Lösung: Die Achmat-Kadyrow-Stiftung, eine der undurchsichtigsten »nichtkommerziellen« Organisationen Russlands. Sie ist wie alle wichtigen Einrichtungen benannt nach Ramsans Vater, der am 9. Mai 2004 bei einem Attentat getötet wurde. Achmat Kadyrow hatte zu Beginn der 90er-Jahre als Mufti Tschetscheniens auf Seiten der Rebellen gestanden, als geistiges Oberhaupt Tschetscheniens sogar den »Dschihad« gegen Russland ausgerufen. Kurz vor dem zweiten Krieg wechselte er das Lager. Zusammen mit den Brüdern Jamadajew sorgte er für eine kampflose Übergabe der zweitgrößten tschetschenischen Stadt Gudermes an die russischen Truppen.

Zum Dank machte Putin ihn nach dem zweiten Krieg im Jahr 2003 zum Präsidenten der autonomen Republik. Sohn Ramsan befehligte seine Leibgarde. Knapp ein Jahr später war Achmat Kadyrow tot. Noch am Abend des Anschlags empfing der damals 27-jährige Ramsan indirekt die Macht aus den Händen von Präsident Wladimir Putin. Das russische Fernsehen zeigte den linkischen Kadyrow junior in einem deplatziert wirkenden hellblauen Trainingsanzug im Kreml, wo Putin seinen Vater zum »wahren Helden« erklärte. Im Frühjahr 2007, nach seinem 30. Geburtstag, wurde Ramsan Kadyrow ohne Gegenkandidaten zum Präsidenten gewählt. Ramsan, so der russische Kaukasus-Experte Alexej Malaschenko, sei das »Produkt des brutalen russischen Zynismus und des kaukasischen Pragmatismus«.[15]

Die Stiftung dient dem Sohn als nur enig verdeckte »schwarze Kasse«. Die Gelder stammen aus »freiwilligen« Spenden tschetschenischer Unternehmer, unter anderem von denen, die erfolgreich in Moskau im Bankgewerbe, im Erdölgeschäft oder auf dem Felde der Luxusimmobilien agieren. Eine monatliche Abgabe von zehn Prozent leisten die Gehaltsempfänger, die aus dem Staatshaushalt bezahlt werden. Das Geld wird automatisch überwiesen. Mitarbeiter privater Unternehmen zahlen ein Drittel ihres Gehalts, die Unternehmer die Hälfte ihrer Einnahmen.[16]

Diese unkontrollierbare »schwarze Kasse« ist hilfreich, um extravagante Bauprojekte zu finanzieren oder loyale Mitstreiter zu belohnen. Schließlich befehligt Ramsan als einziges Oberhaupt einer russischen Region seine eigene Armee, die sogenannten Kadyrowzy. Es sind Polizisten, Soldaten, Geheimdienstler. Überall im Rest Russlands sind diese Dienste der Zentrale in Moskau unterstellt. In Tschetschenien nicht. Ihre Stärke wird auf rund 80 000 Mann geschätzt.[17]

Unkontrollierte Gelder werden auch benötigt, um westliche Sportler, Pop-Sänger und Sängerinnen für Millionenbeträge nach Grosny zu locken. So ließ Ramsan Kadyrow es sich eine Million Dollar kosten, um die Profiboxlegende Mike Tyson nach Tschetschenien zu locken (2005). Im Juli 2014 holte er den in Hamburg-Rahlstedt lebenden Boxer Tschagajew nach Grosny. Mit einem knappen Punktsieg über den US-Amerikaner Fres Oquendo holte sich Tschagajew dabei den WBA-

Weltmeistertitel im Schwergewicht zurück. Kadyrow saß auf dem besten Platz am Ring und coachte den Usbeken, in Grosny als Russe verkauft. Als Garnierung mit dabei: die früheren Schwergewichtsweltmeister Evander Holyfield und David Haye und der deutsche Weltmeister Marco Huck.

Anlässlich des Putin-Geburtstags am 5. Oktober 2015 spielte in Grosny eine Tschetschenenauswahl mit Ramsan an der Spitze gegen Veteranen des italienischen Fußballs, in der u. a. Dino Baggio stand. Ramsan schoss ein Tor, die Tschetschenen gewannen 4:1. Lothar Matthäus, die deutsche Fußball-Legende, tummelte sich schon 2011 in einem Spiel der Kadyrow-Truppe gegen eine Mannschaft brasilianischer Altstars in Grosny. Geld, so behauptete er wenig überzeugend, sei nicht geflossen. Im gleichen Jahr gab sich der Hollywoodstar Hilary Swank (zwei Oscars) in Grosny die Ehre und erfreute Ramsan zu seinem Geburtstag mit einem Ständchen.

Vorläufiger Höhepunkt im teuren Unterhaltungs- und PR-Programm des tschetschenischen Herrschers: Am 5. Oktober 2015 weihte Ramsan die größten Wasserspiele der Welt ein, die die berühmten Fontänen von Dubai in Ausmaß und Farbigkeit noch übertreffen.

Ein Tschetschene mit großen Ambitionen

Das Dorf Zentoroi, Sitz des Kadyrow-Clans, gleicht einer Festung – oder einem exzellent abgeschirmten Hochsicherheitstrakt. An den Zufahrtsstraßen stehen schwer bewaffnete Posten an Schlagbäumen. Sie lassen nur diejenigen hinein, die dort auch wohnen. Ein kurzer Besuch in »Kadyrow-Town« gelingt uns trotzdem. Eine Bekannte, die in Zentoroi zu Hause ist und zu dem Kadyrow-Tejp (Sippe) der Benoi gehört, lotst uns durch die Sperre. »Das sind meine Gäste«, versichert sie dem misstrauischen Posten und spricht damit die noch immer gültige kaukasische Zauberformel aus. Gäste sind unantastbar.

Keine Fotos, schnell einen Blick auf das Kadyrow-Familienanwesen mit seiner eigenen Moschee im Dorfzentrum, das von einer weiteren hohen Mauer umsäumt ist. Schwarz gekleidete Wachmannschaften sichern die Trutzburg des Tschetschenenanführers. Und dann schnell über eine andere Ausfahrt wieder raus aus Zentoroi, um keinen Verdacht zu erwecken.

Wenige Woche zuvor hatten Untergrundkämpfer einen Angriff auf das Dorf gewagt. Man komme vielleicht hinein, prahlte Ramsan Kadyrow bei unserem Gespräch in seiner nur wenige Kilometer entfernten

Residenz nahe Gudermes, »aber raus kommt keiner«. Damit spielte er darauf an, dass bei dem Überfall im Sommer 2010 alle zwölf Angreifer getötet worden waren. Das hinderte die Untergrundkämpfer des Kaukasischen Emirats indes nicht, es im Oktober, unmittelbar vor unserem Grosny-Besuch, erneut zu versuchen. Dieses Mal griffen sie das Parlament in der Hauptstadt an. Auch diese Terrorgruppe wurde zerschlagen, aber Ramsans Ruf als Sieger über den Terrorismus in Tschetschenien blieb beschädigt. Zumal sich derlei Überfälle in den darauffolgenden Jahren wiederholten. Von einem ruhigen, zivilen Leben ist Tschetschenien noch immer weit entfernt.

Umso wichtiger ist es Kadyrow, in der Öffentlichkeit das Bild eines heilen Tschetschenien zu verbreiten. Ein Treffen wurde zugesagt. Allerdings war Geduld gefragt, bevor es zustande kam. Fast drei Stunden warteten wir im Regierungsgebäude in Grosny. Dann erschien das Oberhaupt Tschetscheniens höchstselbst, um sich zu entschuldigen. Ramsan ist breitschultrig, um die 1,70 Meter groß und hat einen seltsam weichen Händedruck. Er habe viel um die Ohren gehabt, sei schon zwei Tage nicht zu Hause gewesen. Die Mama habe mehrfach angerufen, er müsse nun erst einmal zu ihr fahren, begründete er seine Absage an diesem Abend und vertröstete uns auf morgen.

Spät am Abend des nächsten Tages ließ er uns in seine Residenz bringen. Die Zufahrt zu dem abgeriegelten Heiligtum führt über eine zwei Kilometer lange, streng gesicherte Straße. Dann ein Tor wie aus »1001 Nacht«. Zwei gewaltige Löwenskulpturen leisten den Wachposten Gesellschaft. Der Hausherr empfängt im legeren Freizeitdress in einem Ambiente, das an einen orientalischen Herrscher erinnert. Die bevorzugten Farben des Interieurs sind Weiß, Gold und Purpur. Ramsan, wie er sich nennen lässt, hat – mit Geldern aus Moskau und den von seinen reichen Landsleuten erpressten Dollars – Erstaunliches geleistet. Für Tschetschenien, wo ein für den Nordkaukasus einzigartiger Bauboom herrscht, und für sich. Lässig bewegt er sich durch den Luxus seines Anwesens. Draußen in der Dunkelheit beleuchten bunte Lichter flackernd einen riesigen Kunstfelsen, in den Käfigen hinten im Garten räkeln sich Tiger und Leoparden. In der beheizten Garage am Hintereingang stehen ein Mercedes 600 und ein Porsche Cayenne. Verlässt er seinen Rückzugsort, um in Grosny seinen Tagesgeschäften nachzugehen, toben zwei Dutzend gepanzerte Luxuskarossen über die Landstraße, bereit, alles niederzuwalzen, was zufällig im Wege ist.

Ramsan hat im Laufe der Jahre etwas von seiner anfänglichen Unbeholfenheit abgelegt. Er spricht flüssiger, wenngleich sein Russisch noch immer stümperhaft ist und er seine mangelhafte Bildung mit Arroganz zu übertünchen versucht. Er spricht ruhig, gibt sich ausgeglichen. Aber bei zwei Fragen reagiert er erregt. Er will nichts hören von den Gewalttaten, die seine Männer an unschuldigen Landsleuten verüben, um Prämien für die angebliche Vernichtung von »Terroristen« zu ergattern. Das seien Lügen, eifert sich das Oberhaupt, verbreitet von »schlechten Menschen«, die sich dafür bezahlen ließen.

Regelrecht wütend wird er, wenn die Sprache auf Achmed Sakajew kommt, auf den in London lebenden Chef der tschetschenischen Exilregierung. Er sei der »Terrorist Nummer eins«, verantwortlich für so ziemlich alles Üble, was sich in Tschetschenien ereignet. Zu Recht drohe ihm deshalb die Blutrache, knurrt Kadyrow mit seiner rauen Stimme. Auch wegen seines Wortbruchs, denn eigentlich habe Sakajew ihm seine Rückkehr nach Tschetschenien zugesagt, aber dann sei er doch nicht gekommen. »Die britischen Geheimdienste haben ihn nicht gelassen«, glaubt der von Moskau installierte Tschetschenenführer mit dem geistigen Horizont eines Dorfpolizisten zu wissen.

Sakajew, später telefonisch dazu befragt, kann nur lachen. »Ich habe in meiner ganzen Zeit im Exil immer mit Vertretern Moskaus gesprochen, nie mit Kadyrow. Sie werden ihn wohl schlecht unterrichtet haben. Denn von meiner Rückkehr war nie die Rede«, versichert er mit der wohltönenden Stimme des ehemaligen Schauspielers. Er hält die Lage in Tschetschenien, die Kadyrow als stabil und zukunftsträchtig bezeichnet, für hoch explosiv. Mittelfristig sei ein Ausbruch unausweichlich. Tschetschenen könnten sich nicht auf Dauer unterwerfen, das habe die Geschichte gezeigt.

Er selbst führe einen politischen Kampf. »Terrorist Nummer eins« könne er schon deshalb nicht sein, weil er von Geheimdiensten rund um die Uhr überwacht werde. Dafür bestätigte er Vermutungen über eine von Kadyrow organisierte »Todesschwadron« außerhalb Tschetscheniens. »Jeder, der Kadyrow in die Quere kommt, ist gefährdet, auch Journalisten«, meint Sakajew. Die Ermordung von Umar Israilow[18] in Wien, von Anna Politkowskaja und zahlreichen Tschetschenen im Ausland sind für ihn Beweise für die Existenz des Kommandos.

In der tschetschenischen Hauptstadt aber lässt sich der junge Kadyrow feiern. »Ramsan, danke für Grosny« steht in großen Lettern an einem Haus im Zentrum der Stadt. Auf kleinen, an Häuserwände geklebten Zetteln das Kontrastprogramm: »Wer hat Ruslan ... gesehen? Seit dem 30. September verschwunden«, fragen verzweifelte Angehörige.

Der Wladimir-Putin-Boulevard, wo nach der Wahl von Dmitri

Medwedjew zum russischen Präsidenten schnell noch dessen Porträt in eine Häuserwand gekratzt worden war, ist zu einer Vorzeigestraße geworden. Es gibt wieder Strom, Gas und Wasser in der Stadt. Hinter der Achmat-Kadyrow-Moschee – Ramsan zufolge die größte in Europa – wächst das Geschäftsviertel Grosny-City. Frauen und Mädchen tragen in der Öffentlichkeit Kopftücher. Barhäuptig auf die Straße zu gehen, kann gefährlich sein. Frauen, die gegen die ungeschriebenen Regeln verstießen, wurden schon mit Paintball-Gewehren beschossen. Doch tschetschenische Frauen sind erfinderisch. Sie imitieren die Kopftücher, indem sie sich mit schicken breiten Haarbändern schmücken. Der Hidschab, die Ganzkörperbekleidung, die das Gesicht frei lässt und der vereinzelt getragen wird, gerät dank seines reizvollen Designs und der darunter hervorschauenden High Heels oft zu einer reinen Provokation für konservative Mullahs.

Neben seiner gefürchteten, inzwischen ins Innenministerium eingegliederten Garde stützt sich das Kadyrow-Regime auf den traditionellen sufitischen Islam, den er zur »Brandmauer« gegen Einflüsse militanter Formen gestalten ließ. Geistige Orientierung ist nun nicht mehr der kämpferische Imam Schamil, sondern der Scheich Kunta-Hadschi, der ebenfalls im 19. Jahrhundert lebte. Kunta-Hadschi lehnte den Kampf gegen das Imperium bis zum letzten Tschetschenen grundsätzlich ab. Er begründete das damit, dass das tschetschenische Volk zahlenmäßig klein sei. Deshalb müsse jeder Tschetschene zur geistigen Stütze seines Volkes werden, der Dschihad sei unzweckmäßig, postulierte Kunta-Hadschi.[19]

Er war der Meinung, dass, um eine große nationale Katastrophe (gemeint war der Kaukasuskrieg im 19. Jahrhundert – d. A.) überstehen zu können, eine Zeit der geistigen und physischen Wiederherstellung des Ethnos erforderlich sei, in der Kräfte gesammelt werden müssten. Ramsans Vater Achmat-Hadschi und Ramsan fühlen sich in ihrem Denken als Nachfolger von Kunta-Hadschi. Seit Dezember 2008 darf sich Ramsan selbst auch Hadschi nennen. Er absolvierte die Pilgerfahrt nach Mekka und machte dem saudi-arabischen König Abdalla ibn Abdel Aziz al-Saud seine Aufwartung.

Gerne lässt sich Ramsan Kadyrow hofieren. Zumal die Saudis ein Zehn-Milliarden-Dollar-Investment in Tschetschenien erwägen. Ramsan ist zwar nur ein regionaler Führer, aber mit internationalen Ambitionen. So zeigte er Flagge in Deutschland, als er für Hunderte Flüchtlinge aus Syrien (die aufzunehmen sich Russland übrigens weigert) teure Festmähler organisieren ließ.

Zwar leugnete er, dass seine Einheiten in der Ostukraine auf Seiten der prorussischen Rebellen gekämpft haben. Augenzeugenberichte belegen das Gegenteil. Jetzt, da der Islamische Staat auch zu einem Feind Russlands geworden ist, stellte Kadyrow umgehend seine Truppen zur Verfügung. Es brauche nur ein Wort des Präsidenten, und sie würden nach Syrien in Marsch gesetzt.

Gern lässt er sich über die »Schaitane« (Teufel) in Europa, vor allem in den USA aus. Sie haben seiner Meinung nach die Finger in allem, was böse ist in der Welt. Ungefragt gibt er seinem Herrn in Moskau Ratschläge, wie er sich auf internationaler Ebene verhalten sollte. So sei die Zusammenarbeit mit Europa ein Fehler, vernünftige Alternativen seien die arabischen Staaten und die Türkei. Angesichts Zehntausender Toter unter den Muslimen »rufe ich die Oberhäupter der Türkei, Saudi-Arabiens, der VAE, Katars, Omans, Bahreins, Kuweits, Jordaniens, Indonesiens, Malaysias, Kasachstans, Turkmenistans, Usbekistans, Aserbaidschans, Tadschikistans und aller anderen muslimischen Staaten auf, sich zu erheben zum Schutz unserer Glaubensbrüder. Wenn wir heute nicht gegen die unmenschliche Politik des Westens auftreten, kann schon morgen das Unglück jedes beliebige muslimische Land erfassen«[20] – so Kadyrow.

Zum Jahresbeginn 2016 wurde der oberste Tschetschene endgültig zum Maß der Dinge für die Kategorie »russischer Patriot«. Die Absurdität des Vorgangs war nicht nur charakteristisch für die Atmosphäre im Herrschaftsbereich Ramsans, sondern für die Denkweise in ganz Russland, das sich in dieser Frage inzwischen willig von Kadyrow am Nasenring durch die Arena führen lässt.

Passiert war Folgendes: Auf einer Tagung mit Vertretern tschetschenischer Medien bezeichnete Kadyrow seine Gegner, die gleichzeitig die des russischen Präsidenten seien, als »Volksfeinde« und »Verräter«, die ein von »westlichen Geheimdiensten erdachtes Spiel spielen« und nach deren Pfeife tanzten. Sie müssten mit aller Strenge zur Verantwortung gezogen werden. Dann legte er in einem Zeitungsartikel noch einmal nach: Er nannte die Kritiker des Putin-Systems in Stalinscher Rhetorik »geistig Kranke«, die er bereit sei, in tschetschenischen Heimen mit Injektionen behandeln zu lassen.[21] Konstantin Sentschenko, Stadtratsmitglied von Krasnojarsk, nannte Kadyrow daraufhin eine »Schande Russlands«. Umgehend bekam er Besuch von Abgesandten des tschetschenischen Präsidenten. Anschließend widerrief er seine Äußerung, ihm wurde verziehen.

Das reichte offenbar noch nicht als Genugtuung. Kadyrows Gefolgsleute stießen weitere Drohungen gegen Oppositionelle wie Michail Chodorkowski und Alexej Nawalny (»Schakale«) sowie an die Adresse des Moskauer Rundfunksender *Echo Moskwy* und dem Internet-TV-Sender *Doschd* aus. Dort befänden sich die Stabsquartiere der »Vaterlandsverräter«, der »fünften Kolonne«, die Russland zerstören wolle. Schließlich organisierten sie einen Flashmob im Internet unter dem Slogan »Kadyrow – der Stolz Russlands«. Der wurde freilich über Nacht, vermutlich nach Einspruch des Kremls, modifiziert und geisterte anschließend als »Kadyrow – ein Patriot Russlands« durchs Internet.

Und hier bekam die Aktion eine über das Regionale hinausreichende Drehung. Künstler wie der Regisseur Fjodor Bondartschuk, der Sänger Nikolai Baskow, aber auch führende Vertreter der russischen Staatsduma in Moskau stellten umgehend ihre Fotos ins Internet, auf denen sie Tafeln mit der Aufschrift »Kadyrow – Patriot Russlands« hochhielten. Mit einer besonders dreisten Aktion setzte der Duma-Abgeordnete Adam Delimchanow dem Vorgang die Krone auf. Er ließ sich mit anderen kadyrowtreuen tschetschenischen Parlamentsabgeordneten dabei filmen, wie die Gruppe in Moskau unweit der Stelle, an der der Oppositionspolitiker Boris Nemzow von Männern aus der Umgebung Kadyrows ermordet worden war, mit rauen Stimmen skandierten: »Russland! Ramsan – die Stütze Russlands! Allah ist groß!« Im Hintergrund funkeln die Kremltürme.[22]

In Grosny ließ sich Ramsan, den niemand angegriffen hatte, ein Meeting mit rund einer Million Teilnehmer (Eigenwerbung) zu seiner Unterstützung organisieren. (Offizielle Einwohnerzahl Tschetscheniens: 1,4 Millionen.) Was Beobachtern wie eine absurde Aktion eines Größenwahnsinnigen erscheinen könnte, hat indes einen sehr realistischen Hintergrund. Kadyrow, der natürlich weiß, dass gerade unter den russischen Militärs und Geheimdienstlern, aber auch im Kreml, die Verärgerung über sein selbstherrliches Regime wächst, hat seinen Gegnern zwei ernsthafte Botschaften übermittelt: Erstens – wer gegen mich vorgeht, vergreift sich am Präsidenten und damit an Russland. Zweitens – wer es dennoch tut, muss mit geballtem Widerstand in Tschetschenien und weit darüber hinaus rechnen.

Innerhalb seines Herrschaftsbereiches sprießen derweil Moscheen wie Pilze aus dem Boden. Die Männer bestimmen wieder, ob die Ehefrau arbeiten darf, Ramsan ermuntert sie zudem, sich Zweit- und Drittfrauen zuzulegen. Mit der russischen Verfassung hat das alles nichts zu tun. Aber Moskau, das dem Tschetschenen-Präsidenten einen Blankoscheck dafür ausgeschrieben hat, dass er das Land an Russland bindet, muss nun auch diesen Preis zahlen. Und läuft auf lange Sicht Gefahr, Tschetschenien zu verlieren.

Die International Crisis Group schätzt derweil ein: »Moskau sieht in Tschetschenien das erfolgreiche Modell für die Regionen, in denen es einen bewaffneten Widerstand gibt. Aber diese Stabilität ist trügerisch. Das Oberhaupt der Republik, Ramsan Kadyrow, hat besondere Beziehungen zu Präsident Wladimir Putin, und er verfügt über die praktisch bedingungslose Unterstützung Moskaus und auch über mehr Autonomie als jeder andere der Oberhäupter der Regionen. Kadyrow nutzt das, um Tschetschenien in ein nahezu unabhängiges politisches Gebilde mit eigener Ideologie, religiöser Politik, bewaffneten Strukturen, Ökonomie und eigenem Rechtssystem zu verwandeln. Der hergestellte Frieden ist zerbrechlich, weil seine außerordentlich personalisierte Führung sich auf Repressionen und Willkür stützt.«[23]

Inguschetien – Ärger mit dem wainachischen Bruder

Slepzowsk, ein paar Dutzend Kilometer westlich von Grosny. Der Name des Ortes in Inguschetien ist wohl für immer verbunden mit dem größten tschetschenischen Flüchtlingslager, das hier während der beiden Kriege existierte. Es ist dunkel. Mühsam steuert Rustam den Wagen auf der Suche nach Achmed durch finstere, unbefestigte Gassen. Keine Menschenseele ist zu sehen. Achmed, der stellvertretende Imam einer kleinen, noch im Bau befindlichen Moschee, taucht ganz unvermittelt aus dem Schatten auf.

Er erzählt von Übergriffen der Miliz, Prügel, Drohungen an die Adresse des Geistlichen, obwohl er schwört, einem absolut friedlichen Islam anzugehören. »Als sie das letzte Mal kamen, drohten sie mir: Sie wüssten genau, wie sie aus mir einen Terroristen machen können.« Für ihn sind es die Sicherheitsorgane, die eine Atmosphäre von Angst und Schrecken verbreiteten. »Daher der Terrorismus, daher der Wahhabismus, der mit unserem Glauben hier nichts zu tun hat«, beteuert der Imam Achmed.

Dabei hatten sie es sich ganz anders gedacht, damals im Herbst 2008. Der 30. Oktober 2008 war ein ganz normaler Werktag. Doch in Inguschetien, wo knapp 500 000 Inguschen auf weniger als 3000 Quadratkilometern leben, wurde gefeiert. Die Inguschen tanzten auf den Straßen die Lesginka, einen nordkaukasischen Volkstanz, sie schossen in die Luft und jubelten, wie schon lange nicht mehr. Vor dem Präsidentenpalast in der Hauptstadt Magas zerschlug die Menge den Schlagbaum und tanzte am großen Paradeeingang.

Der Grund: Der verhasste Präsident Murat Sjasikow, 51-jähriger Ex-KGB-General und Geschöpf Moskaus, war endlich vom Kreml gefeuert worden, nachdem sein Regime immer brutaler geworden, die Lage ihm aber trotzdem – oder gerade deswegen – immer mehr aus der Hand geglitten war. Morde, Attentate, einmal sogar ein Angriff des bewaffneten Untergrundes auf die Hauptstadt Nasran, der Dutzende Tote forderte, hatten das Leben in Inguschetien zur Hölle gemacht.

Für Timur Akijew von der Organisation »Memorial« in Nasran ist der bewaffnete Widerstand in dem kleinen Land nicht in erster Linie religiös begründet. Für ihn handelt es sich vielmehr um den Widerstand einer Bevölkerungsgruppe gegen das politische System. »Im gesamten Nordkaukasus stehen sich Anhänger und Gegner der föderalen Macht gegenüber«, ist Akijew überzeugt.

Präsident Putin hatte in seiner zweiten Amtsperiode als Präsident die »Vertikale der Macht« installiert, ein System, in dem der Kreml seine Anweisungen zu den untergeordneten Behörden durchstellen lässt, und in dem die Wählbarkeit der Regionalvertreter praktisch aufgehoben wurde. »Präsident Junus-Bek Jewkurow ist ein Teil dieses Systems«, urteilt Akijew.

Junus-Bek Jewkurow war am Tag nach Sjasikows Entlassung ernannt worden. Der damalige Oberst des zum Generalstab gehörenden Militärgeheimdienstes GRU hatte für seine Einsätze im Tschetschenienkrieg den Titel »Held der Russischen Föderation« erhalten. Aber so richtig als Held galt er erst, nachdem der Kommandeur einer Fallschirmjägereinheit 1999 mit 200 Mann handstreichartig den Flughafen von Priština in Kosovo eingenommen hatte und so den Nato-Truppen zuvorgekommen war.

Die Freude über seine Ernennung teilten allerdings nicht alle. Seine Landsleute hätten zu gerne den Ex-General Ruslan Auschew wieder zurückgehabt, der von 1993 bis 2001 Präsident Inguschetiens gewesen war. Aber auch eine Unterschriftensammlung bewirkte nichts. Auschew kommentierte das mit den Worten: »Meine Ansichten über die Politik im Kaukasus und die Ansichten des Kremls – das sind ganz verschiedene Dinge. Und ein Mensch mit einer eigenen Meinung wird nicht in den Kaukasus geschickt.«[24] Auschew hatte es während der beiden Tschetschenienkriege verstanden, sein Land aus dem Konflikt herauszuhalten. Hunderttausende Flüchtlinge fanden bei ihm Aufnahme. Gleichzeitig wurde Inguschetien zu einem Lazarett für Rebellen, zu einer Art »Ruheraum«, in den sie sich zurückziehen konnten. Auschew wusste und tolerierte das, er gab sich loyal gegenüber Moskau und blieb zugleich der Freund der Tschetschenen. Das war für Putin zu wenig, er löste ihn im Dezember 2001 ab und ersetzte ihn durch Sjasikow.

Dessen Nachfolger Junus-Bek Jewkurow war ebenfalls nicht vom Glück verfolgt. Nur acht Monate nach seiner Ernennung, im Juni 2009, wurde er bei einem Anschlag auf seinen Wagenkonvoi schwer verletzt. Als wir uns ein Jahr später in Magas trafen, verriet nur noch ein leichtes Hinken, dass er dem Tode knapp entronnen war. Sein Fahrer und vier seiner Leibwächter hatten das Attentat nicht überlebt.

Der inguschetische Präsident bewohnt, seit seiner Entlassung aus der Armee im Generalsrang, einen Palast im streng abgeschirmten Regierungsviertel von Magas. Der ehemalige Berufsoffizier gab sich unprätentiös. Er begrüßte uns in einem schlichten dunklen Anzug, er sprach langsam und nachdenklich.

Er halte an seinem erklärten Kurs fest, mit Opfern von Übergriffen und mit den Familien der Bojewiki, der Untergrundkämpfer, zu sprechen. Im Gegensatz zu seinem ungeliebten Nachbarn Ramsan Kadyrow glaubte Jewkurow nicht, dass man das Problem löst, indem man die Untergrundkämpfer einfach abknallt. »Wir haben hier die Blutrache. Wenn wir einen Banditen töten, kann es sein, dass wir dann fünf neue bekommen«, meint er.

Dieses Gespräch liegt allerdings etwas zurück. Inzwischen hat sich Jewkurows Ansicht deutlich gewandelt. Er fordert nun die Erschießung der Terroristen dort, wo sie gestellt wurden. »Niemand unterliegt der Festnahme, nur der Liquidierung«, schrieb er auf seiner Seite bei Instagram.[25] Damit hat er sich zwar der Ansicht seines tschetschenischen Nachbarn angenähert, dennoch empfindet Präsident Jewkurow eine abgrundtiefe Abneigung gegenüber dem hemdsärmeligen Tschetschenen-Oberhaupt Kadyrow. Das ist umgekehrt genauso. Beide Republikchefs reden nicht miteinander, vor TV-Kameras schneiden sie sich demonstrativ. Das Verhältnis der beiden hat sich in den vergangenen Jahren noch verschlechtert. Unübersehbar waren die Ambitionen Kadyrows, eine Führungsrolle im Nordkaukasus zu übernehmen. Scheinheilig schlug er vor, die tschetscheno-inuschetische Republik wiederzubeleben, wie es sie zu sowjetischer Zeit gegeben hatte. Für jeden war klar, dass der Tschetschene mit seinen überlegenen Kräften dort die Führung übernehmen wollte.

Im August 2012 brach Kadyrow einen Streit um die administrative Grenze im Sunschenski Rayon zwischen beiden Republiken vom Zaune. Auch bot er den Inguschen an, mit seinen Truppen auf ihrem Territorium gegen Terroristen vorzugehen, wenn sie selbst das nicht schafften. Der Territorialstreit kochte weiter hoch, der damalige Vertreter des russischen Präsidenten für den Nordkaukasus, Alexander Chloponin (offiziell: Generalgouverneur des Nordkaukasischen Föderalen Bezirks), musste schlichten.[26]

Im April 2013 kam es im Zuge einer eigentlich gemeinsam geplanten Antiterroroperation zu Zusammenstößen zwischen Sicherheitskräften beider Seiten. Jewkurow beschwerte sich im Kreml, Kadyrow gab den Unschuldigen, versprach aber, die Grenzfrage, die es seiner Meinung nach nicht gibt, erst nach einer »völligen Stabilisierung der Lage« wieder aufzuwerfen. Offenbar hatte man beiden zu verstehen gegeben, dass der Kreml so kurz vor den Olympischen Winterspielen (Sotschi im Februar 2014) keine zusätzlichen Probleme gebrauchen konnte.

Die Ruhe hielt bis zum Sommer 2014. Da fielen an einem Grenzposten im Verlaufe einer Prügelei sogar Schüsse. Im September 2015 sah sich Wladimir Putin dann genötigt, selbst in den Nordkaukasus zu reisen. Er traf sich mit Jewkurow in dessen Amtssitz in Magas. Dabei seien Wirtschaftsprobleme erörtert worden, hieß es von offizieller Seite. Dann empfing er Jewkurow und Kadyrow gemeinsam in seiner Residenz in Sotschi. Wieder sei es ausschließlich um Entwicklungsprojekte gegangen, »und diese Aufgaben sind viel wichtiger als persönliche Beziehungen«, behauptete Putins Sprecher Dmitri Peskow.[27]

Wie lange die präsidialen Beschwichtigungsversuche – und niemand zweifelt, dass sie eines der wichtigeren Themen waren – wirken werden, ist ungewiss. Sollten die Dinge indes darauf hinauslaufen, dass sich der Kreml zwischen Kadyrow und Jewkurow im Interesse der Stabilität entscheiden muss, dürfte der Ingusche die schlechteren Karten haben. Da er inzwischen in seiner eigenen Republik viel von seiner einstigen Akzeptanz eingebüßt hat, wäre seine Ablösung kaum ein Problem für die Inguschen. Sollte dann allerdings erneut die Frage der »Wiedervereinigung« auf den Tisch kommen, kann mit Ärger gerechnet werden.

Nordossetien

Gergijew – der berühmteste der Osseten

Ossetien ist spätestens seit dem Krieg um Südossetien in politischer Hinsicht ein Begriff in Europa. Dass das kleine Land mit seinen nur rund 700 000 Einwohnern auch Einfluss auf die Weltkultur genommen hat, ist weniger bekannt. Fällt jedoch der Name Waleri Gergijew, horchen die Musikfreunde auf. Gergijew gehört zu den weltbesten Dirigenten, er ist künstlerischer Leiter und Direktor des Mariinskij Theater in St. Petersburg. Er ist eine musikalische Ausnahmeerscheinung, die nicht nur in Russland, sondern auch in Europa und den USA die Konzerthäuser füllt. Und er ist Ossete.

Gergijew wurde 1953 in Moskau in einer ossetischen Familie geboren, wuchs aber in seiner Kindheit in Wladikawkas, der Hauptstadt von Nordossetien, auf. Dort bekam er seine ersten Klavierstunden. Sein Talent wurde früh erkannt, so dass er als begabter Jugendlicher ein Studium am Rimski-Korsakow-Konservatorium absolvieren konnte. Mit 23 Jahren gewann er den Karajan-Dirigentenwettbewerb in Berlin und bekam bereits als Student die Einladung, am Kirow Theater im damaligen Leningrad zu arbeiten. Dieses Haus, das heute wieder Mariinskij Theater heißt, leitet Gergijew seit 1996. Von 1997 an ist er als Gastdirigent an der »Metropolitan Opera« in New York tätig, seit Januar 2007 Chefdirigent des London Symphony Orchestra. Daneben dirigiert Gergijew weltweit bekannte Orchester, darunter die Berliner Philharmoniker. Er ist der Initiator mehrerer internationaler Festivals und vielfacher Preisträger. Eines seiner größten musikalischen Verdienste besteht darin, das Repertoire des Mariinskij Theaters vor allem im Bereich der russischen Klassik erweitert und erneuert zu haben.[1]

Nach zahlreichen ruhmreichen Stationen des internationalen Opern- und Konzertbetriebes trat Gergijew im September 2015 seine Stelle als Chefdirigent der Münchner Philharmoniker an. Dem Engagement waren Demonstrationen gegen den Superstar vorausgegangen, der sich auch in der Politik gern eine offenes Wort leistet. So hatte er im März 2014 den offenen Brief von russischen Kulturschaffenden unterzeichnet, in dem die Annexion der Krim und das Vorgehen Russlands in der Ostukraine begrüßt wurden. Ausdrücklich versichern sie Präsident Putin ihrer Unterstützung.[2]

Proteste in München gegen Gergijew stellten zeitweilig sogar den Vertrag mit dem Dirigenten in Frage. Denn man erinnerte sich auch an andere Aussprüche, die von einem wenig sensiblen Umgang mit kritischen Themen zeugten. So erklärte er auf die Frage, warum er ausgerechnet Sergej Prokofjews Kantate »Heil Stalin« aus dem Jahr 1939 – bisher unveröffentlicht – dem Publikum vorstellen müsse: »Wir sind nicht hier, um mehr über Stalin zu erfahren – wir sind hier, um etwas mehr über Prokofjew zu lernen.« Als er nach dem neu erlassenen Antischwulengesetz in Russland befragt wurde, schmetterte er die Frage mit der Bemerkung ab, er fände es wichtiger, vor Kindern über Puschkin und Mozart zu reden als über Homosexualität.[3]

Schon der Krieg um Südossetien hatte aus dem weltbekannten und geschätzten Dirigenten auch eine politische Person gemacht. Gergijew kam Ende August 2008 nach Zchinwali, der Hauptstadt Südossetiens, wo er mit seinen Petersburger Philharmonikern ein Konzert für die Opfer des georgischen Angriffs gab.

Kerzen auf den Stufen des Parlaments flackerten im sanften Abendwind, der ein weit gespanntes Transparent wehen lässt. In Ossetisch, Russisch und Englisch verkündete es das Motto des Abends in der südossetischen Hauptstadt: »Für die Opfer in Südossetien«. Dahinter, im Halbdunkel, gähnten die leeren Fensterhöhlen des südossetischen Parlaments, ausgebrannt während des Angriffs georgischer Truppen am 8. und 9. August.

Die Kulisse für den Auftritt des Stardirigenten und seines Orchesters vom St. Petersburger Mariinskij Theater am Donnerstagabend im schwer mitgenommenen Zchinwali war professionell gestaltet. Das Konzert wurde von russischen TV-Sendern direkt übertragen, der Auslandspropaganda-Sender Russia TV Today sendete lange Ausschnitte in alle Welt. Kaum jemand von den südossetischen Gästen nahm wahr, dass an diesem Abend in Zchinwali die Hand eines russischen Regisseurs waltete, der sich offensichtlich vom Auftritt des berühmten russischen Cellisten Mstislaw Rostropowitsch seinerzeit in Srebrenica hatte inspirieren lassen. Moskau, das sein Vorgehen in Südossetien und Georgien als friedensstiftende Militäraktion zur Verhinderung eines Genozids an den Osseten anpries, übernahm bewusst die beinahe gleichlautenden Begründungen der Nato für ihren Angriff auf Jugoslawien und erklärte sinngemäß: Seht her, auch wir schützen bedrohte Minderheiten, unser Militär übernimmt humanitäre Aufgaben! Wir sind – entgegen den westlichen Presseberichten – die Guten.

Und die Entschlosseneren. Gerne verwiesen russische Politiker und Militärs darauf, dass die damals in Srebrenica stationierten UN-Blauhelme dem Massaker tatenlos zusahen. Den Georgiern die Absicht zu einem Massaker unterstellend, werfen sich die Russen in die Brust: »Wir haben so etwas verhindert!« In Zchinwali wurde die russische Armee als Befreier gefeiert, während etwas südlicher in Georgien, wohin Moskaus Panzer inzwischen gerollt waren, zu dem Zeitpunkt Angst um die eigene Unabhängigkeit herrschte.

Bevor Gergijew an diesem Abend zum Dirigentenstab griff, entledigte er sich noch seiner Botschaft: »Man muss alles tun, damit sich die Tragödie von Zchinwali nie wiederholt, dass die Welt von dieser Tragödie erfährt … Die internationale Gemeinschaft schreckte zurück, als russische Panzer auf das Territorium Georgiens vorgerückt waren. Aber niemand spricht davon, dass Tausende Menschen getötet oder bei lebendigem Leibe begraben wurden, als die georgische Seite die schlafende Stadt unter massiven Beschuss genommen hatte … Die Welt weiß von nichts.«[4]

Gergijew übernahm damit kritiklos, was von russischer und südossetischer Seite verbreitet wurde. Das war verständlich, ich hatte ihn am Nachmittag vor dem Konzert erschüttert durch das ehemalige jüdische Viertel an der Thälmannstraße in Zchinwali gehen sehen. Ausgebrannte Autos säumten die Straße, von den einstöckigen Häusern waren viele total zerstört. Viele allerdings schon im Krieg 1991. Kleine Birken, die auf den Schuttbergen wuchsen, sprachen eine deutliche Sprache. Zudem tauchten immer dann, wenn ich mit Einheimischen sprach, ungebeten Leute auf, die im Stile eines Stadtbilderklärers südossetisch politisch-korrekt die Lage beschrieben und wild mit Opferzahlen um sich warfen.

Das mag einen feinfühligen Künstler wie Gergijew beeindruckt haben. Dennoch war es geschmacklos, den zweifellos brutalen Angriff auf Zchinwali durch Schostakowitschs »Leningrader Sinfonie« mit dem Widerstand der Stadt Leningrad gegen Nazideutschland zu verbinden. Während der zweieinhalb Jahre andauernden Blockade waren im Zweiten Weltkrieg über 900 000 Menschen in der Stadt an der Newa an Hunger, Krankheiten und Kälte gestorben.

Dagegen erinnerte Saakaschwilis verantwortungsloser und erfolgloser Coup eher an Putins Eroberung der tschetschenischen Stadt Grosny. Der einzige Unterschied, so der russische Politologe Fjodor

Lukjanow: »Putin hat gewonnen.« Und Grosny war – im Gegensatz zu Zchinwali – total zerstört, die Zahl der Opfer ging in die Zehntausende.

Geschichte eines Volkes am Schnittpunkt der Kulturen

Die Osseten sind Nachfahren von Stammesgruppen der iranischsprachigen Skythen, Sarmaten und Alanen, die sich im 1. Jahrhundert n. Chr. im Nordkaukasus angesiedelt und schon bald mit der dort lebenden Urbevölkerung vermischt hatten.

Im 9. Jahrhundert bildeten sie hier das frühfeudale, unter byzantinischem und georgischem Einfluss stehende Erzbistum Alanien, das im 13. Jahrhundert von den Mongolen verwüstet wurde. Die Alanen-Osseten flohen daher aus den fruchtbaren Niederungen des Vorkaukasus in die schwer zugänglichen Schluchten des zentralkaukasischen Gebirgsmassivs.

Im Norden entstanden vier große Gemeinschaften: die Digorsker, die Alagirsker, die Kurtatinsker und die Tagaursker Gemeinschaft. Die Alanen-Osseten, die über den Gebirgskamm nach Süden gelangten, bildeten dort eine Vielzahl kleinerer Gemeinschaften, die sehr bald unter die Herrschaft georgischer Fürsten gerieten. Norden und Süden waren durch die hohen Berge getrennt. Der strategisch wichtige Dariel-Pass, den der georgische König Wachtang im 5. Jahrhundert abgeriegelt hatte, stellte die einzige Verbindung dar.

Die Osseten im Norden näherten sich in den 40er-Jahren des 18. Jahrhunderts Russland an, auch weil sie den Druck des Osmanischen Reiches spürten. 1774 trat Ossetien dem russischen Imperium bei. Zur Belohnung durften die Osseten in den Ebenen siedeln, die dem Kaukasus vorgelagert waren, insbesondere in der Steppe um die Festung Mosdok. Im 18. und 19. Jahrhundert zogen sie zu Tausenden aus den Bergen hinunter ins flache Land. Waren die Osseten in den Bergen vor allem Viehzüchter (Ziegen, Schafe, Rinder), die den Ackerbau nur nebenher betrieben, so wandelte sich das in der Ebene. Dort betrieben sie vorwiegend Ackerbau, bauten Weizen, Mais und Gerste an.[5]

Im Gegensatz zu allen anderen nordkaukasischen Völkern hatten die Osseten meist ein ausgeglichenes Verhältnis zu Russland. Damit hoben sie sich ab von ihrer Umgebung, was dazu geführt haben mag, dass die anderen Völkerschaften des nördlichen Kaukasus mit Ressentiments auf die Osseten blicken. Auch sind sie, ebenfalls im Unterschied zu den anderen Nordkaukasiern, mehrheitlich orthodoxe Christen. Und zwar unter dem Einfluss von Byzanz und Georgien schon seit dem frühen Mittelalter (9. Jahrhundert).

In dem Maße, wie die Russen im 18. Jahrhundert nach Ossetien vordrangen, setzte zunächst ein Kampf um die Vorherrschaft der Religionen ein. Von Anapa aus, der damals türkischen Hafenstadt am Schwarzen Meer, waren bereits im 16. und 17. Jahrhundert zahlreiche Missionare im Kaukasus unterwegs, um dessen Bewohner für Allah und seinen Propheten Mohammed zu gewinnen. Zahlreiche Osseten wurden Moslems, doch mischte sich der Islam oft auch mit heidnischen Bräuchen, die die Osseten nebenher beibehielten.

Damit hatten die islamischen Missionare einen Vorsprung vor den Sendboten der orthodoxen Kirche, die damals nur recht wenige Anhänger in Ossetien hatte. Das blieb bis ins 18. Jahrhundert auch so, zumal der Aufstand der »Gorzy«, der Bergler, unter Scheich Mansur Ende des 18. Jahrhunderts unter der Flagge eines militanten Islam stand. Die Glaubenszugehörigkeit änderte sich allerdings dort, wo die Osseten aus den Schluchten des Kaukasus in die Ebenen zogen. Auf russischem Boden wurden sie wieder Christen.

Vorreiter der Christianisierung der Osseten war zunächst die georgische orthodoxe Kirche. »Schon 1744 gründete sie mit Unterstützung der heiligen Synode in der Kleinen Kabardei (heute Kabardino-Balkarien – d. A.) eine ossetische Residenz. Eine Kirche wurde gebaut, neben der eine Gemeindeschule eröffnet werden sollte. Die Residenz war gegründet worden, um ossetische Jugendliche zu unterrichten und aus ihnen örtliche Geistliche zu machen.«[6] Das gelang nicht, wohl auch deshalb, weil die georgischen Geistlichen den Handel mit den Moslems der Großen Kabardei einschränken wollten und damit den Unmut der örtlichen Bevölkerung schürten. Zudem rief »die Existenz der Residenz in einem Gebiet, das traditionell unter osmanischem Einfluss stand, die starke Unzufriedenheit der Hohen Pforte hervor. Schließlich ermordeten die Türken den Archimandriten der Residenz in Georgien und überredeten die Kabardiner, die Residenz zu zerstören.«[7]

Von da an übernahm die russisch-orthodoxe Kirche den Fall. Mit der Herrschaft der Zarin Jelisaweta Petrowna (1741–1761) nahm die Missionierung brutale Züge an. Sie ließ die russisch-orthodoxe Mission im Nordkaukasus gründen. Es kam zu gewaltsamen Massentaufen von Moslems und »Heiden«. Mit Katharina II. wurde die Missionstätigkeit deutlich flexibler. Doch alle Versuche, die Bergler zu Christen zu machen, mit welchen Methoden auch immer, wurden unterlaufen durch die Aufstände im Kaukasus. Sie richteten sich gegen die orthodoxen Russen. Der Islam wurde in dem Kontext zur einigenden Religion, die immer stärkere Verbreitung fand. Selbst heute, nach 250-jähriger Missionierung, sei »ein Drittel der Osseten muslimischen Glaubens, zwei Drittel sind Christen. Aber genau betrachtet, sind sie alle Heiden«, meint die Historikerin Irina Babitsch. »Die Volkstraditionen sind bei ihnen stärker als die Orthodoxie oder der Islam.«

Zu diesen Traditionen gehört, wie auch bei allen anderen nordkaukasischen Völkern, neben der Gastfreundschaft oder dem Schließen von Bruderschaft, das Prinzip der Blutrache. Streitigkeiten um Grundbesitz, Beleidigung der Ehre des Hauses oder einzelner Familienmitglieder oder die Entführung von Frauen zogen die Blutrache nach sich, die manchmal Jahre dauern konnte. Auch eine Versöhnung war möglich. Dazu musste die schuldige Seite den Betroffenen Vieh, Wertgegenstände und Waffen übergeben. Anschließend wurden die Angehörigen der Opfer am »Bluttisch« reich bewirtet.

Dass das Blutrache-Prinzip auch heute noch zumindest goutiert wird, zeigte der Fall des Osseten Witali Kalojew. Der 51-jährige Familienvater aus Wladikawkas hatte bei einer Flugzeugkatastrophe über dem Bodensee, bei der 71 Menschen starben, seine Frau und seine beiden Kinder verloren. Der dänische Fluglotse Peter Nielsen, der in der Nacht Dienst hatte, wurde zu einer Bewährungsstrafe verurteilt. Für Kalojew war das völlig unangemessen.

Im Februar 2004 reiste er nach Genf und erstach den Dänen vor dessen Wohnung. Kalojew wurde wegen Totschlags zu acht Jahren Gefängnis verurteilt. Noch in der Haft wählte ihn ein nordossetisches Online-Portal zum Mann des Jahres. Nach seiner vorzeitigen Haftentlassung erhielt der Ingenieur den Posten eines stellvertretenden Bauministers von Nordossetien. Er hatte sich an die Tradition gehalten und »dem Westen« gezeigt, was ein Mann von Ehre ist. Die Achtung seiner ossetischen Landsleute war ihm sicher.

In der Nachbarrepublik Inguschetien würdigte der oberste Richter in dem Zusammenhang das Blutrache-Prinzip. »Die Blutrache rettet uns«, sagte er. Sie sei eine Art lebender Abschreckungsmechanismus, der immer dann wirke, »wenn die weltliche Obrigkeit schwach ist«, zu schwach, um Untaten zu verhindern. Er musste allerdings einräumen, dass auch dieser Mechanismus immer schwächer werde. »Das Ausmaß der Gewalt, das wir heute im Kaukasus beobachten, war früher undenkbar.«[8]

Beslan, eine Wunde, die nicht heilt

Schweigend, mit versteinertem Gesicht hinkte die achtjährige Irina langsam über den Friedhof. Eine Schussverletzung machte ihr auch ein Jahr nach dem Terroranschlag auf die Schule Nummer eins in Beslan zu schaffen. Mikroskopisch kleine Reste eines Geschosses steckten in ihrem kleinen, schmalen Körper. Brandnarben auf den dünnen Armen werden wohl immer an das Grauen erinnern, das das Mädchen in den drei Tagen der Geiselnahme erlebt hat.

Sie kannte den Weg zu den Gräbern ihrer Geschwister, war ihn schon oft gegangen. Ihre Mutter folgte ihr, leise die Namen derer flüsternd, die auf dem neuen Friedhof von Beslan zusammen mit ihren beiden Kindern, der elfjährigen Vera und dem 13-jährigen Boris, beigesetzt sind. »Hier liegt die Lehrerin Irina Chanajewa, sie haben sie ohne Kopf beerdigt. Dort ist das Grab des kleinen Marat, des Sohns unserer Nachbarin. Sabina, das war so eine Kleine, Anna, Aljona – das waren doch alles auch meine Kinder …« Die Stimme versagte der Lehrerin Nadjeschda Gurijewa. Zusammen mit ihren drei Kindern war sie selbst Geisel. Sie überlebte. Mit Irina, ihrer Jüngsten, entkam sie dem Attentat der Terroristen nur mit knapper Not.

Unter den 280 neuen, in rotem Marmor ausgeführten Grabstätten fand Irina schnell die Gräber ihrer beiden Geschwister. Mit ernstem Gesicht ordnete sie die Puppen und Plüschtiere auf den Grabstellen. Dann goss sie Wasser auf die Gräber – Symbol für die drei Tage des Leids, in denen vor allem die Kinder unter entsetzlichem Durst litten: Die Terroristen gaben ihnen vom zweiten Tag an nichts mehr zu trinken. Die Fotos auf den beiden Grabsteinen erinnern nur entfernt daran, wie die beiden tatsächlich einmal aussahen. »Sie waren so ein schönes Paar, sie waren Turniertänzer«, erinnerte sich die Mutter. Wladik, ihr Gatte, stand schweigend, mit ausdruckslosem Gesicht vor den Grabstätten. Seit dem Tod seiner Kinder ist er ein gebrochener Mann. Er hat seitdem nicht mehr gearbeitet, betäubt im Keller seines Hauses seinen Schmerz mit Alkohol. Er konnte die Tat nicht verhindern. Er konnte nicht Rache nehmen, weil die Täter bereits tot waren und die Drahtzieher irgendwo unerreichbar in den Bergen saßen.

Am frühen Morgen des 1. September 2004 war ein russischer GAS-Lkw über die holprigen Wege Inguschetiens gerumpelt, hatte ungehindert die Grenze zum verfeindeten Nordossetien überquert und ohne größeren Zwischenfall die Schule Nummer eins in Beslan erreicht, einer kleinen Stadt unweit der nordossetischen Hauptstadt Wladikawkas. An Bord des Lkw: 31 Männer und zwei Frauen, alle bis an die Zähne bewaffnet mit Granatwerfern, Pistolen, Handgranaten, Scharfschützengewehren und den landesüblichen Kalaschnikow-Sturmgewehren.

Seit dem 20. August hatten sie sich im Wald bei der gottverlassenen Siedlung Psedach in Inguschetien gesammelt. Geistiger Kopf des Unternehmens war Schamil Bassajew, ein gnadenloser tschetschenischer Feldkommandeur. Er war 1995 bekannt geworden, als er in der russischen Stadt Budjonnowsk mit einer Gruppe seiner Kämpfer ein Krankenhaus besetzt hatte. Beim Versuch russischer Einheiten, das Krankenhaus zu stürmen, kamen über 100 Menschen um. Bassajew bekam nach Verhandlungen mit dem damaligen Premierminister Viktor Tschernomyrdin freies Geleit. Bassajew stand auch hinter der Geiselnahme im Oktober 2002 in einem Moskauer Kulturhaus, wo das Musical »Nord-Ost« gezeigt wurde. Sicherheitskräfte stürmten das Kulturhaus, 130 Menschen starben.

Die jetzt geplante Geiselnahme in einer Schule sollte alles bis dahin Gekannte in den Schatten stellen. »Für Beslan suchte er persönlich zehn Tschetschenen und zwei Tschetscheninnen aus und bildete sie aus, berichtete Bassajew später. Außerdem neun Inguschen, zwei Araber, zwei Osseten, je einen Tataren, Kabardiner und Guranzen.«[9] Am Morgen des 1. September, der wegen der Erstklässler an allen russischen Schulen als Feiertag begangen wird, rollte der Lkw mit den Terroristen auf den Schulhof. An keinem der zahlreichen Milizposten war er aufgehalten worden. Der Verdacht, dass die Terroristen Beziehungen bis weit hinein in die regionalen Behörden und die Leitungsstrukturen der Sicherheitskräfte gehabt haben müssen, wurde nie ausgeräumt.

Der Angriff auf die Schule veränderte das Leben von Nadjeschda Gurijewa schlagartig. In ihrer Beslaner Wohnung erzählte sie mir, immer wieder stockend, wie das war an diesem 1. September und den darauffolgenden Tagen in der Beslaner Schule.

»Ich bin seit 1977 Lehrerin in der Schule Nummer eins. Das, was geschah, war für uns alle so unerwartet. Am 1. September ging ich etwas früher zur Schule, 20 Minuten vor neun Uhr war ich schon da. Am Vortag hatten wir noch alles in Ordnung gebracht, es sollte eine festliche Eröffnung des Schuljahres werden. Ich wartete auf meine Schüler, kleidete Verotschka für ihren Auftritt um, sah nach dem Rechten. Nirgendwo etwas Ungewöhnliches.

Um halb zehn stellten sich die Schüler auf dem Schulhof auf, meine aus der elften Klasse hatten sich verspätet, aber wegen der stärker werdenden Hitze wollten wir früh beginnen. Ich wandte mich den Kindern zu. Plötzlich ertönten Schreie. Ich verstand nicht gleich, was los war, hörte den Lärm einer laufenden Menge. Plötzlich tauchte hinter meinen Mädchen die Gestalt eines Bojewik, eines Kämpfers, mit einer Kalaschnikow auf. Ich sah ihn, hörte Schüsse, bemerkte ein grünes Fahrzeug am Eingang zum Schulhof.

Die Kinder rannten an mir vorbei, ich stand wie angewurzelt und hatte Angst, dass sie auf die Kinder schießen würden. Einen anderen Gedanken konnte ich in dem Moment nicht fassen. Dann wollte einer der Bojewiki die Kinder erschießen, die sich ins Heizhaus geflüchtet hatten. Ich hielt ihn auf, versprach, sie herauszuholen und in die Schule zu führen.

Als Letzter kam ein kleiner Junge aus dem Heizhaus, es war Lena Kossumowas Sohn aus der dritten Klasse. ›Es ist niemand mehr drin‹, sagte ich dem Bewaffneten. Der feuerte eine Salve ins Kesselhaus und trieb uns dann durch die geborstenen Fenster in die Turnhalle der Schule. Ich blieb draußen, bis alle Kinder hineingeklettert waren, weil ich immer noch fürchtete, er würde auf sie feuern. Mir schoss er vor die Füße: ›Los, klettere rein‹, befahl er. ›Erst, wenn alle Kinder drin sind‹, antwortete ich. ›Bist du etwa die Direktorin?‹, fragte er. ›Nein, ich bin eine Lehrerin.‹«

Unser Werklehrer Alexander Michailowitsch und Bitrosow, der Vater eines Schülers, halfen mir durchs Fenster hinein. Beide wurden kurz darauf erschossen, das sah ich aber schon nicht mehr. In der Turnhalle waren Massen von Menschen – Lehrer, Schüler, Eltern – in eine Ecke gedrängt. Erst jetzt wurde mir bewusst, dass ja auch meine Kinder hier sein mussten. Ich sah zuerst Irischka, weinend, mit einem Band in der Hand. Dann Verotschka. Ich fragte sie nach Borik, aber sie wussten nicht, wo er war.

Später schleiften sie Bitrosow herein und legten ihn vor mir ab. Ein großer Mann in einer Blutlache – es war furchtbar.

Dann begannen sie, die Turnhalle zu verminen. Die Schüler aus den oberen Klassen mussten dabei helfen. Sie zwangen sie mit Pistolen und Kalaschnikows, Minen und Kabel heranzuschleppen. Ein Mann, der nicht aus Russland stammte, überwachte alles. Mit ihm sprachen sie in einem Gemisch aus Russisch, Tschetschenisch und Arabisch. Arabisch war dabei, da bin ich mir ganz sicher.

Am ersten Tag durften wir noch auf die Toilette gehen, sie gaben uns auch Wasser. Allerdings nur den Kindern, den Erwachsenen nicht.

Sie drohten, sollte ein Erwachsener trinken, würde es überhaupt nichts mehr geben.

Am Abend des zweiten Tages kam Auschew (ehemaliger Präsident von Inguschetien, d. A.). Ich sah ihn, hörte jedoch nicht, was er sagte. Die in der Nähe saßen, erzählten später, er habe versprochen, alles zu tun, was möglich wäre. Wir hatten große Zweifel. Dann erfuhren wir, dass sie Frauen mit Kleinkindern freilassen wollten. Davon gab es nicht wenige, sie weinten die ganze Zeit.

Neben uns war eine ganze Familie – unsere Nachbarn: Swjeta, die Mutter, die Tochter, die in die erste Klasse ging, und ihr zweijähriger Sohn. Ihren Mann hatten sie am ersten Tag erschossen. Auschew kam zu ihr, forderte sie auf, mit dem Jungen hinauszugehen. Als sie ihre Tochter nicht mitnehmen durfte, blieb sie. Die ganze Familie kam bei den Explosionen um.

Sie kamen morgens um fünf zu uns und schrien: ›Das Wasser ist vergiftet, schweigt, für euch gibt es nichts mehr! Ihr seid keine Menschen, für euch ist auf dieser Welt kein Platz. Betet, aber ihr betet ja nicht einmal zu eurem Gott.‹ Sie waren wie von Sinnen, behandelten uns, als wollten sie uns auf der Stelle erschießen.

Meinem Sohn ging es sehr schlecht. ›Mama‹, sagte er, ›wenn sie uns heute kein Wasser geben, sterbe ich.‹ Der Junge fühlte, dass er nicht mehr konnte. Gegen Mittag war die Atmosphäre unkontrollierbar geworden. Die Bojewiki schossen ständig in die Decke, aber die Menschen reagierten nicht mehr.

Die Explosion später, davon bin ich überzeugt, wurde zufällig ausgelöst. Zuerst hörte ich einen leisen Knall, dann die gewaltige Explosion – und Stille. Als ich wieder zu mir kam, bewegte sich nichts mehr in der Turnhalle. Verotschka neben mir war tot, das sah ich sofort. Der Staub setzte sich, die Verletzten kamen zu sich, und die Bojewiki trieben uns in die Schulkantine.

Irischka sagte: ›Mama, alle laufen weg.‹ Ich antwortete: ›Wenn du eine Möglichkeit siehst, lauf!‹ Aber als sie sich schon der Tür näherte, wo Tote, Verwundete und Leichenteile sich türmten, tauchte dort ein Bojewik auf. Ich grub Anetschka, meine Nichte, aus dem Schutt, ließ sie und Irischka in der Kantine zurück und versuchte, meinen Sohn in der Turnhalle aufzuheben. Mir fehlte die Kraft. Dann wollte ich ihn an den Haaren wegzerren, auch das gelang nicht. Niemand half mir, ebenso wenig konnte ich den Verwundeten helfen, die auf dem Boden lagen. Ich kehrte zu den Mädchen in der Kantine zurück, vielleicht konnte ich ja wenigstens sie retten.

In der Kantine war ein einarmiger Bojewik, der Bruder von Nurpaschi, den sie danach aburteilten, wie sich später herausstellte. Er riss die Fenstervorhänge herunter und schrie: ›Stellt euch in die Fenster, damit sie nicht hierher schießen!‹

Plötzlich splitterten die Fenster, das Gitter fiel heraus. Unsere Köchin Sima rief unserem Sportlehrer zu, er solle es beiseiteräumen. Sie wollte als Erste springen. ›Wenn sie mich töten, bleibt hier drin‹, rief sie, warf ihre Pantoffeln, die sie aus irgendeinem Grunde noch immer in den Händen hielt, aus dem Fenster und sprang hinterher.

Dann tauchten Helme auf, wir erkannten unsere Spezialeinheiten. Ich half Irischka aufs Fensterbrett, schob sie hinaus und fiel dann selbst. Die Leute der Sondereinheit führten uns schnell weg in ein angrenzendes Haus. Wir waren nur zwölf, die gleich als Erste entkamen. Die Lehrer, die in der Schule geblieben waren, erzählten später, dass die Bojewiki den flüchtenden Kindern in den Rücken geschossen haben.

Meine Kinder Borik und Verotschka fanden sie am 4. September im Leichenschauhaus. Ira, meine Schwester, mein Mann und mein Bruder entdeckten und identifizierten sie. Am gleichen Abend kam ich aus dem Krankenhaus in Wladikawkas. Meine Kinder mussten ja beigesetzt werden.«

In diesem Inferno sterben 331 Menschen, 186 von ihnen waren Kinder. Von den Terroristen, die 1128 Geiseln genommen hatten und gleich zu Beginn mehr als ein Dutzend erschossen, überlebte nur einer. Wenngleich die Gerüchte nicht verstummen wollen, dass einige entkommen konnten.

Terroranschläge gab es auch nach Beslan immer wieder in Nordossetien, wenn auch bei weitem nicht mit dieser Brutalität. So tötete eine Selbstmordattentäterin im Oktober 2008 an einer Bushaltestelle in Wladikawkas zwölf Menschen, indem sie einen Sprengstoffgürtel zündete, den sie am Körper trug.

Bevorzugtes Ziel war der zentrale Markt von Wladikawkas. Deshalb war oft nicht zu klären, ob es sich um einen Terroranschlag islamistischer Gruppen handelte, oder ob es um Auseinandersetzungen rivalisierender Gangsterbanden ging.

Der einzige überlebende Geiselnehmer der Tragödie von Beslan, Nurpaschi Kulajew, war im Mai 2006 zum Tode verurteilt worden. Das Oberste Gericht Nordossetiens wandelte dieses Urteil anschließend in eine lebenslange Haftstrafe um. In Russland gibt es die Todesstrafe noch, obwohl das Land seit 1996 Mitglied des Europarates ist und sie entsprechend der Satzung längst hätte abschaffen müssen. Sie wird aber seit dieser Zeit nicht mehr vollstreckt.

Das Gericht hatte den Angeklagten des Banditentums, Terrorismus sowie des Mordes und versuchten Mordes für schuldig befunden. Kulajew, der sich zunächst schuldig bekannte, hatte dann im weiteren Verlauf des Prozesses alle Anschuldigungen zurückgewiesen und sich für nicht schuldig erklärt. Als der Richter ihn nach der Urteilsverkündung fragte, ob er das Urteil verstanden habe, sagte Kulajew: »Alle diese Märchen sind ausgedacht.« Im Verlaufe des Prozesses hatte Kulajew immer wieder beteuert, er sei von seinem älteren Bruder einfach mitgenommen worden, ohne zu wissen, wohin es gehen sollte. Während des Geiseldramas, so behauptete er, habe er niemanden getötet, sondern nur in die Luft geschossen.

Dieser Prozess rückte im Herbst 2015 erneut ins Blickfeld der Öffentlichkeit, zumindest in Nordossetien. Denn mit dem Juristen Tamerlan Agusarow ernannte Präsident Wladimir Putin jenen Mann zum amtierenden Präsidenten der Teilrepublik, der als damaliger Vorsitzender des Obersten Gerichts für die fragwürdige Verurteilung von Kulajew verantwortlich gewesen war. Es galt als sicher, dass das Regionalparlament den »Vorschlag« Putins widerspruchslos absegnen und Agusarow zum Oberhaupt der Autonomie wählen wird.

Tscherkessien

Diese geografische Bezeichnung für eine weitläufige Region des Nordwestkaukasus wird in vielen Ohren, vor allem in denen der Russen, aber möglicherweise auch in denen anderer Ethnien, provokatorisch klingen. Tatsächlich existiert sie seit dem 19. Jahrhundert nicht mehr. Damals allerdings war sie auf allen guten Karten Europas präsent. Seither ist der geografische Begriff verschwunden.[1] Das Volk der Tscherkessen, auf Englisch Circassians (sie selbst nennen sich Adyge), ist weitgehend in Vergessenheit geraten. Sie leben heute in Russland in drei verschiedenen Republiken: in Kabardino-Balkarien, in Karatschaj-Tscherkessien und in Adygeja.

Die Tscherkessen sind ein aus zwölf Stämmen[2] bestehendes Volk, das seit mindestens 800 Jahren unter dieser Bezeichnung, die erstmals im 12. Jahrhundert in mongolischen Quellen auftauchte, den Nordwestkaukasus, die Schwarzmeerküste und die dem Kaukasus vorgelagerten Steppen bis hin zum Asowschen Meer bevölkerte. Ihre Vorfahren, Meothen und Zychen, unterhielten schon Jahrhunderte davor Beziehungen zu den Griechen, zu Rom und Byzanz. Schon im 5. Jahrhundert wurde Teile von ihnen von Byzanz aus zum Christentum bekehrt, verehrten aber weiterhin auch ihre Naturgötter. Im 15. Jahrhundert wurden die kabardinischen Tscherkessen unter dem Einfluss der Krimtataren Muslime. Sie verbreiteten den Islam dann unter den tscherkessischen Stämmen und benachbarten Völkern weiter. Bis auf eine kleine orthodoxe Minderheit in der Umgebung von Mosdok sind die Tscherkessen heute sunnitische Muslime.

Ende des 15. und in der ersten Hälfte des 16. Jahrhunderts unternahmen die Osmanen mehrere Feldzüge gegen die Tscherkessen, da sie in ihnen eine permanente Bedrohung für die türkischen Befestigungen auf der Taman-Halbinsel sahen. Zudem drängte Persien entlang der Küste des Kaspischen Meeres zum Nordrand des Kaukasus und stellte damit die regionale Vorherrschaft der Osmanen in Frage. Die Tscherkessen gerieten, wie schon oft in ihrer Geschichte, zwischen zwei Fronten. Die Suche nach einem Bündnispartner wurde akut, sie fanden ihn zunächst im russischen Zarenreich. Zeitweilig waren die Beziehungen so gut, dass vor allem Kabardiner auf russischer Seite gegen die Polen kämpften und am Zarenhof hohe Positionen innehatten.

Die zweite Frau von Iwan IV. (1530–1584), auch der »Schreckliche« (russ.: Grosny) genannt, stammte ebenfalls aus dem tscherkessischen Volk der Kabardiner. Maria, wie sie nach ihrem Übertritt zum russisch-orthodoxen Glauben (1661) hieß, war die Tochter des Kabardiner-Fürsten Temrjuk. Indem sich Iwan Grosny mit ihm verband, anerkannten er die strategische Bedeutung und die Stärke der kaukasischen Völker. Das Denkmal Marias steht noch heute in Naltschik, der Hauptstadt von Kabardino-Balkarien. Es wurde bereits zu sowjetischer Zeit aufgestellt. Die Skulptur, errichtet an einem Platz im Zentrum, der sonst in der Sowjetunion nur dem Staatengründer Lenin zustand, sollte die Legende vom »freiwilligen Anschluss« der kaukasischen Völker an Russland untermauern – was nichts anderes ist als eine zynische Geschichtsklitterung.

Die Kaukasier hatten sich keineswegs unterworfen, sie waren ein Bündnis mit den Moskowitern eingegangen, das so lange existierte, wie es ihnen sinnvoll schien. Solange nämlich, wie Russen und Tscherkessen in den Krimtataren einen gemeinsamen Feind sahen. Als Zar Iwan IV. ab 1662 Krieg gegen Polen führte, keinen Zweifrontenkrieg brauchte und mit den Krimtataren Frieden schloss, wandten sich die Westtscherkessen enttäuscht von Moskau ab. Fortan unterhielten sie enge Beziehungen zur Hohen Pforte in Konstantinopel. Eine Unterwerfung fand allerdings auch in diesem Verhältnis nie statt.[3]

Lediglich Temrjuk und sein Clan hielten an Russland fest. Moskau dankten es ihm, in dem es einer Stadt in der Region Krasnodar seinen Namen gab. Die Tscherkessen indes wandten sich dem Osmanischen Reich zu, wo einige ihrer Vertreter – ebenso wie zuvor in Russland – in hohe Führungspositionen aufstiegen.

Doch nun kam die Gefahr für die Tscherkessen aus dem Norden. Schon 1559 hatte Iwan Grosny am Ufer des Kaspischen Meeres unweit der heutigen dagestanischen Hauptstadt Machatschkala die Kosakenfestung Tarki gründen lassen. 1587 wurde dort das erste Kosakenheer unter Stepan Rasin stationiert. Die Festung hatte zunächst keinen Bestand, Feldzüge späterer russischer Herrscher blieben ebenfalls erfolglos.[4] Auf Zar Peter I. geht schließlich die Idee zurück, die Bergvölker, die sich dem russischen Vormachtstreben im Süden widersetzten, im

Kaukasus einzuschließen. Er ließ Kosaken zunächst am Terek und am Kuban ansiedeln, die den Auftrag hatten, in ihren Wehrdörfern diesen Teil der russischen Grenze zu bewachen.

Doch erst mit der Thronbesteigung von Katharina der Großen im Jahr 1762 rückte der Kaukasus endgültig als strategischer Ort ins Blickfeld. Ihr Günstling Fürst Potjomkin entwickelte die Idee, nach Konstantinopel durchzubrechen, die Dardanellen und den Bosporus zu besetzen sowie das Osmanische Reich zu zerschlagen. Stattdessen sollten zwei von Russland dominierte orthodoxe Reiche entstehen.

Dazu mussten zunächst die Krim, der Kaukasus und die Nordküste des Schwarzen Meeres erobert werden. Die russische Armee wäre andernfalls Gefahr gelaufen, zwischen die Türken, die Krimtataren und die kaukasischen Völker zu geraten. 1763 begann der große Kaukasusfeldzug Katharinas. Doch erst 1864, nach einer letzten blutigen Schlacht in Krasnaja Poljana oberhalb von Sotschi, in der vor allem Vertreter der adygejischen Stämme der Ubychen und Schapsugen getötet wurden, konnte Zar Alexander II. schließlich den Sieg im Kaukasuskrieg verkünden, der über weite Strecken auch als Vernichtungskrieg geführt worden war.

Allein in der Endphase des Kaukasus-Krieges zwischen Oktober 1863 und April 1864, so rechnete der Tscherkessen-Experte Walter Richmond 2012 im Europaparlament vor, starben seiner »konservativen Schätzung zufolge 320 000 bis 400 000 Tscherkessen. Zusammen mit denen, die während der Deportation in die Türkei starben, erhöht sich die Zahl der Toten auf mindestens 650 000. Wenn für das Jahr 1860 eine tscherkessische Bevölkerungsstärke von 1,5 Millionen und ein jährliches Wachstum von zwei Prozent angenommen werde, würde es heute rund 30 Millionen Tscherkessen geben. Tatsächlich betrage ihre Zahl jedoch vier bis sechs Millionen weltweit, von denen nur 700 000 in ihrer alten Heimat im Kaukasus leben.[5]

Einen Vernichtungskrieg, verbunden mit einer »ethnischen Säuberung« dieses Ausmaßes hatte es in der Welt bis dahin nicht gegeben. Die Nachkommen der damals malträtierten, ermordeten und vertriebenen Tscherkessen fordern heute, dass das brutale Vorgehen des zaristischen Russlands als Völkermord anerkannt wird.

Tscherkessen leben heute vor allem in der Türkei, im Nahen Osten, aber auch in den USA und in Deutschland. Ihre Zahl liegt Schätzungen zufolge bei drei bis fünf Millionen.

In Russland zerriss Stalins Politik des Teile-und-Herrsche gezielt die historischen Bande und zwang die Tscherkessen, in den bis heute existierenden drei Republiken zu leben. Die aktuellen, eher schwachen Versuche, wieder eine geeinte tscherkessische Republik im Nordwestkaukasus zu gründen, werden von der russischen Zentralmacht als Angriff auf die Substanz des russischen Staates betrachtet. Doch diese Idee lebt seit dem Ende der Sowjetunion fort. Insbesondere die gesellschaftliche Organisation »Adyge Chasse« – tscherkessisches Parlament – setzt sich immer wieder dafür ein. Sie beruft sich dabei auf die Verfassung der Russischen Föderation, der zufolge jedes Volk in der Föderation das Recht hat, in einer eigenen Republik zu leben.

Kabardino-Balkarien

Der berühmteste Punkt der nordkaukasischen Republik Kabardino-Balkarien befindet sich in gut 100 Kilometern Entfernung südwestlich der Hauptstadt Naltschik in 5642 m Höhe. Es ist der Gipfel des Elbrus, des höchsten Berges im Kaukasus. Er war ein beliebtes Ziel für alpine Skisportler und Bergsteiger. Doch die angespannte politische Situation in der kleinen Republik hat das Interesse – wegen der damit verbundenen Risiken – deutlich abflauen lassen.

In Kabardino-Balkarien leben der Volkszählung von 2002 zufolge knapp 500 000 Kabardiner, 105 000 Balkarier, 226 000 Russen sowie Angehörige von über einem Dutzend weiterer Nationalitäten und Ethnien. Die Zahlen sind rückläufig. Die Menschen wandern ab, weil dort die Wirtschaftslage deutlich schlechter ist als in anderen Teilen der Russischen Föderation.

Die Kabardiner gehören zu den zwölf tscherkessischen Stämmen und damit zu den Ureinwohnern des Nordkaukasus. In den ersten sechs Jahrhunderten n. Chr. wurden ihre Vorfahren Zychen genannt und zwischen dem 13. und 19. Jahrhundert unter der Bezeichnung Tscherkessen bekannt. Aber schon zwischen dem 13. und 15. Jahrhundert hatte sich die Kabardei als eigenständige Region herausgebildet.

In sowjetischer Zeit wurden die Kabardiner mit den Balkaren, einem turksprachigen Volk, zunächst in einen Autonomen Kreis, dann unter Stalin in einer Autonomen Republik zusammengepfercht. In der Nachbarrepublik wurde aus Tscherkessen und Karatschajern, deren Sprache wiederum derjenigen der Balkaren sehr ähnlich ist und ebenfalls zu den Turksprachen gehört, ein ungleiches Paar gemacht.

Stalin zog die Grenzen nach dem Prinzip »Teile und herrsche«, das verhinderte eine Solidarisierung der kaukasischen Völker untereinander. Doch das Bedürfnis, territoriale Einheiten mit einander nahestehenden Ethnien zu bilden, existiert bis heute. So diskutierten die Adyge (Selbstbezeichnung der Tscherkessen), zu denen auch die Kabardiner gehören, in jüngster Zeit sehr lebhaft die Gründung einer eigenen Republik.

Traditionell waren die Kabardiner Bauern und Viehzüchter. Vor allem die Pferdezucht machte sie bekannt, die Rasse der Kabardiner ist unter Pferdekennern sehr beliebt. Gut entwickelt war auch das Handwerk. Besonders die Schmiede- und Juwelierkunst sowie die Waffenherstellung standen in hoher Blüte. Weltweit bekannt ist die Kleidung der Kabardiner, die auch von anderen Ethnien des Nordkaukasus übernommen wurde – die Tscherkesska. Das schwarze, eng anliegende Gewand mit weiten Rockschößen wurde zusammengehalten von einem Silbergürtel, an dem in jedem Falle der Kinschal, der Dolch, hing. Die Brust war mit eingesteckten Silberpatronen geschmückt.

Die Balkaren stammen von den Urbulgaren ab, die im 6. Jahrhundert diesen Teil des Kaukasus unterwarfen. Ihnen folgten im 9. Jahrhundert die Magyaren. Im 10. und 11. Jahrhundert gehörten weite Teile des Kaukasus dem Großseldschukischen Reich an. Dann überrannte die mongolisch-tatarische »Goldene Horde« den Kaukasus. Unter ihrem Einfluss und dem der Nogaier-Horde, die sich als weitgehend autonome Einheit abgespaltet hatte, nahmen einige kaukasische Völker die tatarische Sprache an. Das trug den Völkern der Balkaren und Tscherkessen zumindest bei den Russen die Bezeichnung Berg-Tataren ein. Nach wechselnden Eroberern – Osmanen, Perser – wurden die Balkaren 1827 vom Russischen Reich unterworfen, lebten aber während des von Schamil organisierten Krieges gegen Russland noch längere Zeit autonom. Im Zweiten Weltkrieg wurden auch die Balkaren auf Befehl Stalins nach Mittelasien deportiert. 1956/57 von Chruschtschow rehabilitiert, durften sie erst 1967 in ihre Heimat zurückkehren.[6]

Präsident der Republik, die mit knapp 12 000 km² kleiner als Schleswig-Holstein ist, wurde im September 2005 der Kabardiner Arsen Kanokow. Der russische Präsident Wladimir Putin ernannte ihn, das Regionalparlament bestätigte Kanokow dann problemlos. Sein Vorgänger Waleri Kokow galt als extrem korrupt. Er hatte ein autoritäres System in der Republik errichtet, in dem die nationale Opposition ebenso wenig zu Wort kam wie islamische Kräfte, ob sie nun radikal oder gemäßigt waren. Moscheen wurden geschlossen und vor allem die jungen Muslime aus dem balkarischen Teil der Bevölkerung verfolgt. Verschärft wurde die Missstimmung durch die miese Wirtschaftslage in Kabardino-Balkarien und eine extrem hohe Arbeitslosigkeit besonders unter der Jugend. Der radikale Teil der im Untergrund agierenden islamischen Kräfte, vor allem die Jarmuk-Gruppe, unterhielt intensive Beziehungen zu den tschetschenischen Rebellen.

Doch die Ernennung eines neuen Republikchefs kam zu spät. Die explosive Mischung, die Kokow heraufbeschworen hatte und die typisch war für die gesamte Situation im Nordkaukasus, detonierte am 13. Oktober 2005.

Um neun Uhr morgens brach die Hölle los. »Wir hörten gewaltige Explosionen und ohrenbetäubenden Gefechtslärm«, schilderte mir die Journalistin Irina am Telefon ihre Eindrücke vom Ausbruch der Gewalt. Irina schrieb für die *Gaseta Juga*, die in Naltschik erscheinende *Zeitung des Südens*. Ihren Nachnamen wollte sie aus Angst vor den Behörden nicht nennen. Während der Ereignisse in Naltschik hatte sie einen »privilegierten« Platz. Sie war bereits in der Redaktion in der Puschkinstraße mitten im Zentrum von Naltschik, als die bewaffneten Rebellen an mehreren Stellen der Stadt gleichzeitig angriffen.

»Ich sah starken Rauch aus dem Gebäude der Verwaltung für den Kampf gegen das organisierte Verbrechen aufsteigen«, berichtete sie. »Auf der Straße brach das Chaos aus, die Leute stürzten durcheinander, wussten nicht, wohin sie laufen sollten.« Auf dem Dach der Drogenbekämpfungsbehörde waren gegen Mittag noch immer Scharfschützen postiert.

Das Fernsehen zeigte Bilder von verängstigten, fliehenden Menschen, zerschossenen Fahrzeugen und Häusern und ersten Festnahmen. Über der Stadt kreisten Hubschrauber. Erst Tage später hatten die Behörden die Lage wieder unter Kontrolle. Die Zahl der Todesopfer: 141, die meisten von ihnen sogenannte Bojewiki.

Nachdem sich der Pulverdampf in Naltschik gelegt hatte, bekam der neue Präsident Arsen Konokow neun Jahre Zeit, die Dinge zum Besseren zu wenden. Doch in Konokows Amtszeit fielen zahlreiche Skandale, in die er zwar nicht persönlich verwickelt war, die aber von Leuten aus seiner Umgebung zu verantworten waren. Zum Ende seiner Dienstzeit führte ihn das russische Wirtschafts-Magazin mit einem Besitz von rund 500 Millionen Dollar als den Reichsten unter den russischen Regionalchefs. Und das in einer kleinen Kaukasusrepublik, deren ohnehin bescheidenes Budget bis zu 50 Prozent von Moskau getragen werden muss. Konokow ging im Herbst 2013 »freiwillig«. Er durfte sich auf den Posten eines Senators zurückziehen, eines Mitglieds des Oberhauses des russischen Parlaments, wo er weiterhin im Hintergrund die Strippen ziehen kann.

Zu seinem Nachfolger ernannte Präsident Putin den Hardliner Juri Kokow. Der Polizeioffizier hatte im Innenministerium in Moskau die Abteilung für den Kampf gegen den Extremismus geleitet. Gleichzeitig war er stellvertretender Leiter der Hauptabteilung für den Kampf gegen das organisierte Verbrechen. Und natürlich war er in Leitungsfunktionen der Kreml-Partei »Geeintes Russland«. Er amtiert seit Herbst 2013 im Präsidentenamt der Republik. 2014 bestätigte ihn das Regionalparlament als Oberhaupt von Kabardino-Balkarien.

Bislang ist ihm auf ökonomischem Gebiet wenig gelungen, die Teilrepublik gehört weiterhin zu den am wenigsten entwickelten Regionen des Landes. Dafür beklagen seine Landsleute, dass er die Daumenschrauben immer enger zieht im vermeintlichen Kampf gegen den Extremismus. Wenn die Menschen permanent unter »Spezialoperationen« gegen vermeintliche oder tatsächliche Terroristen leiden müssten und ihre Bürgerrechte geschmälert werden, könne das zu einer gegenläufigen »Welle der Unzufriedenheit« führen, beklagen regionale Internetzeitungen.[7]

Im Herbst 2015, zehn Jahre nach dem Terrorangriff auf Naltschik, wurde mit Trauer- und Gedenkveranstaltungen der Opfer gedacht. Und zehn Jahre danach »blutet die Wunde noch immer«, wie die Bewohner der Stadt sagen. Auch deshalb, weil nach den Ereignissen in Naltschik »eine große Gruppe von Menschen, die durch eine gemeinsame religiöse und ideologische Basis vereint war«, unterdrückt wurde, wie es der Journalist Orchan Dschemal ausdrückte. Mit anderen Worten, die Verfolgung Andersdenkender, die damals einer der Gründe für den Ausbruch der Gewalt war, setzte sich fort. Unterdrückung ändere die Denkweisen nicht, sondern führe dazu, dass »solche Dinge immer wiederkehren«, warnte Dschemal.

Waleri Chatzukow vom regionalen Human Rights Center beklagt, dass nach den Ereignissen von Naltschik die nationalen Organisationen zerstört wurden, die die Verbindung zwischen der Bevölkerung und den Machthabern hätten herstellen können. Er erwarte zwar keine Wiederholung von 2005, so Chatzukow, aber »der gleiche Untergrund existiert, regelmäßig werden Anführer getötet und alles dreht sich im Kreise: die gleichen Probleme – sozial, ökonomisch und politisch – bestehen fort«.

Die Anwältin Larissa Dorogowa stellt resigniert fest, dass sich das

Verhalten der Ordnungshüter in den vergangenen zehn Jahren nicht geändert habe, »alles geht so weiter wie zuvor ... Der Untergrund ist das Ergebnis verschiedener Gründe: Einige schließen sich ihm an, weil sie geschlagen wurden, andere, weil Verwandte oder Freunde getötet wurden.« Sie glaubt, dass es heute in Naltschik mehr Menschen gibt, die Sympathien für die im Zusammenhang mit dem Anschlag Verurteilten hätten, weil teilweise auch Unschuldige im Gefängnis sitzen. »Die Menschen in Kabardino-Balkarien fühlen, dass sie nicht fair oder nach dem Gesetz behandelt werden.«[8]

Karatschaj-Tscherkessien

Im Jahr 1999 war das kleine Land mit knapper Not an einem Bürgerkrieg vorbeigeschrammt. Die damals rund 85 000 Tscherkessen und etwa 32 000 Abassinen wollten nicht mehr mit dem Turkvolk der Karatschajer (170 000) zusammenleben. Sie forderten ihr Autonomes Gebiet zurück, wie es seit 1926 bestanden hatte. Wochenlang fanden in der Hauptstadt Tscherkessk Meetings beider Volksgruppen statt, die nicht selten Gefahr liefen, in bewaffnete Auseinandersetzungen umzuschlagen.

Durch Vermittlung Moskaus, das sich wegen der dort lebenden 110 000 Russen besonders in der Pflicht sah, wurde schließlich ein Kompromiss gefunden: Wird ein Karatschajer Präsident, was bei den ethnischen Mehrheitsverhältnissen praktisch garantiert ist, dann muss der Posten des Premierministers mit einem Tscherkessen und der des Parlamentspräsidenten mit einem Russen besetzt werden. Das wurde zwar nirgendwo schriftlich festgehalten, in den nachfolgenden Jahren aber stets beachtet.

Das änderte sich mit dem neuen Präsidenten Boris Ebsejew, der 1950 in Kirgisien geboren wurde. Kein ungewöhnlicher Geburtsort für einen Karatschajer, denn auch dieses kaukasische Volk war unter Stalin im Zweiten Weltkrieg nach Mittelasien deportiert worden. Dabei kam vermutlich die Hälfte aller Karatschajer ums Leben. Nach der Rückkehr in die angestammte Heimat wurde Ebsejew Jurist und Mitglied der KPdSU, wie es zu der Zeit für Hochschulabsolventen in der Sowjetunion üblich war. Der Staatsrechtler, der an der Verfassung der Russischen Föderation mitgearbeitet hat, wurde 1991 auf Vorschlag der Abgeordneten aus den russischen Autonomien zum Richter am russischen Verfassungsgericht gewählt.

Im Sommer 2008 ernannte ihn Russlands Präsident Dmitri Med-

wedjew zum Präsidenten von Karatschaj-Tscherkessien, das Regionalparlament bestätigte ihn erwartungsgemäß. Im Herbst des Jahres verletzte er jedoch die ungeschriebene Vereinbarung aus dem stürmischen
Jahr 1999 und die nationale Balance, beklagte sich Muchamed Tscherkessow, Vorsitzender des Exekutivkomitees des Kongresses des tscherkessischen Volkes. Präsident Ebsejew wollte zunächst einen Russen
zum Premier ernennen, dann wurde es ein Grieche. Er begründete das
mit der beruflichen Qualifikation seines Kandidaten, was die Tscherkessen verärgerte. »Er wollte bloß nicht unter den Tscherkessen nach
einem geeigneten Mann suchen«, ereiferte sich Tscherkessow.[9]

Weitere Unannehmlichkeiten drohen, denn eine ältere Idee der
Tscherkessen greift wieder um sich: Schon auf dem außerordentlichen
Kongress der tscherkessischen Bewegung »Adyge Chasse« im November 2008 forderten die Delegierten eine Abänderung der bisher gülti-
gen Verfassung, die nicht garantiere, dass sich die Vertreter der verschiedenen Nationalitäten paritätisch an der Machtausübung
beteiligen könnten. Mit großer Mehrheit wurde zudem der Vorschlag
unterstützt, auf dem Gebiet der drei Republiken Adygeja, Kabardino-
Balkarien und Karatschaj-Tscherkessien einen Staat der Tscherkessen
zu schaffen.[10]

Doch seit dem Sommer 2015 machten die Tscherkessen vor allem
deshalb mobil, weil sie nicht länger mit den Karatschajern zusammen-
leben wollen, sie verlangen die Trennung. Auf einer Konferenz von
»Adyge Chasse« von Karatschaj-Tscherkessien im Sommer in Tscherkessk forderten sie die Rückkehr zur tscherkessischen Autonomie. Das
sei einfach zu bewerkstelligen, befanden die Tagungsteilnehmer.
Schließlich lebten die meisten der 60 000 Tscherkessen in der Doppel-
Republik in lediglich zwei Verwaltungsbezirken von Karatschaj-
Tscherkessien. Hintergrund dieser Forderung ist in erster Linie die
Tatsache, dass sich die Lebensbedingungen in der Republik in den
vergangenen Jahren signifikant verschlechtert haben, wie der Vorsitzende der Organisation, Muhamed Tscherkessow, bitter beklagte.[11]

Das könnte zu einer weiteren Zerreißprobe für Karatschaj-Tscherkessien werden. Schon zwischen 1990 und 1991 hatten die hier lebenden Nationalitäten sehr deutlich gemacht, dass sie eigentlich
nicht miteinander können und wollen. Noch zu Lebzeiten der Sowjetunion zerfiel Karatschaj-Tscherkessien damit zeitweilig wie ein
Puzzle-Spiel.

Es entstanden die Karatschajer Sozialistische Sowjetrepublik, die
Republik Tscherkessien und die Abassiner Republik. Am 19. August

1991, dem Tag des Putsches in Moskau, gründeten sich zudem die Batalpaschinsker Kosaken-Republik und die Selentschuk-Urupsker Sozialistische Kosaken-Sowjetrepublik. Beide vereinigten sich ein gutes Vierteljahr später zur Kosaken-Republik Oberer Kuban. Der Spaltpilz hatte ganze Arbeit geleistet, Moskau musste sich des Falles annehmen.

1992 wurde ein Referendum abgehalten, in dem die Teilung der Republik keine Mehrheit fand. Ein Ergebnis, das bis heute angezweifelt wird. Dennoch war es die Basis für die Gründung der Republik Karatschaj-Tscherkessien am 16. Oktober 1992.[12]

Ökonomisch ist Karatschaj-Tscherkessien weitgehend von Finanzspritzen aus Moskau abhängig, lediglich in der Hauptstadt Tscherkessk gibt es ein paar Betriebe der chemischen und Lebensmittelindustrie. Der Reichtum der Hochgebirgsrepublik sind die Berge, die aber touristisch bis auf Dombai kaum erschlossen sind. Im Sommer 2008 wurde der Grundstein für den ganzjährig nutzbaren Kurort Archys in der gleichnamigen wildromantischen Schlucht gelegt. Auf 36 Hektar wurden Hotels, Chalets und 24 Skilifts gebaut. Der Fertigstellungstermin – das Jahr 2014 – verweist darauf, dass Karatschaj-Tscherkessien auf den Olympiazug aufspringen wollte.[13]

Das ist zumindest teilweise aufgegangen. In der Wintersaison 2014/2015 besuchten 90 000 Touristen den Kurort. Diese Zahl, so hoffen die Verantwortlichen, wird sich im Winter 2015/16 auf 150 000 erhöhen. In den zwei Jahren seines Bestehens reisten insgesamt – Sommer und Winter – 225 000 Touristen in das Erholungszentrum. Es gehört zu den sogenannten »Tourismus-Clustern«, die mit staatlichen Investitionen im Nordkaukasus entstehen und die Wirtschaft der dortigen Republiken stärken sollen.

Die Republik Adygeja

Adygeja liegt im äußersten Nordwesten des Kaukasus und ist vollständig umgeben von der russischen Region Krasnodar. Die Republik mit ihren 7600 Quadratkilometern erstreckt sich von den Bergen bis in die fruchtbare Ebene des Kuban-Flusses, im Westen berührt sie den Stadtrand von Krasnodar. Mit der Hauptstadt Maikop und der zweiten Stadt Adygejsk sind die beiden einzigen städtischen Siedlungsorte schon genannt. Die 441 200 Einwohner (65 Prozent Russen, 24 Prozent Adygejer sowie Vertreter Dutzender anderer Nationalitäten) sind vor allem in der Landwirtschaft tätig.

Auf den fruchtbaren Schwarzerdeböden werden vor allem Weizen, Sonnenblumen, Zuckerrüben und Mais, aber ebenso Gemüse und Kartoffeln angebaut. In den Dörfern findet man Obstgärten, Walnuss- und Kastanienbäume sowie Erdbeerplantagen. In kleineren Mengen werden Erdgas und Erdöl, Gold und weitere Edelmetalle gefördert. Im Industriebezirk Maikop, wo vorwiegend Russen leben, sind Holzver- arbeitung, Maschinenbau, Chemie, Zementindustrie sowie Betriebe für die Verarbeitung landwirtschaftlicher Produkte wie Konservenfa- briken, Weinkellereien, Milchverarbeitungswerke und Tabakfabriken angesiedelt.[14]

Verglichen mit den anderen nordkaukasischen Republiken, gilt Adygeja geradezu als Ort der Ruhe. Militante Formen des Islam fan- den hier bisher ebenso wenig eine Basis wie extreme Nationalisten, wenngleich es immer mal wieder zu Reibereien bei der Ämterbeset- zung zwischen Adygejern und Russen kam.

Diese relative Ruhe hat jetzt einige der im 19. Jahrhundert vertrie- benen Tscherkessen bewogen, sich um Rückkehr in die alte Heimat zu bemühen. Seit in Syrien ein Bürgerkrieg tobt, suchen sie eine sichere Bleibe in der Heimat ihrer Vorfahren – und werden bis auf wenige zurückgewiesen.

Rashid gehört zu den Glücklichen, denen die Rückkehr in die alte Heimat seiner Familie gelungen ist. Rashid Suleiman ist Tscherkesse aus Syrien, »mein tscherkessischer Familienname ist Khuade«, fügt er hinzu. Seine Vorfahren waren im 19. Jahrhundert gezwungen wor- den, den Kaukasus, ihr Dorf Khuade im heutigen Adygeja, zu verlas- sen. Sie gingen nach Syrien und lebten in einem Dorf in der Nähe von Homs. »Ich habe vierzig Jahre lang in Damaskus gelebt, ich bin Bau- ingenieur, hatte dort in der Vorstadt ein Haus und einen guten Job bei einer gut gehenden Firma.« Dann kam der Krieg, die Firma wurde geschlossen. »Als die Kämpfe die Vororte von Damaskus erreichten, sind wir in den Golan geflohen. Nach sechs Monaten kam der Krieg auch dorthin. Wir gingen zurück nach Damaskus. Mit Hilfe einer in- ternationalen Organisation bekamen wir Visa für Russland.« Er hat es gut getroffen. Er lebt mit seiner Frau Aida und den drei Kindern in einem großzügig angelegten Haus in Maikop. Sein Schwager hat es gebaut, es war frei, weil der zeitweilig in den Emiraten seinen Unter- halt verdient. Hier muss Rashid nicht mehr um sein Leben und das seiner Familie bangen.

Dieses Glück, so Rashid, haben nur wenige. Bis zum Sommer 2015 gelang es lediglich etwas mehr als 2000 Tscherkessen aus Syrien, nach

Russland überzusiedeln. Einige kamen nach Adygeja, andere nach Kabardino-Balkarien und Karatschaj-Tscherkessien. Die meisten der Übersiedlungswilligen sitzen indes in Syrien oder in der Türkei fest, wenn sie nicht die Balkanroute nach Mitteleuropa, vor allem nach Deutschland vorziehen. Moskau hat die Ausgabe der Visa an Abkömmlinge aus dem Kaukasus streng begrenzt. Der Bauingenieur Rashid ahnt, warum. »Die russische Regierung unterstützt Assad. Mit einer großzügigen Ausgabe von Visa würde sie zugeben, dass das System in Damaskus am Ende ist.«

Das brachte den ansonsten sehr konservativen und kremltreuen Publizisten Maxim Schewtschenko auf. Er forderte den Präsidenten auf, Russland müsse zumindest die Angehörigen der tscherkessischen Minderheit aus Syrien aufnehmen. Verschiedenen Schätzungen zufolge leben in Syrien zwischen 80 000 und 150 000 Tscherkessen. Der Vorstoß des Mitglieds im Rat für Menschenrechte beim Präsidenten blieb indes folgenlos.

Mit Beginn der russischen Luftangriffe auf Rebellenstellungen in Syrien fühlen sie sich zusätzlichen Gefahren ausgesetzt. So wurden in der syrischen Provinz Homs zwei tscherkessische und ein dagestanisches Dorf von russischen Flugzeugen bombardiert, angeblich sollten sich dort Terroristen aufgehalten haben. Bei einem Bombenangriff auf ein tscherkessisches Dorf im Golan kam ein Tscherkesse ums Leben, berichtete mir ein tscherkessischer Aktivist mit guten Kontakten zu seinen Landsleuten in Syrien. »Vielleicht haben sich dort Rebellen aufgehalten? Wer weiß. Aber Tatsache ist doch, dass sich die Russen wenig um die tscherkessischen Dörfer und die Tscherkessen in Syrien scheren«, sagte er bitter.

Die Tscherkessen selbst sind uneins in ihrer Haltung zum Krieg in Syrien und der russischen Beteiligung. Einerseits haben der Weltverband der Tscherkessen[15] und der Verein der Tscherkessen in Jordanien die russischen Angriffe begrüßt. Gleichzeitig aber setzen sie sich für die Rückkehr vor allem der »syrischen« Tscherkessen nach Russland ein, weil sie deren Lage im Kriegsgebiet verstehen. Russland dagegen mauert weiterhin und baut darauf, dass die meisten aus Syrien stammenden Flüchtlinge ohnehin die Balkanroute nach Zentraleuropa und hier vor allem nach Deutschland wählen werden.

Stawropol, Krasnodar und die Kosaken

Stawropol

Der Begriff des Kaukasus beschränkt sich üblicherweise nicht nur auf das Gebirge, sondern umfasst auch das angrenzende, in Steppe übergehende Flachland. Das ist durchaus sinnvoll. Denn schon in sehr früher Zeit existierte eine ständige Bewegung zwischen den freien, landwirtschaftlich nutzbaren Flächen mit Blick auf die Berge und den Bergen selbst. Die Völker wechselten je nach Gefahrenlage ihre Standorte, lebten in ruhigeren Zeiten außerhalb des Gebirges. Drohte Gefahr, zogen sie sich in die schwerer zugänglichen Kaukasus-Schluchten zurück. Auch als später das russische Imperium seine Hand nach dem Gebirgsmassiv ausstreckte, Truppen an seine Grenzen verlegte und Kosakendörfer, sogenannte Stanizen, entstanden, gab es neben unversöhnlichen Kämpfen immer auch einen regen Austausch zwischen Russen und Kaukasiern. Das reichte vom Handel bis zur gegenseitigen Übernahme von Sitten und Gebräuchen oder zu familiären Bindungen, wenn Kosaken beispielsweise in tschetschenische oder tscherkessische Familien einheirateten.

So ist es nur logisch, wenn die nach ihren Verwaltungszentren benannten Regionen Stawropol und Krasnodar, in denen auch heute noch zahlreiche Vertreter kaukasischer Völker leben, dem Kaukasus-Gebiet zugerechnet werden.

Stawropol ist vor allem bekannt durch seine Mineralquellen. Schon zur Zarenzeit entstanden hier im 19. Jahrhundert Kurorte für die Aristokratie und betuchte Russen. Die Architektur erinnert sehr an das tschechische Karlovy Vary (Karlsbad), in das damals nur sehr Reiche und der Hochadel reisen konnten. Indem sie die Kureinrichtungen von Karlsbad in etwas bescheidenerem Umfang nachbauten, schufen sich die Russen ihre eigenen Heilstätten am Fuße des Kaukasus.

Die Ortsnamen leiten sich oft von den über 90 reichlich sprudelnden Quellen her, eine Stadt trägt sogar den Namen Mineralnyje Wody – Mineralwässer. Nicht weniger bekannt sind die Kurorte Pjatigorsk (Fünfberge), Kislowodsk (Sauerwasser), Schelesnowodsk (Eisenwasser) und Jessentuki. Letzteres leitet seinen Namen vom Fluss Großer Jessentutschok her, an dessen Ufer 1798 eine russische Grenzfeste errichtet worden war. Kenner der russischen Mineralwasservielfalt wissen, dass beispielsweise das Wasser aus der Quelle Nummer 17 in Jessentuki sehr heilsam wirkt, dafür aber einen fürchterlichen Geruch und Geschmack besitzt.

Alle diese Städte gehören zur 2007 gegründeten Wirtschaftssonderzone »Kawkaskije Mineralnyje Wody«. In 130 Sanatorien erholen sich dort jährlich über 500 000 Menschen, ehrgeizige Pläne sehen vor, diese Zahl bis 2020 auf 1,5 Millionen zu steigern.[1]

Dort, wo sich im 19. und frühen 20. Jahrhundert die zaristische Aristokratie vergnügte, kurte schon bald nach der Revolution von 1917 die sowjetische Nomenklatura, die herrschende Parteielite. Das angenehme, sanfte Klima zog sie in Heerscharen an. Im Sommer reisten die Herren des Kremls, Minister, Parteibosse großer Städte, Chefredakteure zentraler Zeitungen und Generäle mit Frau und Kind zu den Mineralquellen, wo sie mehrere Wochen verbrachten.

Für Michail Gorbatschow, letzter Partei- und Staatschef der Sowjetunion, wirkte dieser Umstand direkt karrierefördernd. Der studierte Jurist hatte es in den 70er-Jahren des 20. Jahrhunderts bis zum Parteichef der Region gebracht. In dieser Funktion gehörte es zu seinen Obliegenheiten, die hochrangigen Kader zu begrüßen und ihnen die Wünsche von den Lippen abzulesen. Auf diese Weise stellte Gorbatschow sehr enge Beziehungen zu Juri Andropow her, der seine Nierenbehandlung mit nostalgischen Gefühlen verband. Der KGB-Chef und 1982 Nachfolger des verstorbenen Staats- und Parteichefs Leonid Breschnew wurde 1914 in der Nähe von Kislowodsk in der Kosakenstaniza Nagutskaja geboren.

Andropow entwickelte ein väterliches Interesse an dem jungen Gorbatschow. Er ließ sich regelmäßig von ihm im Sanatorium »Rote Steine« besuchen, holte ihn später ins Politbüro nach Moskau und ebnete ihm so den Weg, der ihn 1985 ins höchste Parteiamt führte. Dass Generalsekretär Gorbatschow, der mit der Perestroika einen letzten, erfolglosen Versuch zur Rettung der Sowjetunion unternahm, später den Spitznamen »Mineralsekretär« erhielt, hängt aber nicht mit seiner Herkunft zusammen. Er wollte vielmehr den Wodka durch alkoholfreie Getränke ersetzen und das sogenannte »suchoi sakon«, das »trockene Gesetz« etablieren. Damit scheiterte er grandios.

Krasnodar und Sotschi

Wein aus Russland? Dieser Gedanke dürfte bei Kennern des geistigen Getränks Unglaube und vielleicht auch ein leichtes Schaudern hervorrufen. Wie soll Wein aus einem Lande schmecken, das nach landläufiger Meinung meist mit Eis und Schnee bedeckt ist? Dabei wird oft übersehen, dass die südlichen Regionen Russlands schon subtropisches Klima haben. In der Region Krasnodar jedenfalls, wo sich das nördlichste Teeanbaugebiet der Welt befindet, sind alle klimatischen Voraussetzungen gegeben, um Wein in großem Umfang anzubauen. Der russische Fürst Lew Golizyn machte sich schon Ende des 19. Jahrhunderts um die Weinherstellung in der Region verdient. Nach seinen Plänen wurden in Abrau-Djursu nahe Noworossijsk in 45 Metern Tiefe lange unterirdische Tunnel angelegt, in denen noch heute Sekt in Flaschengärung hergestellt wird.[2]

Um die Qualität des russischen Weines, der für europäische Gaumen bisher noch wenig geeignet erschien, künftig weiter zu steigern, wurden junge russische Fachleute nach Frankreich geschickt, um sich dort die notwendigen Kenntnisse und Fähigkeiten anzueignen. Inzwischen – das ergaben Selbstversuche des Autors – sind beispielsweise Rotweine aus Südrussland durchaus trinkbar. Der Sekt aus Abrau-Djursu sowieso.

Dies ist eines der zahlreichen Wirtschaftsprojekte, die noch unter der Federführung von Ex-Gouverneur Alexander Tkatschow umgesetzt wurden. Auf seinen Vorgänger Nikolai Kondratenko geht die KTK-Pipeline des Kaspischen Pipelinekonsortiums zurück, die auch durch das Stawropoler Gebiet führt. Sie transportiert Erdöl aus dem kasachischen Tengis-Erdölfeld zum hochmodernen Terminal in Noworossijsk, wo das Öl in Tankschiffe gepumpt wird. Dafür fließen jährlich erkleckliche Transitgebühren in die Haushaltskassen von Stawropol und Krasnodar.

Tkatschow, der wegen seines rüden Umgangs mit der aus Mittelasien zugewanderten turksprachigen Minderheit der Mescheten und mit den Kaukasiern aus der Nachbarschaft berüchtigt ist, hatte mit zahlenden Fremden kein Problem. Er war bemüht, ausländischen Investoren, die vom südlichen Klima und der entwickelten Landwirtschaft angelockt werden, günstige Bedingungen zu bieten. 900 Unternehmen aus 70 Ländern haben das Angebot bereits angenommen. Darunter der französische Lebensmittelkonzern Bonduelle, der seit 2005 in Krasnodar Gemüsekonserven herstellt. Die deutsche Claas

GmbH produziert seit dem gleichen Jahr Mähdrescher, Knauff seit 2002 Gipsfaserplatten und Dämmstoffe. Schon 1998 kam Nestlé aus der Schweiz nach Krasnodar, der deutsche Metro-Konzern eröffnete 2004 seinen ersten Hypermarkt in der Regionalhauptstadt.[3] Hier wurde 1971 übrigens auch ein internationaler Opernstar geboren: Die jetzt in Petersburg lebende und auf den großen Bühnen der Welt gastierende Anna Netrebko stammt aus Krasnodar.

Viele Krasnodarer wollen diesen Namen ihrer Stadt allerdings lieber heute als morgen wieder loswerden und ihr – dem Beispiel von St. Petersburg folgend – den ursprünglichen Namen zurückgeben. Bei ihrer Gründung im Jahr 1793 war sie zu Ehren der Zarin Katharina II. Jekaterinodar getauft worden. Ihren heutigen Namen – zusammengesetzt aus krasny (rot) und Dar (Gabe) – trägt die Stadt seit dem russischen Bürgerkrieg 1920.

Mit diesem Problem wird sich der Nachfolger von Tkatschow zu beschäftigen haben. Tkatschow selbst hat erreicht, wovon alle Provinzpolitiker träumen: Er bekam im April 2015 einen Führungsjob in Moskau, er wurde Landwirtschaftsminister. Im Kreml hatte das langjährige Oberhaupt der Krasnodarer Region schon lange das Image eines Machers. Dass er sich ganz nebenbei ein Wirtschaftsimperium, gegründet auf seinen Familienclan, aufgebaut hat, interessierte weniger. Gehörte die von ihm 15 Jahre im Stile eines Provinzfürsten geleitete Region doch zu den wirtschaftlich potentesten in der Russischen Föderation. Seinen Ruf konnte er auch dadurch aufpolieren, dass Wladimir Putin als Präsident die Urlaubstage gern in seiner Sommerresidenz »Botscharow Rutschej« in der Nähe von Sotschi verbrachte. Sotschi liegt in der Region Krasnodar, deren Gouverneur – wie seinerzeit Gorbatschow in Stawropol – dem Staatschef seine Aufwartung zu machen pflegte.

Zeitweilig schien es, als sei er im Kreml nicht mehr so wohl gelitten, hatte er doch 2008 öffentlich sein Interesse bekundet, selbst Präsident zu werden. Solche vorlauten Töne mag man in Moskau gar nicht. Aber Tkatschow rehabilitierte sich. Er trug in seiner Funktion als Gouverneur dazu bei, dass die Olympischen Winterspiele 2014 in Sotschi – Putins Lieblingsprojekt – zu einem großen Erfolg für Russland wurden. In Rekordbauzeit, in nur fünf Jahren, wurden Dutzende Sportstätten, Hotels und eine neue Infrastruktur geradezu aus dem Boden gestampft. Skeptiker, die das für unmöglich gehalten hatten, wurden Lügen gestraft: Die Termine wurden gehalten. Und über die zahlreichen Skandale im Vorfeld, über die architektonischen Kapriolen wurde der Mantel des Schweigens gebreitet. Den Glanzpunkt setzten dann die russischen Wintersportler, die die Nationenwertung gewannen.

Wer fragte da im allgemeinen Jubel, in dem sich der Präsident genussvoll sonnte, noch nach Kosten. Waren es 50,8 Milliarden US-Dollar, wie irgendwann einmal offiziell mitgeteilt wurde? Das wäre immerhin mehr, als alle vorhergehenden Winterspiele zusammen gekostet hatten. Oder lagen die Kosten noch höher? Niemand fragte anschließend mehr danach. Über Sieger wird nicht geurteilt, sagt man in Russland gern. In dem allgemeinen Jubel ging auch unter, dass der russische Präsident mit einer Handvoll Vertrauter die Entscheidung zur Annexion der Krim in Sotschi fällte, als die Olympischen Spiele noch liefen.

Jetzt ist es an Gouverneur Weniamin Kondratjew, mit dem Erbe zu wirtschaften, dass ihm sein Vorgänger Tkatschow und letztlich der russische Präsident hinterlassen haben. Zwar haben die Olympischen Winterspiele insbesondere der Stadt Sotschi eine deutlich verbesserte Infrastruktur beschert, aber eben auch Hotel- und Sportanlagen, die überdimensioniert sind und deren Unterhalt die Finanzkraft der Stadt und der Region deutlich übersteigen. Positiv überrascht waren die Verantwortlichen, dass die Hotels und die Skianlagen in den Bergen während der Wintersaison 2014/15 sehr gut ausgelastet waren. Außerhalb der Saison allerdings nur zu 50 Prozent, und in den Herbergen am Meeresufer herrscht, die Sommermonate ausgenommen, weitgehend Leere.

Die russische Führung versuchte nach den Spielen, durch die Verlagerung internationaler Sportveranstaltungen nach Sotschi insbesondere den weitläufigen Anlagen an der Küste Leben einzuhauchen. So wurde dort 2014 die Schach-WM ausgetragen. Im gleichen Jahr schuf man in Sotschi eine Eishockey-Mannschaft wie aus der Retorte. Die »Leoparden« sind ein zusammengewürfelter Haufen von Profis aus Russland, Kanada, Schweden und Finnland, denen der Große Eispalast – Austragungsort des olympischen Eishockey-Turniers – für das Training und die Spiele in Russlands oberster Spielklasse zur Verfügung stehen. Hauptsponsor: der Staatskonzern Gazprom.

Das »Fischt«-Stadion, benutzt lediglich für die Eröffnungs- und die Abschlussveranstaltung der Winterspiele, ist gänzlich geschlossen. Es wird umgebaut für die Fußballweltmeisterschaft 2018 in Russland und soll dann über 47 659 Plätze verfügen.

Auf dem Formel-1-Kurs an der Schwarzmeerküste, parallel zu den

Olympiabauten angelegt, tummelt sich einmal im Jahr der Rennzirkus des Bernie Ecclestone. Kondratjew, der Gouverneur, dankte für die Ehre und ließ seine Abgeordneten eine Botschaft nach Moskau senden: Bitte übernehmt die Rennstrecke in die Bilanz des föderalen Budgets. Krasnodar kann das nicht stemmen.

Die Kosaken werden wieder gebraucht

Feiertag in Kanjewskaja, einem Kosakendorf im Krasnodarski Kraj. Mit seinen 46 000 Einwohnern ist es die zweitgrößte ländliche Siedlung in Russland. Die Männer, Lehrer, Automechaniker, Verwaltungsbeamte oder in der Landwirtschaft beschäftigt, schreiten gemessenen Schritts in ihren leuchtend roten, blassblauen oder schwarzen Uniformen mit riesigen Schulterstücken und prächtigen Biesen über den Festplatz. Am Gürtel hängt der Säbel, in der Hand tragen sie die unvermeidliche Nagaika, die aus Leder geflochtene Peitsche. Die Älteren pflegen meist einen möglichst großzügig angelegten Schnurrbart. Die Frauen kleiden sich an festlichen Tagen wie diesem in weite, bunte Röcke, bestickte helle Blusen und tragen ebenso bunte Kopftücher.

Am Tage meines Besuchs hatten die Kosaken von Kanjewskaja in einem kleinen Park Holzhütten aufgebaut, in denen die Gäste die schlichte bäuerliche Lebensweise der kosakischen Vorfahren bewundern konnten. Auf einem Dutzend langer Holztische boten die Kosakenfrauen die Produkte ihrer Koch-, Back- und Einlegekunst an. Berge von Piroggen, gefüllt mit Fleisch, Kartoffelbrei oder Sauerkohl, gebratener Fisch, Schaschlik vom Schwein, Rind oder Hammel, Pelmeni, die mit Fleisch gefüllten Teigtaschen, dazu frisches Gemüse und Obst standen bereit. Ganz in der guten alten traditionellen Gastfreundschaft mussten die Gäste überall reichlich zulangen. Der Hausherr stand mit einer großen Flasche bereit, in der eine etwas trübe Flüssigkeit schwappte: Samogon, der Selbstgebrannte, dessen Alkoholgehalt meist jenseits der 60-Prozent-Grenze angesiedelt ist. Doch auch Kwass war im Angebot, ein aus Brot gebrautes, nahezu alkoholfreies Getränk.

Über eine Million Kosaken leben im Kuban-Gebiet, wie die Region Krasnodar wegen des gleichnamigen Flusses auch genannt wird. Insgesamt leben in Russland heute vier bis fünf Millionen Kosaken, die in zwölf Kosakenheeren organisiert sind. Es gibt sie auch im Ural, in Sibirien und im Fernen Osten. Im Gesetz »Über den Staatsdienst des Russischen Kosakentums« wird den Kosaken zugestanden, ihren

Dienst in den russischen Streitkräften in der Regel in Einheiten zu leisten, die traditionelle Kosakenbezeichnungen tragen. Die Kosakenorganisationen kümmern sich um die »militärisch-patriotische Erziehung« der künftigen Rekruten und betreuen ihre Reservisten nach abgeleistetem Armeedienst.[4]

Der Ursprung des einst ungebundenen Kosakenlebens lag an den Ufern des Don und in den angrenzenden schier endlosen Steppengebieten. Hierher, weit entfernt vom Machtbereich des Zaren, flüchteten Bauern, Leibeigene, Höflinge, Räuber und Diebe.

»Als Kosaken nahmen sie jeden«, heißt es in einer 1909 in Russland erschienenen Geschichte der Donkosaken. »Es gab nur eine unveränderte Bedingung – der Glaube an Christus. Welcher, das war egal.« Um 1500, als sich der Begriff Kosake (aus dem Türkischen für »freier Bürger« oder auch »leicht gepanzerter Krieger«) durchsetzte, konnte man deshalb unter ihnen neben Russen auch Griechen, Georgier oder Deutsche finden. Auch christianisierte Tataren, Kalmücken und Tscherkessen wurden aufgenommen.[5]

Die Kosaken bauten befestigte Siedlungen, sogenannte Stanizen, lebten frei und unabhängig unter dem strengen Regiment ihres Atamans. Sie betrieben Landwirtschaft und zogen zu Lande und zu Wasser auf Beutezüge gegen Tataren, Kalmücken, Türken und sogar Perser. Aber auch russische Kaufleute, die den Don hinunterfuhren, wurden zu ihren Opfern. Lange Zeit galten die Donkosaken als räuberischer Schrecken der Handelsleute.

Heute pflegen die Kosaken lieber das Bild des treuen, gottesfürchtigen Gefolgsmannes der Zaren und Beschützers der russischen Erde. Diese Eigenschaften bildeten sich allerdings erst im 17. und 18. Jahrhundert heraus. Erst seit dieser Zeit wurden sie nach und nach als freie Kavallerieverbände in die russische Armee eingegliedert.

Auch in den 300 Jahren des Kampfes um den Kaukasus haben die Kosaken deutliche Spuren hinterlassen. Ohne sie zu erwähnen, wäre die Geschichte des Kaukasus unvollständig. Mehr noch, im Laufe der Zeit prägten sie die Region kaum weniger als die Bergbewohner selbst.

Schon im 16. Jahrhundert kamen die ersten Kosaken in den Nordkaukasus. Unabhängig voneinander entstanden zwei Siedlungen, eine an der Mündung des Flusses Terek ins Kaspische Meer, die andere im tschetschenischen Vorgebirge des Kaukasus. 1685 beziehungsweise 1712 wichen beide Ansiedlungen dem Druck der Tschetschenen, sie zogen sich auf das Nordufer des Terek zurück. »Hier begründeten sie das, was im nächsten Jahrhundert die Bezeichnung Kaukasische Linie erhielt.«[6]

Die Linie, mit deren Aufbau Katharina die Große begonnen hatte, wurde von einer zunehmenden Zahl von Kosakenstanizen entlang des nordkaukasischen Vorgebirges gebildet. Diese Stanizen waren gleichzeitig Militärsiedlungen und selbstverwaltete bäuerliche Gemeinden. »Die Beziehungen zwischen den Kosaken und den Berglern stellten sich öfter als militärische Konfrontation dar. Beide Seiten rangen um den Besitz der Weiden im Tal des Terek ...« Dabei unterschieden sie sich in der Art der Kriegführung nicht. »Sie verübten Überfälle, stahlen den Nachbarn das Vieh und zündeten ihre Siedlungen an.«[7]

Die Kaukasische Linie wurde systematisch durch den Bau von Festungen verstärkt: Mosdok, Kisljar, Stawropol, Wladikawkas und Naltschik entstanden im 18. Jahrhundert und entwickelten sich im weiteren Verlauf zu wichtigen russischen Städten. Die Festungen sollten den Einfall der Bergler in die Ebenen verhindern und dienten zugleich als Ausgangspunkt für »Strafexpeditionen«, mit denen das russische Imperium den Kaukasus unterwerfen wollte.

Heute leben in Russland etwa sieben Millionen, anderen Angaben zufolge sogar bis zu zehn Millionen Menschen, die sich als Kosaken bezeichnen. Es gibt elf registrierte Kosakenheere. Über 700 000 Militärdienstkosaken sind im staatlichen Register erfasst. Weitere 600 000 sind in sogenannten »Nichtregister-Organisationen« zusammengefasst. An den 24 Kosaken-Kadettenschulen und an weiteren über 1000 Kosakenklassen an allgemeinbildenden Schulen werden rund 40 000 Zöglinge zu kosakischem Nachwuchs herangebildet.[8]

Zwar hängen heute in den Einrichtungen der Kosaken Porträts des letzten russischen Zaren Nikolai II., zwar gilt die alte Losung des russischen Imperiums »Für Gott, Zar und Vaterland« zumindest in der Erziehung wieder, wobei allerdings die Terekkosaken eine demokratischere Version vorziehen: »Glaube, Volk und Vaterland«. Aber kaum ein Registerkosake hat ein Problem damit, Wladimir Putin als gegenwärtigem Herrscher Russlands die angemessene Achtung entgegenzubringen, die früher dem Zaren zustand. Der Kremlchef bekleidet inzwischen auch den Rang eines Kosakenoberst, wie er früher dem Zaren zustand. Damit verfügt der Kremlchef über ein beachtliches Kampfpotenzial, das sich im Falle innerer Unruhen schnell mobilisieren lässt.

Schon jetzt patrouillieren Kosaken auf den Straßen einiger russischer Städte als Polizeihilfskräfte, besonders gut organisiert in den

Regionen Stawropol und Krasnodar. Der inzwischen nach Moskau abgewanderte Ex-Gouverneur Tkatschow hatte den Kosaken-Druschinen, die seit September 2012 die Ordnungshüter geben, zudem den Auftrag erteilt, die »ethnische Balance« in der Region aufrecht zu erhalten. Vorläufig existiere im Kuban-Gebiet noch ein Gleichgewicht zwischen Russen und Vertretern anderer Völker. Dass das so bleibt, sei ebenfalls Sache der Kosaken. Sie hätten den Aufenthalt von »Fremdlingen« – womit der Gouverneur Angehörige kaukasischer Völker meinte – im Krasnodarski Kraj so »unkomfortabel« zu gestalten, dass die Fremden keine Lust zum Bleiben verspürten, gab Tkatschow ihnen mit auf den Weg. Der Polizei hingegen erklärte er: »Das, was euch nicht erlaubt ist, ist den Kosaken erlaubt.«[9]

Gouverneur Kondratjew will die Vollmachten für die Kosaken-patrouillen, denen sein Vorgänger bereits das Tragen »nicht-tödlicher Waffen« erlaubte, noch weiter ausweiten. Sie könnten zur Bewachung von Krankenhäusern, Kindergärten und Bildungseinrichtungen herangezogen werden. Kleinere Dörfer könnten künftig völlig unter ihre Obhut gestellt werden, meinte der Gouverneur.[10]

Auch in militärische Auseinandersetzungen innerhalb Russlands haben die Kosaken schon mehrfach eingegriffen. Im Konflikt zwischen Inguschen und Nordosseten nahmen sie 1992 auf ossetischer Seite teil. Zusammen mit russischen Regierungstruppen kämpften sie in zwei Kriegen (1994–1996 und 1999–2000) gegen die Tschetschenen. Sie hatte eine wichtige Funktion bei der Annexion der Krim, sie spielten und spielen eine wichtige Rolle in Moskaus verdecktem Krieg im Osten der Ukraine. Ihre oft autonom handelnden Einheiten bilden dort eine wichtige Stütze der Separatisten, deren Projekt »Neu-Russland« inzwischen Schiffbruch erlitten hat und von Moskau fallengelassen wurde.

Der Einsatz der Kosaken in der Ukraine hat, wie sich erwies, auch eine Kehrseite. Waffen, die dort offenbar nicht mehr gebraucht werden, finden ihren illegalen Weg zurück in die »Heimat«. So wurde der Ataman der freien Kosaken des Nordkaukasus, Juri Tschurenkow, im Mai 2015 dabei ertappt, wie er ein ganzes Waffenarsenal – Kalaschnikows, Handgranaten, Munition – im Kofferraum seines Autos aus der Ukraine in die Region Stawropol transportieren wollte. Das ist natürlich gegen das Gesetz.

Beobachter im Nordkaukasus vermuten allerdings, dass die Festnahme Tschurenkows noch einen verdeckten Hintergrund hat. Der Ataman hatte sich schon seit vielen Jahren in Opposition zum offiziell geförderten Kosakentum befunden. Deren Vertreter waren ihm zu lasch. Eine im Sommer 2010 von Vertretern der Don-, Kuban- und Terekkosaken gegründeten Organisation, die sich in Anlehnung an die Kosakenlinie des 19. Jahrhunderts »Kaukasische Kosaken-Linie des südlichen Russland« nennt, will mit einer extrem nationalistischen Einstellung dagegensteuern. Tschurenkow ist ihr Ataman und bei den Behörden unbeliebt.

Die Mitglieder der »Kosaken-Linie« sind unzufriedene, nationalistisch orientierte Kosaken aus Regionen, die an den Kaukasus angrenzen. Sie stehen der Zentrale in Moskau äußerst kritisch gegenüber, die ihrer Meinung nach nichts tue, um ihre soziale Lage zu verbessern. Sie beklagen sich über einen zunehmenden Druck durch den Zuzug von Angehörigen nordkaukasischer Nationalitäten, die angeblich verantwortlich seien für eine wachsende Kriminalität. Deshalb gelte es jetzt, »Leben, Ehre und Würde unseres Volkes« zu schützen. Man müsse allen Slawen Russlands ein Beispiel bieten, hieß es auf der Gründungstagung in Armawir. Man wolle sich organisieren »und zum Hausherrn unseres Landes und unseres Lebens« werden.

Die Kosaken beklagten, dass man ihnen die Möglichkeit genommen habe, in Chutors oder Stanizen zu leben, dass sie wie »Häftlinge« in Siedlungen mit eingeschränkten Rechten leben müssten. »Die Erde, die von unseren Vorfahren mit ihrem Blut erobert und an uns vererbt wurde«, müsse zurückgegeben werden, forderten sie von den russischen Behörden, was ein direkter Angriff auf die von Kaukasiern bewohnten Republiken darstellt. [11]

Mit ihren radikaleren Forderungen ist die »Kaukasische Kosaken-Linie des südlichen Russland« im inhaltlichen Kern nicht allzu weit von den Registerkosaken entfernt. Aber sie entziehen sich der staatlichen Aufsicht und Lenkung. Ihre Mitglieder proklamieren stattdessen die Wiedergeburt des freien Kosakentums als Nation, die es so allerdings nie gegeben hat. Sollte das Schule machen unter den nicht registrierten Kosaken, die landesweit zahlenmäßig fast genauso stark sind wie die Registerkosaken, hätte der Präsident, der sich auf die Loyalität »seiner« Kosaken stützt, ein Problem.

Eine weitere, im Herbst 2015 gegründete Kosakenorganisation will sich diesen Spaltungstendenzen ihren eigenen Worten zufolge entgegenstellen. Sie nennen sich die »echten Kosaken«, weil sie – im Unterschied zu den, wie sie sagen, kostümierten Milizionären, Tänzern und Sängern – bereits in zahlreichen Kriegen gekämpft haben: in Tschetschenien, Transnistrien, Tadschikistan, Südossetien, Abchasien, auf der Krim, in den ukrainischen Regionen Lugansk und Donezk. Zum »Schutze Russlands«, obwohl sich die meisten Schlachtfelder außerhalb Russlands befinden. Mit diesen Erfahrungen im Hintergrund gründeten sie die Union der Kosakenkrieger »Wolfs-Hundertschaft«. Es gelte, für Russland und die Ehre des kosakischen Volkes zu kämpfen. Denn vom Süden drohten die Islamisten, vom Westen die ukrainischen Bandera-Leute, innerhalb des Landes die »von unseren Gegnern gefütterten Oppositionellen. Jeden Moment kann ein Krieg ausbrechen«, warnen sie. Die Kosaken müssten »fähig und jederzeit bereit sein, zu den Waffen zu greifen«. [12]

Kaukasier und ihre Eigenheiten

Es hieße Eulen nach Athen tragen, wollte man die überwältigende Gastfreundschaft der Kaukasier, ob im Norden oder im Süden, besonders herausstellen. Wer sie einmal erlebt hat, weiß ihre Wärme und Herzlichkeit für immer zu schätzen. Man lernt aber auch sehr schnell, dass kaukasische Gastfreundschaft ihre Schattenseiten haben kann. Wer einmal dem Gastgeber ausgeliefert ist, kann sich aus dessen Rundum-Betreuung nur schwer wieder befreien. Der berühmte deutsche Kaukasiologe Adolf Dirr fasste das in die sehr zutreffenden Worte: »Der Gast ist wie ein Sklave des Gastgebers.«

Wenige Tage vor dem ersten Tschetschenienkrieg Anfang Dezember 1994 fuhr ich mit drei Kollegen von Nasran nach Grosny. Es war kalt, die Straße war vereist. An einem Schaschlikstand im Freien hielten wir an, um uns zu stärken. Dort standen drei Inguschen, die sich an gegrilltem Fleisch und Wodka gütlich taten, alles schön drapiert auf der Motorhaube ihres Lada. Da hatten wir ein Problem. Denn kaum hatten sie uns als Ausländer identifiziert, luden sie uns ein. Eine Ablehnung kam nicht in Frage. Über unsere Köpfe donnerten Kampfflugzeuge hinweg, die Inguschen grinsten und kommentierten: »Wir haben nichts gegen die Russen, aber sie sind uns lieber, wenn sie nach Hause fliegen.«

Es wurde eine angeregte, feucht-fröhliche Stunde. Dann mussten wir weiter, die inguschetischen Freunde bestanden darauf, uns, wenn schon nicht in ihr Dorf, dann doch wenigstens bis zur Abzweigung zu begleiten. Der am meisten Betrunkene von ihnen klemmte sich hinter das Lenkrad. Ich wurde – sozusagen als Geisel – auf den Beifahrersitz beordert, während im Fond die anderen beiden Inguschen, gut bewaffnet, wie ich dann sah, Platz nahmen.

Wir pflegten Konversation, während ich den Fahrer beaufsichtigte. Der fuhr für die Straßenverhältnisse mehr als zügig, nickte dabei immer mal ein und geriet auf die Gegenfahrbahn. Vorsichtig, um den Wagen nicht ins Schleudern zu bringen, zog ich am Lenkrad und brachte den Wagen wieder auf Kurs. Den hinten Sitzenden gefiel es nicht, dass ich nach vorne blickte. »Schau mich an, wenn ich mit dir rede«, kam es im Befehlston vom Mann mit dem Maschinengewehr. Also umdrehen, reden, dann wieder einen kurzen Blick nach vorne, am Lenkrad zupfen … Selten habe ich in einem Auto so geschwitzt. Beim Erreichen der Straßenkreuzung, wo unsere Gastgeber in ihr Dorf abbiegen mussten, bot ich alle meine Überredungskunst auf, um nicht mitgenommen zu werden. Nur allzu gerne hätten unsere inguschetischen Freunde uns ihr Dorf gezeigt, aus dem wir vermutlich in den nächsten Tagen vor lauter Einladungen nicht wieder herausgekommen wären.

Ursprünglich waren die Wainachen, zu denen die Inguschen und Tschetschenen gehören, dem Alkohol weitgehend abhold. Als Moslems war er ihnen verboten. Doch das Heranrücken der Russen an den Kaukasus, begleitet von intensiveren Beziehungen zwischen »Gorzy« und Slawen, »führte zur Zerstörung der Traditionen und der Grundlagen der Gesellschaft. Eine der verderblichsten Neuerungen, die bewusst oder zufällig eingeführt wurden, war die weite Verbreitung alkoholischer Getränke.«[1]

Vor allem die Kosaken, die jahrhundertelang in engem Kontakt mit den Nordkaukasiern lebten, beeinflussten deren Alltag. Sie selbst sprachen dem Alkohol freudig und ungehemmt zu. Der Hang der Russen zum Wodka, den allerdings auch viele andere Nationen teilen, ist eben kein Klischee, sondern eine historische Tatsache.

Alexandre Dumas berichtete im 19. Jahrhundert, wie Kosakinnen diesen Brauch pflegten: »Wenn ihre Väter, Männer, Brüder oder Geliebten in den Kampf reiten, so treten sie in einen Steigbügel, den der Reiter freilässt, umfassen dessen Leib mit dem Arm und schenken ihm im vollen Trab mit der anderen Hand aus einer Branntweinflasche zu trinken ein. So entfernen sie sich oft drei bis vier Werst von dem Dorf. Wenn der Kriegszug beendet ist, eilen sie den Männern entgegen und kehren auf dieselbe Art in die Staniza zurück.«[2]

Gläubige Moslems im Nordkaukasus lehnen dagegen den Genuss von Alkohol ab. Insbesondere in Kriegszeiten ist er Tabu, da einem betrunkenen muslimischen Kämpfer die Tore des Paradieses verschlossen bleiben. Auch hält man sich dort mit Gefühlsäußerungen zurück. Singen, Lachen oder gar Pfeifen in geschlossenen Räumen – undenkbar. Im südlichen Kaukasus ist die Situation etwas anders. Die orthodoxen Christen in Armenien und in Georgien haben eine lange Tradition des Weinanbaus, der Wein- und Weinbrandherstellung. In den georgischen Dörfern wird praktisch überall Tschatscha gebrannt, die georgische Variante des italienischen Grappa. Gesellige Trinkrunden, in denen der Tamada, der Zeremonienmeister, das Wort führt, gehören hier zu den wichtigsten kaukasischen Traditionen. Selbst die Aserbaidschaner als Moslems haben eine Möglichkeit gefunden, die Vorschriften ein wenig zu umgehen. Dort sagte man in sowjetischer Zeit locker: »Im Koran steht, dass wir keinen Wein trinken sollen, also trinken wir Wodka.«

Im Süden gehört es auch zum guten Ton, Reichtum und Besitz zu zeigen. Selbst dann, wenn ein Georgier seine letzten Lari opfern muss, wird er für seine Freunde die teuerste Flasche Weinbrand kaufen, sie mit lässiger Geste auf den Tisch stellen und sich nicht anmerken lassen, dass er nun pleite ist. Sparsamkeit, Pfennigfuchserei, vielleicht gar noch der deutsche Werbespruch »Geiz ist geil« gelten im Kaukasus als absurd und verachtenswert.

Gerne machen sich die Georgier in Anekdoten über die knauserigen, weil armen Russen lustig: Bei einer Gesellschaft fällt einem russischen Gast ein Fünf-Kopeken-Stück unter den Tisch. Er kriecht suchend im Dunkeln herum. Da kommt ihm ein Georgier zu Hilfe, zündet einen 100-Rubel-Schein an und leuchtet dem Russen.

Etwas anders geht es im Nordwestkaukasus zu, wo die tscherkessischen (adygejischen) Stämme zu Hause sind. Sie haben im Verlaufe von Jahrhunderten den ungeschriebenen Kodex des »Adyge Chabze« entwickelt, der für jeden echten Tscherkessen die Richtschnur seines alltäglichen Handelns ist – oder doch sein sollte. Dort gilt der Drang nach Besitz und Reichtum, mehr noch die Prahlerei damit, als Schande.

Problembeladen aus europäischer Sicht ist das Verhältnis zwischen Mann und Frau. Der Kaukasier, abhängig von der jeweiligen Region graduell unterschiedlich, ist nach europäischem Verständnis ein übler Macho. Was sich unter anderem in Sprichwörtern wie »Der glückliche Mann verliert seine Frau, der unglückliche sein Pferd« oder »Wenn Frauen gut wären, hätte Gott eine genommen« ausdrückt. Schon von früher Kindheit an wird der Kaukasier dazu erzogen, sich dem weiblichen Geschlecht überlegen zu fühlen und das auch ganz natürlich auszuleben. So gehört es in kaukasischen Dörfern durchaus zum guten Ton, wenn die Frauen, nachdem sie den Tisch für die Männer und die Gäste gedeckt haben, sich zurückziehen und nicht mit an der Tafel Platz nehmen.

Einem Osseten musste ich einmal seine schönsten Träume eintrüben. Er hatte von den deutschen Frauen geschwärmt, er wolle unbedingt nur eine Deutsche heiraten. Die seien so ordentlich und fleißig, sagte er überschwänglich. Als ich ihn fragte, ob er denn auch daran gedacht habe, dass deutsche Mädchen und Frauen sehr selbständig seien, auch schon mal selbst ihre Rechnung im Restaurant bezahlten und sich von ihrem Gatten nichts befehlen ließen, wurde er sehr schweigsam. Er würde sein Gesicht verlieren, ließe er das zu.

Eine Frau geht nicht alleine auf die Straße, sie muss – auch in Georgien, zumindest in der Provinz – möglichst immer in Begleitung sein. Entweder des Gatten, des Vaters, der Mutter oder irgendwelcher Vettern. Und eine unverheiratete Frau, die nicht bei ihren Eltern lebt, gilt als anrüchig. Dabei sind die Unterschiede zwischen den großen Städten wie beispielsweise Tbilissi und kleineren Provinznestern oder den Dörfern gravierend. Was ist der Hauptstadt erlaubt ist, gilt außerhalb oft als unverzeihlicher Tabubruch.

Daneben gibt es überall natürlich auch Beispiele für eine ganz moderne Lebensweise. Im Süden wie im Norden. Wenn auf der einen Seite in Tschetschenien und Inguschetien die Herren der Schöpfung gerne die Ehe mit mehreren Frauen legalisieren lassen würden, um möglichst viel Nachwuchs zeugen zu können, traf ich genau dort auch sehr emanzipierte Frauen, die sich in Hilfs- und Menschenrechtsorganisationen engagierten, die sehr selbstbewusst in ihrem Beruf auftraten. Allerdings waren es oft, wie sich dann herausstellte, Witwen, die ihre Männer in den Kriegen verloren hatten und jetzt alleine für die Kinder sorgen mussten. Mit wie viel Engagement, mit wie viel Mitgefühl für andere sie dabei zu Werke gingen, das war tief beeindruckend.

Es schmerzt, sehen zu müssen, wie die Kriege, die Konflikte, der starke Hang zur Gewalt die Lebensgrundlage von Millionen Kaukasiern gefährden. Äußere Begehrlichkeiten verschärfen die brisante Situation ganz sicher. Der militante Islam, der amerikanische und europäische Energiehunger nebst geopolitischen Erwägungen sowie die russische Idee von den eigenen Interessensphären haben ihren Beitrag dazu geleistet, dass der Kaukasus heute aussieht, wie er aussieht. Bedauerlicherweise sind sich aber auch die Kaukasier untereinander nicht grün. Abneigungen werden zwischen Völkern bis hinein in die kleinsten ethnischen Gruppen gepflegt. Das wird in den kaukasischen Bergen natürlich ungern gehört. Und man tut gut daran, sich eines weiteren kaukasischen Sprichworts zu erinnern: »Wenn du die Wahrheit sagst, lass dein Pferd gesattelt.«

Anhang

Anmerkungen

Einleitung (S. 13–16)

1 Appian, Mithridatischer Krieg, 103.

Die Geschichte der russischen Eroberungen im Kaukasus (S. 17–31)

1 Roguschina, W. W.; Gordin, J. A. (Hg.): Kawkas i Rossija. St. Petersburg 2006, S. 3.

2 Vgl. Gammer, Moshe: Musulmanskoje Soprotiwlenije Zarismu. Moskau 1998, S. 14.

3 Vgl. russische Forbes-Ausgabe, 3.9.2008: Im dasche w golowu nje prichodit pokajatsja, http://www.forbes.ru/forbes/issue/2008-09/12928-%C2%ABim-dazhe-v-golovu-ne-prihodit-pokayatsya%C2%BB (Aufruf 22.01.2016).

4 Vgl. Roguschina, Kawkas i Rossija, S. 9, 11.

5 Vgl. Bobrowitsch, W.; Babitsch, I. (Hg): Sewernyj Kawkas w Sostawje Rossijskoi Imperii, Moskau 2007, S. 54.

6 Schirinowski, Wladimir: Poslednij Brossok na Jug. Moskau 2007, S. 7f.

7 Bobrowitsch, Sewernyj Kawkas, S. 97.

8 Tolstoi, Leo N.: Hadschi Murat. Frankfurt am Main 2000, S. 82.

9 Ebd., S. 132.

10 Vgl. Gammer, Moshe: Ein Nationalheld vieler Völker. Schamil, Führer der kaukasischen Völker. In: NZZ Folio, 09/1995.

11 Dumas, Alexandre: Gefährliche Reise durch den wilden Kaukasus 1858 – 1859. Stuttgart und Wien 1995, S. 159, 161.

12 Ebd., S. 163.

13 Gammer, Musulmanskoje, S. 306.

14 Ebd., S. 307.

15 Gammer, Ein Nationalheld.

16 Politkowskaja, Anna S.: Tschetschenien. Die Wahrheit über den Krieg. Köln 2003, S. 314 – 329.

17 Jermolow, Alexej: Sapisski 1798 – 1826, Moskau 1991, S. 6.

18 Ebd., S. 268.

19 Ebd., S. 270.

20 Ebd., S. 280.

21 Ebd., S. 384f.

22 Ebd., S. 338f.

23 Tolstoi, Hadschi Murat, S. 191f.

24 Nowaja Gaseta, 24.11.2008.

Georgien, die kaukasische Perle am Schwarzen Meer (S. 32–60)

1 Vgl. Pressemitteilung Human Rights Watch (Genf), 4.11.2008 (www.hrw.org).

2 Vgl. CIA Fact Book 2008, www.cia.gov.

3 Der Standard: 3,4 Milliarden Euro für Aufbau Georgiens, 22.10.2008.

4 EurActive, 30. 9. 2009: EU-Bericht: Georgien begann Kaukasuskrieg, http://www.euractiv.de/europa-2020-und-reformen/artikel/eu-bericht-georgien-begann-kaukasuskrieg-002166 (Aufruf 22.1.2016).

5 Vgl. Kommersant, 15.8.2008.

6 Kaukasische Post, August-Ausgabe 2015: China auf dem Vormarsch in Georgien.

7 EurasiaNet´s Weekly Digest 22.7.2015: Georgia: Move Over, Russia. Here Comes China, http://www.eurasianet.org/node/74341 (Aufruf 22.1.2016).

8 Atlantic Council, 11.2.2015: Rearticulating NATO´s Strategy Toward Georgia, http://www.atlanticcouncil.org/publications/articles/rearticulating-nato-s-strategy-toward-georgia (Aufruf 22.1.2016).

9 Civil Georgia: U.S.-Funded Coast Guard Boat Basin Opens in Batumi, 3.9.2015, http://www.civil.ge/eng/article.php?id=28544 (Aufruf 22.1.2016).

10 Kavnews, 29.8.2015: Sowmestnyj utschebnyj zentr, http://kavnews.ru/lenta-novosteie/sovmestniie-uchebniie-centr-%E2%80%93-ocherednoie-shag-k-chlenstvu-gruzii-v-nato.htm (Aufruf 23.1.2016).

11 KAS-Publikationen: »Georgischer Traum« in der Krise, http://www.kas.de/suedkaukasus/de/publications/39522/ (Aufruf 23.1.2016).

12 Handelsblatt, 22.9.2015: »Die Oligarchen sind gefährlicher als die Mafia«, http://www.handelsblatt.com/politik/international/micheil-saakaschwili-im-interview-die-oligarchen-sind-gefaehrlicher-als-die-mafia/12322174.html (Aufruf 23.1.2016).

13 Ebd.

14 Financial Times Deutschland, 23.9.2008: Träume aus Trümmern. Abchasien bildet die zweite Front im Kaukasuskonflikt, http://www.genios.de/presse-archiv/artikel/FTD/20080923/traeume-aus-truemmern-abchasien-bil/A42760987.html (Aufruf 23.1.2016).

15 Deutschlandfunk, 29.1.2015: »Alles hängt hier mit Russland zusammen«, http://www.deutschlandfunk.de/abchasien-alles-haengt-hier-mit-russland-zusammen.1773.de.html?dram:article_id=310073 (Aufruf 23.1.2016).

16 NZZ, 9.8.2011: »Russland festigt Militärpräsenz«.

17 TschetschenInfo, 21.9.2015: W Juschnoi Ossetii proschol wojennyj parad, http://grozniy.bezformata.ru/listnews/yuzhnoj-osetii-proshel-voennij/38004323/ (Aufruf (23.1.2016).

18 Ossetien.ru: Schwunghafter Wodkaschmuggel verbindet die Feinde, http://www.ossetien.ru/?page_id=12 (Aufruf 23.1.2016).

19 RIA Nowosti, 22.9.2015: Chloponin: Finanzirowanije Juschnoi Osetii wyroslo na 700 mln. rubljej, http://ria.ru/politics/20150922/1273813157.html (Aufruf 23.1.2016).

20 Handelsblatt, 20.3.2015: Bundesregierung kritisiert Moskaus Abkommen mit Südossetien, http://www.handelsblatt.com/politik/international/wladi-mir-putin-bundesregierung-kritisiert-moskaus-abkommen-mit-suedosse-tien/11534738.html (Aufruf 23. 1. 2016).

Aserbaidschan, das heilige Land des ewigen Feuers (S. 61–85)

1 Essad Bey: Öl und Blut im Orient. Meine Kindheit in Baku und meine haarsträubende Flucht durch den Kaukasus. Freiburg i. Br. 2008 [Stuttgart 1929], S. 30.

2 Ebd., S. 35f.

3 Chiari, Bernhard (Hg.): Kaukasus (Wegweiser zur Geschichte). Paderborn u. a. 2008, S. 145.

4 BP.com: Shah Deniz Tage 1, http://www.bp.com/en_az/caspian/operationsprojects/Shahdeniz/SDstage1.html (Aufruf 23. 1. 2016).

5 Vgl. Eurasisches Magazin 2. 8. 2011: Vorposten Aserbaidschans, http://www.eurasischesmagazin.de/artikel/Vorposten-Aserbaidschans/20110806 (Aufruf 23. 1. 2016).

6 Die Verfassung von 1995 etablierte ein Präsidialsystem, das dem für 5 Jahre gewählten Präsidenten weitreichende Vollmachten einräumt. Mit dem Referendum vom 18. 3. 2009 wurde die Begrenzung der Wiederwahl des Präsidenten aufgehoben. Der Präsident ernennt und entlässt den Ministerpräsidenten und die Minister, die allein ihm verantwortlich sind. Er ist dem Parlament gegenüber nicht verantwortlich, kann jedoch wegen schwerer Amtsvergehen auf Initiative des Verfassungsgerichts vom Parlament entlassen werden. Er kann Rechtsverordnungen erlassen und das Parlament auflösen. Der Präsident besitzt das Vorschlagsrecht für die Ernennung von Richtern des Verfassungsgerichts, des Obersten Gerichtshofs und des Appellationsgerichts durch das Parlament und ernennt die übrigen Richter. Seit 1993 regiert die von Gaidar Alijew gegründete Partei Neues Aserbaidschan. Quelle: Auswärtiges Amt/Länderinformationen/Aserbaidschan.

7 Vgl. Global Research, 1. 5. 2007: Aserbaidschan – Nordfront eines Krieges gegen Iran, http://www.globalresearch.ca/index.php?context=va&aid=9203 (Aufruf 23. 1. 2016).

8 Germany Trade & Invest, 26. 3. 2015: Wirtschaftsentwicklung Aserbaidschan 2014/15, http://www.gtai.de/GTAI/Navigation/DE/Trade/Maerkte/Wirtschaftsklima/wirtschaftsentwicklung,t=wirtschaftsentwick-lung-aserbaidschan-201415,did=1202956.html (Aufruf 23. 1. 2016).

9 Ebd.

10 GUAM-Mitglieder: Aserbaidschan, Georgien, Ukraine, Moldowa.

11 Margarita Assenova, Zaur Shiriyev (Hrg.): Azerbaidjan and the Energy Geopolitics of Southeastern Europe. The Jamestown Foundation, Washington DC 2015, S. 64. . Entstand in enger Kooperation mit dem asarbaidschanischen Zentrum für strategische Studien in Baku.

12 SpiegelOnline, 2. 12. 2014; Konflikt mit der EU: Russland gibt Pipeline-Projekt South Stream auf, http://www.spiegel.de/wirtschaft/unternehmen/southstream-putin-droht-mit-stopp-der-pipeline-nach-suedeuropa-a-1006044.html (Aufruf 23. 1. 2016).

13 Azerbaidjan and the New Energy Geopolitics of South Eastern Europe, S. 13.

14 Trend Informationsagentur, 27. 9. 2015: FM: Azerbaijan managed to become crucial player in world energy infrastructure projekcts market, http://en.trend.az/azerbaijan/politics/2437233.html (Aufruf 23. 1. 2016).

15 Trend Informationsagentur, 22.7.2015: President Ilcham Alijew: Aserbaidschan moschet obespetschitj postawki gasa w Ewropu na protischenii desjatiletii, ahttp://www.trend.az/business/energy/2418849. html (Aufruf 23.1.2016).

16 European Parliament resolution of 10 September 2015 on Azerbaijan, http://www.europarl.europa.eu/sides/getDoc.do?pubRef=-//EP//NONSG ML+TA+P8-TA-2015-0316+0+DOC+PDF+V0//EN (Aufruf 23.1.2016).

17 Radio Free Europe/Radio Liberty, 16.9.2015: Aliyev goes on the attack against EU Values, http://www.rferl.org/content/azerbaijan-aliyev-zeman-eu-values-human-rights/27251531.html (Aufruf 23.1.2016).

18 Ebd.

19 Vgl. Germany Trade & Invest, Wirtschaftsentwicklung Aserbaidschan.

20 Botschaft der Republik Aserbaidschan, Berlin: Reisen nach Berg-Karabach, http://azembassy.de/index.php/konsularangelegenheiten/reisen-nach-berg-karabach (Aufruf 23.1.2016).

21 André Widmer: Der vergessene Konflikt. Zwei Jahrzehnte nach dem Krieg um Bergkarabach. 2013, S. 10.

22 DerStandard.at, 27.11.2013: Bakus schwarze Liste, http://derstandard. at/1385169096898/Bakus-schwarze-Liste (Aufruf 23.1.2016).

23 Vgl. Chiari, S. 97f.

24 UN-Resolution, 14.3.2008. General assembly adopts Resolution reaffirming territorial Integrity of Azerbaijan, demanding Withdrawl of all Armenian Forces. http://www.un.org/press/en/2008/ga10693.doc.htm (Aufruf 23.1.2016).

25 Grani.ru, 08.08.2014: Riskowannoje srawnenije, http://grani.ru/Politics/World/Asia/m.231904.html (Aufruf 23.1.2016).

26 Deutsche Welle, 2.8.2016: Russland und USA rufen zur Mäßigung in Berg-Karabach auf, http://www.dw.com/de/russland-und-usa-rufen-zur-m%C3%A4%C3%9Figung-in-berg-karabach-auf/a-17828373 (Aufruf 23.1.2016).

27 Lenta.ru, 29.9.2015: President Armenii prigrosil Aserbaidschanu wojenny-mi merami, http://lenta.ru/news/2015/09/29/armenia/ (Aufruf 23. 1.2016).

Armenien, der älteste christliche Staat der Welt (S. 86–107)

1 Gumppenberg, Marie-Catrin, Steinbach, Udo (Hrg.): Der Kaukasus. Geschichte-Kultur-Politik, S. 19.

2 Zit. nach: Westerman, Frank: Ararat. Pilgerreise eines Ungläubigen. Berlin 2008, S. 73.

3 Werfel, Franz: Die vierzig Tage des Musa Dagh. Frankfurt am Main 1990, S. 136.

4 Aktennotizen des Auswärtigen Amtes 1915-06-17-DE-003 und 1915-06-30-DE-001. In: Documentation of the Armenian Genocide in World War I (www.armenocide.net).

5 Libaridian, Gerard J.: The Ideology of the Young Turk Movement. In: Ders. (Hg.): A Crime of Silence. The Armenian Genocide. The permanent People's Tribunal. London 1985, S. 47.

6 Schoeps, Julius H.: Der verdrängte Genozid. (= Online-Extra Nr. 6). In: compass. Infodienst für christlich-jüdische und deutsch-israelische

Tagesthemen im Web. Februar 2005, http://www.compass-infodienst.de/ Julius-H-Schoeps-Der-verdraengte-Genozid-Armenier-Tuerken-und-ein-Voelkermor.251.0.html (Aufruf 23.1.2016).

7 Werfel, S. 138.

8 Schoeps, Julius H.: Männer, Frauen, Kinder, Die Welt, 26.4.2003.

9 Jürgen Gottschlich: Beihilfe zum Völkermord. Deutschlands Rolle bei der Vernichtung der Armenier, Berlin 2015, S. 92.

10 Archiv des Auswärtigen Amtes, R 14089; A 36184; pr. 15.12.1915, Bericht DuA Dok. 209, zitiert nach Gottschlich: Beihilfe zum Völkermord.

11 Ebd.

12 AFP, 17.6.2005.

13 Günter Bannas: Genozid an den Armeniern, FAZ, 24.4.2015.

14 Ebd.

15 Pressemitteilung des Europaparlaments – Außenbeziehungen – vom 15.4.2015, http://www.europarl.europa.eu/news/de/news-room/content/20150413IPR41671/html/Armenien-und-T%C3%BCrkei-sollen-zu-Nor-malisierung-ihrer-Beziehungen-%C3%BCbergehen (Aufruf 23.1.2016).

16 Regnum, 12.4.2005: Polny tekst doklada ministra oboronyj Armenii, http://www.regnum.ru/news/437271.html, (Aufruf 23.1.2016).

17 Vgl. RIA Nowosti, 20.3.2008.

18 Botschafter Igor Popow (Russischen Föderation), James Warlick (USA) und Pierre Andrieu (Frankreich).

19 OSZE, Press Release by the Minsk Group Co-Chairs, 30.4.2015, http://www.osce.org/mg/154721 (Aufruf 23.1.2016).

20 Vgl. André Widmer: Tristesse in der Bergrepublik. AG Friedensforschung, aus: Neues Deutschland, 4.10.2008. http://www.ag-friedensforschung.de/regionen/Aserbeidschan/berg-karabach2.html (Aufruf 23.1.2016).

21 Vgl. RIA Nowosti, 11.11.2008.

22 dpa, 23.4.2009.

23 Die Zeit, 22.4.2010: Armenien stoppt Annäherung an die Türkei, http://www.zeit.de/politik/ausland/2010-04/tuerkei-armenien-beziehung (Aufruf 24.1.2016).

24 Süddeutsche Zeitung, 17.5.2010: Der argwöhnische Bruder, http://www.sueddeutsche.de/politik/tuerkisch-armenische-beziehungen-der-argwoehnische-bruder-1.394074 (Aufruf 23.1.2016).

25 Russia-Armenia.info, 23.9.2015: Prisutstwije Rossijskoi wojennoi basy w Armenii stabilisirujet situaziju w regionje – eks-president Kotscharjan, http://russia-armenia.info/node/20870 (Aufruf 23.1.2016).

26 Real Armenia, 28.8.2015: Graschdanskaja iniziativa »Njet grabjoschu« wosabnowit akzii protesta, http://lratvakan.com/news/137292.html (Aufruf 23.1.2016).

27 RFE/RL, 26.6.2015: ElectricYerevan Protesters Chafe At Comparisons To Ukraine's Euromaidan, http://www.rferl.org/content/armenia-electricyerevan-protesters-chafe-at-euromaidan-comparison/27095421.html (Aufruf 23.1.2016).

28 RBC-daily, 1.10.2015: Tarif dlja sastroischtschika, http://rbcdaily.ru/industry/562949997443249 (Aufruf 23.1.2016).

29 Vgl. ArmeniaOnline, 12. 4. 2008: Futbol – prekrasnaja igra, http://armenia-online.ru/armnews/28043.html (Aufruf 23. 1. 2016).

Russlands muslimischer Nordkaukasus (S. 108–122)

1 Vgl. Bobrowitsch, Sewernyj Kawkas, S. 179.
2 Halbach, Uwe: Russlands muslimische Ethnien und Nachbarn. In: Aus Politik und Zeitgeschichte 16/17 (2003), S. 44.
3 North Caucasus: The Challenges of Integration (IV): Economic and Social Imperatives.Crisis Group Europe Report N°237, 7 July 2015
4 AFP, 24. 6. 2015: Russias caucasus islamists pledge ›allegiance‹, http://news.yahoo.com/russias-caucasus-islamists-pledge-allegiance-165629590.html (Aufruf 23. 1. 2016).
5 Ebd.
6 Vgl. AFP, 24. 6. 2015.
7 Vgl. RFE/RF 7. 10. 2015; http://www.rferl.org/content/caucasus-report-emirate-rebound/27293471.html.
8 Interfax.ru, 28. 10. 2015.
9 Tagesschau.de, 17. 11. 2014.
10 Nowaja Gaseta, 29. 7. 2015.
11 Halbach, S. 41.
12 Emil Souleimanov/Slavomír Horák: Islam, Islamismus und Terrorismus im Nordkaukasus und in Zentralasien – eine kritische Bewertung; http://ifsh.de/file-CORE/documents/jahrbuch/06/SouleimanovHorak-dt.pdf (Aufruf 23. 1. 2016).
13 Vgl. Omarow, A. S. (Hg.): Is Istorii Prawa Narodow Dagestana. Materialy i Dokumenty. Machatschkala 1998, S. 3ff.

Dagestan, das Land der Berge (S. 123–133)

1 Vgl. www.e-dag.ru, offizielle Website der Regierung Dagestans.
2 Mark, Rudolf A.: Die Völker der Sowjetunion. Ein Lexikon. Opladen 1989.
3 Ramsan Gadschimuradowitsch Abdulatipow, geb. 4. August 1946 im dagestanischen Dorf Gebguda. Dr. phil., Professor, Mitglied der Akademie der Wissenschaften der Russischen Föderation, Spezialist in den Bereichen Philosophie, Kulturologie, Geschichte, Geometrie, Chemie und nationale Beziehungen, Diplomat, von Dezember 2011 bis Januar 2013 Duma-Abgeordneter der Kreml-Partei »Geeintes Russland«. (Vgl. ru.wikipedia.org).
4 Vgl. RiaDerbent, 8. 10. 2015: »Summa« nakapliwajet polititscheskij kapital, http://riaderbent.ru/glavnoe/271-summa-nakaplivaet-politicheskiy-kapital.html (Aufruf 23. 1. 2016).
5 Vgl. www.e-dag.ru, offizielle Website der Regierung Dagestans (Aufruf 24. 1. 2016).
6 International Crissis Group: North Caucasus. The Challenges of Integration (IV); Europe Report N°237, 7. 7. 2015.

Die Wainachen: Tschetschenen und Inguschen (S. 134–162)

1 Politkowskaja, Tschetschenien, S. 328f.

2 Ebd., S. 254.

3 Hassel, Florian (Hg.): Der Krieg im Schatten. Russland und Tschetschenien. Frankfurt am Main 2003, S. 203.

4 Ternistyj Putj k Swobodje. Prawitjelstwennyje Dokumenty Tschetschenskoi Respubliki, Statji, Interwju. Vilnius 1993, S. 111.

5 Ternistyj Putj, S. 115.

6 Focus Nr. 25/1996.

7 Vgl. Trebuser Mehlevihane: Gottesgedenken, http://www.mevlevi.de/ sufitum-weg/zikr-dhikr-zikir/ (Aufruf 23.1.2016).

8 Vgl. Politkowskaja, Tschetschenien, S. 323.

9 Hassel, Der Krieg, S. 45.

10 Die Welt, 13.11.2000.

11 Die Welt, 11.4.2000.

12 Frankfurter Rundschau, 25.10.1999.

13 Sunday Times, 26.4.2009.

14 Kommersant, 1.6.2015.

15 Njesawissimaja Gaseta, 18.11.2008.

16 Ebd.

17 Deutschlandradio Kultur, 10.6.2015: Kadyrows Auflehnung gegen »Vater Putin«, http://www.deutschlandradiokultur.de/autonome-republik-tschet-schenien-kadyrows-auflehnung-gegen.979.de.mhtml?dram:article_id=-322158 (Aufruf 23.1.2016).

18 Israilow hatte im zweiten Tschetschenienkrieg gegen die Russen gekämpft. Im April 2003, da war der Krieg offiziell beendet, wurde er von Kadyrows Männern verschleppt und in einem Boxklub Gudermes gefoltert. Er wurde zum Dienst in Kadyrows Leibgarde gezwungen, konnte aber nach ein paar Monaten nach Wien fliehen.

19 Njesawissimaja Gaseta, 18.11.2008.

20 RIA Nowosti, 7.9.2015: Kadyrow priswal islamskije strany pomotsch beschenzam, schtoby nje bylo posdno, http://ria.ru/society/20150907/ 1236456675.html (Aufruf 23.1.2016).

21 Newsru.com, 13.1.2016: Kadyrow priswal k sydam nag opposizionerami, srwaniw ich s »wragami naroda«, http://www.newsru.com/russia/ 13jan2016/kadyrovsays.html (Aufruf 29.1.2016).

22 Instagramm: Propaganda-Video für Kadyrow, https://www.instagram.com/ p/BAurzouymfI/ (Aufruf 29.1.2016).

23 International Crisis Group, 30.6.2015: Chechnya: The inner abroad Russian. Euro-Bericht Nr. 236, http://www.crisisgroup.org/~/media/Files/europe/ caucasus/236-chechnya-the-inner-abroad.pdf (Aufruf 29.1.2016).

24 Kommersant-Wlastj, Nr. 47/2008.

25 RIA Federalpress, 19.11.2015: Jewkurow predloschil nje saderschiwatj, a unitoschatj terroristow, http://sprintnews.ru/a/408103 (Aufruf 23.1.2016).

26 Kavpolit.ru, 17.9.2015: Putin sa »wainachskij mir«, http://kavpolit.com/ articles/kadyrov_evkurov-19984 (Aufruf 23.1.2016).

27 Kawkaskij Usel, 18.9.2015: Putin wstretilsja s Jewkurowym wtoroi ras sa nedelju, http://www.kavkaz-uzel.ru/articles/269087 (Aufruf 23.1.2016).

Nordossetien (S. 163–174)

1 Vgl. Website des Petersburger Dialogs, http://www.petersburger-dialog.de/ waleri-abisalowitsch-gergijew (Aufruf 23. 1. 2016).

2 Kultura.RF, offizielle Website des russischen Kulturministeriums: Kultur-schaffende Russlands unterstützen die Position des Präsidenten hinsichtlich der Ukraine und der Krim, http://mkrf.ru/press-tsentr/novosti/minister-stvo/deyateli-kultury-rossii-v-podderzhku-pozitsii-prezidenta-po-ukraine-i-krymu (Aufruf 23. 1. 2016).

3 DIE ZEIT Nr. 20/2014: Putins Liebling, http://www.zeit.de/2014/20/diri-gent-valery-gergiev (Aufruf 23. 1. 2016).

4 RIA Nowosti, 21. 8. 2008.

5 Vgl. Tischkow, W. (Hrsg.): Narody Rossii. Enziklopedija. Moskwa 1994.

6 Bobrowitsch, Sewernyj Kawkas, S. 102.

7 Ebd., S. 102.

8 Die Welt, 11. 1. 2008.

9 Neef, Christian u. a.: Beslanskoje Dossje. Moskau 2005, S.14f.

Tscherkessien (S. 175–186)

1 Vgl.: Manfred Quiring: Putins Olympiade und die vergessenen Tscher-kessen. Blätter für deutsche und internationale Politik, Heft 2/2013, S. 72–79 sowie Manfred Quiring: Der vergessene Völkermord. Sotschi und die Tragödie der Tscherkessen, Berlin 2013.

2 Die zwölf Stämme der Tscherkessen: Abadzechen, Beslenejer, Bjjedudhen, Hatkuajer, Kabardiner, Makhoscher, Mamkeyher, Natkhuajer, Temirgojer, Schapsugen, Ubychen und Yecerikhuajer.

3 Vgl. Quiring: Der vergessene Völkermord, S.49 ff.

4 Gammer, Moshe: Musulmanskoje Soprotiwlenije Zarismu. Sawojewanije Tschetschni i Dagestana, Moskau 1998, S. 14.

5 Richmond, Walter: The Circassion Genocid, New Brunswick, 2013, S. 108.

6 Vgl. Gumppenberg/Steinbach: Der Kaukasus, S. 134 ff.

7 Kavkaskaja politika, 2. 9. 2015: Polizejskaja Respublika Jurija Kokowa, http:// kavpolit.ru/articles/politsejskaja_respublika_jurija_kokova-19532 (Aufruf 23. 1. 2016).

8 Kawkaskij Usel, 14. 10. 2015: Experty sajawili o sochranenii faktorow radi-kalisazii spustja 10 let posle napadenija bojewikow na Naltschik, www. kavkaz-uzel.ru/articles/270571/ (Aufruf 23. 1. 2016).

9 KavkazWeb.net, 4. 12. 2008.

10 KavkazWeb.net, 25. 11. 2008.

11 Natpress.info, 10. 6. 2015.

12 Vgl. http://ru.wikipedia.org/wiki/%D0%9A%D0%A7%D0%A0 (Aufruf 24. 1. 2016).

13 Vgl. Off. Website der Regierung von Karatschajewo-Tscherkessien, 24. 1. 2016: Samestjitel Predsedatelja Prawitjelstwa Rossii Aleksandr Chlopo-nin positivno ozenil dinamiku raswitija kurorta »Archys«, http://kchr.ru/ news/detailed/28599/ (Aufruf 24. 1. 2016).

14 Vgl. Website der Deutsch-Kaukasischen Gesellschaft (Berlin), www.d-k-g.de (Aufruf 24. 1. 2016).

15 Der Weltverband hat seinen Sitz in Naltschik (Kabardino-Balkarien). Er

sei weitgehend in der Hand des russischen Geheimdienstes, kritisieren Vertreter von »Adyge Chasse«.

Stawropol, Krasnodar und die Kosaken (S. 187–197)

1 Vgl. Rossijskaja Gaseta, 17. 12. 2008.
2 Vgl. http://www.abraudurso.ru/house/history (Aufruf 24. 1. 2016).
3 Vgl. http://www.region-krasnodar.de/deutsch/menue_links/Investitions-standort/RealisierteProjekte.html (Aufruf 9. 8. 2013).
4 Rossijskaja Gaseta, 8. 12. 2005.
5 Vgl. Krasnow, Pjotr: Kartiny bylowo Tichowo Dona. Moskau 1992 [St. Petersburg 1909], S. 15f.
6 Gammer, Musulmanskoje, S. 13.
7 Bobrowitsch, Sewernyj Kawkas, S. 72.
8 Rossijskaja Gaseta, 26. 5. 2010 (Federalny wypusk), Nr. 5191.
9 Juga: Retsch gubernatora Kubani o kasatschej polizeii, migrantach i sudbach Rodiny. (http://www.yuga.ru/articles/society/6390.html, (Aufruf 9. 8. 2013).
10 Kuban-Info, 29. 10. 2015: Kondratjew chotschet nadelitj kasakow bolschej wlastju, http://smi.kuban.info/socium/5431-kondratev-hochet-nadelit-kazakov-bolshey-vlastyu.html (Aufruf 24. 1. 2016).
11 Vgl. Quiring: Der vergessene Völkermord.
12 Kavpolit, 23. 10. 2015: Bratstwo dlj kasako-woinow, http://kavpolit.com/articles/bratstvo_dlja_kazakov_voinov-20871 (Aufruf 24. 1. 2016).

Kaukasier und ihre Eigenheiten (S. 198–201)

1 Bobrowitsch, Sewernyj Kawkas, S. 73.
2 Dumas, Gefährliche Reise, S. 43f..

Literaturverzeichnis

Bobrowitsch, W.; Babitsch, I. (Hg.): Sewernyj Kawkas w Sostawje Rossijskoi Imperii. Moskau 2007.

Chiari, Bernhard (Hg.): Kaukasus (Wegweiser zur Geschichte). Paderborn u. a. 2008.

Dumas, Alexandre: Gefährliche Reise durch den wilden Kaukasus 1858–1859. Neu bearbeitet und herausgegeben von Ernst Bartsch. Stuttgart und Wien 1995.

Essad Bey: Öl und Blut im Orient. Meine Kindheit in Baku und meine haarsträubende Flucht durch den Kaukasus. Mit Beiträgen von Tom Reiss und Ralf Marschalleck, neu bearbeitet von Hans-Jürgen Maurer. Freiburg i. Br. 2008. [Stuttgart 1929].

Felshtinsky, Yuri; Litvinenko, Alexandr: Blowing up Russia. Terror from within. New York 2002.

Friesen, Ute; Würmli, Marcus: KulturSchock Kaukasus. Bielefeld 2005.

Gammer, Moshe: Ein Nationalheld vieler Völker. Schamil, Führer der kaukasischen Völker. in: NZZ Folio, 09/1995.

Gammer, Moshe: Musulmanskoje Soprotiwlenije Zarismu. Sowojewanije Tschetschni i Dagestana. Moskau 1998.

Gottschlich, Jürgen: Beihilfe zum Völkermord. Deutschlands Rolle bei der Vernichtung der Armenier. Berlin 2015.

Gumppenberg, Marie-Carin von; Steinbach, Udo (Hg.): Der Kaukasus. Geschichte – Kultur – Politik (Beck'sche Reihe). München 2008. 2., neubearbeitete Auflage 2010.

Halbach, Uwe: Russlands muslimische Ethnien und Nachbarn. In: Aus Politik und Zeitgeschichte B 16/17 (2003), S. 39–46.

Hassel, Florian (Hg.): Der Krieg im Schatten. Russland und Tschetschenien. Frankfurt am Main 2003.

Jermolow, Alexej: Sapisski 1798–1826. Herausgegeben von W. A. Fjodorow. Moskau 1991.

Krasnow, Pjotr: Kartiny bylowo Tichowo Dona. Moskau 1992 [St. Petersburg 1909].

Lerch, Wolfgang G.: Der Kaukasus. Nationalitäten, Religionen und Großmächte im Widerstreit. Hamburg und Wien 2000.

Libaridian, Gerard J.: The Ideology of the Young Turk Movement. In: Ders. (Hg.): A Crime of Silence. The Armenian Genocide. The permanent People's Tribunal. London 1985.

Mark, Rudolf A.: Die Völker der Sowjetunion. Ein Lexikon. Opladen 1989.

Neef, Christian u. a.: 01.09. Beslanskoje Dossje. Moskau 2005.

Neef, Christian: Der Kaukasus. Russlands offene Wunde. Berlin 1997.

Omarow, A. S. (Hg.): Is Istorii Prawa Narodow Dagestana. Materialy i Dokumenty. Machatschkala 1998.

Politkowskaja, Anna S.: Tschetschenien. Die Wahrheit über den Krieg. Aus dem Russ. von Hannelore Umbreit und Ulrike Zemme. Köln 2003.

Quiring, Manfred: Der vergessene Völkermord. Sotschi und die Tragödie der Tscherkessen. Berlin 2013.

Richmond, Walter: The Circassion Genocide, New Brunswick, 2013.

Roguschina, W. W.; Gordin, J. A. (Hg.): Kawkas i Rossija. Proschloje i Nastojaschtschije. Istorija, Obytschai, Religija. St. Petersburg 2006.

Schirinowski, Wladimir: Poslednij Brossok na Jug. Moskau 2007 [1995].

Schoeps, Julius H.: Der verdrängte Genozid. (=Online-Extra Nr. 6). In: compass. Infodienst für christlich-jüdische und deutsch-israelische Tagesthemen im Web. Februar 2005 (www.compass-infodienst.de).

Ternistyj Putj k Swobodje. Prawitjelstwennyje Dokumenty Tschetschenskoi Respubliki, Statji, Interwju. Vilnius 1993.

Tischkow, W. (Hg.): Narody Rossii. Enziklopedija. Moskwa 1994.

Tolstoi, Leo N.: Hadschi Murat. Eine Erzählung aus dem Land der Tschetschenen. Aus dem Russ. von Arthur Luther. Mit einem Nachw. von Wolfgang Kasack. Frankfurt am Main 2000.

Tschelchastawy, Kasbek (Hg.): Ossetija i Ossetiny, Wladikawkas-St. Peterburg 1994.

Ulitzkaja, Ljudmila: Birnen aus Gudaut. In: Szyszkowitz, Tessa (Hg.): Lesen und lesen lassen. Die österreichisch-russischen Duette 2007. Moskau 2007.

Werfel, Franz: Die vierzig Tage des Musa Dagh. Frankfurt am Main 1990.

Westerman, Frank: Ararat. Pilgerreise eines Ungläubigen. Aus dem Niederländ. von Stefan Häring und Verena Kiefer. Berlin 2008.

Widmer, André: Der vergessene Konflikt. Zwei Jahrzehnte nach dem Krieg um Bergkarabach. 2013.

Basisdaten südkaukasische Republiken

	Armenien	Aserbaidschan	Georgien
Land			
Hauptstadt	Jerewan	Baku	Tbilissi
Fläche (km²)	29 743	86 600	69 700
Bevölkerung			
Einwohnerzahl (Mio.)	2 968 586	9 780 780	4 931 226
Bevölkerungswachstum (%)	-0,15	0,96	-0,08
Geburten (je 1000 Einwohner)	13,61	16,64	12,74
Todesfälle (je 1000 Einwohner)	9,34	7,07	10,82
Kindersterblichkeit (je 1000 Lebendgeburten)	13,51	25,68	16,15
Durchschnittliche Lebenserwartung (Jahre)	74,3	72,2	75,95
Frauen	78,03	75,54	80,36
Männer	71,13	69,19	71,85
Volksgruppen (%)	Armenier 98,1 Aseri 6,5 andere 0,8	Aseri 91,6 Kurden 1,1 Russen 1,3 Armenier 1,3	Georgier 83,8 Dagestaner 2,0 Armenier 5,7 Russen 1,5
Wirtschaft (2014)			
Bruttoinlandsprodukt (BIP) (in Mrd. USD)	10,88	165,3	34,21
BIP-Zuwachs (%, 2014)	3,4	2,8	4,7
Wachstum der Industrie produktion (%)	2,7	1,2	8,5
BIP pro Kopf (in USD)	7400	17 600	7700
Arbeitsfähige Bevölkerung (in Mio.)	1,2	4,821	1,959
Offizielle Arbeitslosigkeit (%)	17,6	6,0	14,9
Bevölkerung unterhalb der Armutsgrenze (%)	32	6,0 (2012)	9,2 (2010)

Quelle: CIA. The World Factbook (2015); https://www.cia.gov/library/publications/resources/the-world-factbook/.

Basisdaten Nordkaukasus

Dagestan
Hauptstadt: Machatschkala
Fläche: 50 300 Quadratkilometer
Einwohner: 2 946 000
Nationalitäten: Awaren (29,4 %), Darginer (16,5 %), Kumyken (14,2 %)
Einwohner/km²: 53,5
Geburtenrate: 19,1/1000 Einwohner
Pro-Kopf-Einkommen: 20 648 Rubel (ca. 299 Euro, Umrechnungskurse vom 18.11.2015)
Dotation aus dem Staatsbudget der Russischen Föderation, Anteil am Regionalbudget: ca. 73 % (2011)

Tschetschenien
Hauptstadt: Grosny
Fläche: 15 600 Quadratkilometer
Einwohner: 1 324 800
Nationalitäten: Tschetschenen (93,5 %), Russen (3,7 %)
Einwohner/km²: 80
Geburtenrate: 26,2/1000 Einwohner
Pro-Kopf-Einkommen: keine Angaben
Dotation aus dem Staatsbudget der Russischen Föderation: über 80 %

Inguschetien
Hauptstadt: Magas
Fläche: 3600 Quadratkilometer
Einwohner: 442 300
Nationalitäten: Inguschen (83 %), Tschetschenen (11,2 %) Russen (4,0 %)
Einwohner/km²: 136
Geburtenrate: 21,4/1000 Einwohner
Pro-Kopf-Einkommen: 12 376 Rubel (ca. 179 Euro)
Dotation aus dem Staatsbudget der Russischen Föderation: über 80 %

Nordossetien
Hauptstadt: Wladikawkas
Fläche: 8000 Quadratkilometer
Einwohner: 706 100
Nationalitäten: Osseten (62,7 %), Russen (23,1 %), Inguschen (3,0 %)
Einwohner/km²: 88,1
Geburtenrate: 15,3/1000 Einwohner
Pro-Kopf-Einkommen: 16 185 Rubel (ca. 234 Euro)
Dotation aus dem Staatsbudget der Russischen Föderation: 60–70 %

Kabardino-Balkarien

Hauptstadt: Naltschik
Fläche: 12 500 Quadratkilometer
Einwohner: 858 900
Nationalitäten: Kabardiner (55,3 %), Russen (25,1 %), Balkaren (11,6 %)
Einwohner/km²: 68,7
Geburtenrate: 16,0/1000 Einwohner
Pro-Kopf-Einkommen: 13 681 Rubel (ca. 198 Euro)
Dotation aus dem Staatsbudget der Russischen Föderation: 60–70 %

Karatschaj-Tscherkessien

Hauptstadt: Tscherkessk
Fläche: 14 300 Quadratkilometer
Einwohner: 471 900
Nationalitäten: Karatschaier (38,5 %), Russen (33,5 %), Tscherkessen (11,3 %)
Einwohner/km²: 33,0
Geburtenrate: 13,7/1000 Einwohner
Pro-Kopf-Einkommen: 5678 Rubel (ca. 193 Euro)
Dotation aus dem Staatsbudget der Russischen Föderation: 60–70 %

Adygeja

Hauptstadt: Maikop
Fläche: 7600 Quadratkilometer
Einwohner: 444 400
Nationalitäten: Russen (64,5 %), Adygejer (24,2 %)
Einwohner/km²: 58,5
Geburtenrate: 12,6/1000 Einwohner
Pro-Kopf-Einkommen: 17 025 Rubel (ca. 246 Euro)
Dotation aus dem Staatsbudget der Russischen Föderation: 60–70 %

Region Stawropol

Hauptstadt: Stawropol
Fläche: 66 160 Quadratkilometer
Einwohner: 2 790 800
Nationalitäten: Russen (74,1 %), Armenier (10,5 %)
Einwohner/km²: 42,2
Geburtenrate: 13,5/1000 Einwohner
Pro-Kopf-Einkommen: 16 877 Rubel (ca. 244 Euro)
Dotation aus dem Staatsbudget der Russischen Föderation: 30–40 %

Region Krasnodar
Hauptstadt: Krasnodar
Fläche: 75 500 Quadratkilometer
Einwohner: 5 453 400
Nationalitäten: Russen (82,3 %), Armenier (5,4 %)
Einwohner/km²: 70,6
Geburtenrate: 13,6/1000 Einwohner
Pro-Kopf-Einkommen: 21 077 Rubel (ca. 304,7 Euro)
Dotation aus dem Staatsbudget der Russischen Föderation: 10–30 %

Quellen: Föderaler Dienst für staatliche Statistik; http://www.gks.ru/bgd/regl/ B13_14p/Main.htm. (2013/14)

Die Sprachen im Kaukasus

Die Vielfalt und die oft schwer erklärbare Herkunft der kaukasischen Sprachen machen ihre Einteilung in Gruppen schwierig. Die Wissenschaft ist noch zu keinem einhelligen Urteil gekommen. Weitgehende Übereinstimmung besteht lediglich darin, dass die kaukasischen Sprachen keine genetische Einheit, also keine Sprachfamilie darstellen. Die Mehrheit der Forscher, beispielsweise Prof. Dr. Ernst Kausen, geht heute von drei unabhängigen genetischen Einheiten oder kaukasischen Sprachfamilien aus. Die von mir gewählte Einteilung basiert auf der geografischen Herkunft der Sprachen (Quelle: Mark, Rudolf A.: Die Völker der Sowjetunion. Ein Lexikon. Opladen 1989).

Kaukasische Sprachfamilie

Kartweli-Gruppe (südkaukasische Sprachen)

 Georgier

  Thuschen

  Ratschen

  Pschawen

  Imerer

  Adscharen

  Mthiulen

  Gurier

  Chewsuren

  Ingilonen

 Megrelen

 Lasen

 Swanen

Adygo-abchasische Gruppe (westkaukasische Sprachen)

 Abchasen

 Abasinen

 Tscherkessen (Adygejer)

  Abadzechen

  Beslenejer

  Bjjedudhen

  Hatkuajer

  Kabardiner

  Makhoscher

  Mamkeyher

  Natkhuajer

  Temirgojer

  Schapsugen

  Ubychen

  Yecerikhuajer

Dagestanische Gruppe (ostkaukasische Sprachen)
    Natschi-Untergruppe (Wainachen)
        Tschetschenen
        Inguschen
        Kisten
        Bazbi
    Dagestanische Untergruppe (awaro-indische Sprachen)
        Awaren
        Anden
        Laken
        Darginer
        Tabassarener
        Lesgier
        Agulier
        Rutuler
        Zachuren
        Budugen
        Krysen
        Chinalugen
        Uden

Indoeuropäische Sprachfamilie

    Moldawier
    Griechen
    Armenier
Slawische Sprachgruppe
        Russen
        Ukrainer
Iranische Sprachgruppe
    Osseten
    Kurden
    Talyschen
    Taten
    Bergjuden

Altaische Sprachfamilie

Türkische Gruppe
    Aseri (Aserbaidschaner)
    Karatschaier
    Balkaren
    Kumyken
    Nogaier
    Turkmenen
    Tataren
Mongolische Gruppe
    Kalmyken

Angaben zum Autor

Manfred Quiring
Jahrgang 1948; aufgewachsen in Berlin; nach kurzem Zwischenspiel als Eishockeyspieler Journalistikstudium in Leipzig; ab 1973 Redakteur der *Berliner Zeitung* und zweimal deren Korrespondent in Moskau (1982–1987 und 1991–1995); er bereiste die ehemalige Sowjetunion von Kaliningrad bis nach Kamtschatka, von Norilsk bis nach Turkmenien; 1989/1990 ein Jahr Korrespondent der Nachrichtenagentur ADN in Athen; von 1998 bis 2010 für *Die Welt* in Moskau; zahlreiche Reisen durch den Kaukasus.

Im Ch. Links Verlag erschienen von ihm: »Russland. Orientierung im Riesenreich«, 2008 und »Der vergessene Völkermord. Sotschi und die Tragödie der Tscherkessen«, 2013.

Ruth Leiserowitz (Hg.)

Die unbekannten Nachbarn

Minderheiten in Osteuropa

288 Seiten, Broschur
ISBN 978-3-86153-492-1
22,00 € (D); 22,70 € (A)

Die zahlreichen Minderheiten verwandelten Osteuropa einst in eine kulturell reiche, vielfarbige Landschaft mit funktionierenden Nachbarschaften. Doch diese einzigartige Pluralität wurde in der Mitte des letzten Jahrhunderts zerstört. Nach dem Zweiten Weltkrieg mit seinen Umsiedlungsaktionen, Grenzverschiebungen und Blockbildungen ging ein Riss durch viele Kulturlandschaften.

Zu jedem Land gibt es neben Reportagen eine ausführliche Übersicht zu allen ethnischen Gruppierungen, ihrer Geschichte im 20. Jahrhundert und ihren heutigen Lebensbedingungen.

www.christoph-links-verlag.de